大緊縮

人類史上最危險的觀念

馬克・布萊思——著
陳重亨——譯

Austerity

The History of a Dangerous Idea

by Mark Blyth

目次

Austerity

The History of a Dangerous Idea

推薦一

經濟學家當如是也！

中研院院士
朱敬一

布朗大學經濟學教授布萊思最近所寫的《大緊縮：人類史上最危險的觀念》，是一本相當有學術深度、頗具邏輯說服力的書。作者有深厚的經濟發展史與經濟思想史的根底，又具有相當現代總體經濟學的數理邏輯訓練，才能夠既熟悉古典經濟學家的思維淵源、又對歐美諸國二十世紀百年歷史數據清楚掌握、更能對最近十年總體經濟大家如塔貝里尼（Guido Tabellini）、亞列西納（Alberto Alesina）、基德蘭（Finn Kydland）等人的艱深論述提出極具透視力的批評。在當代經濟學家中，能有此等數理、歷史、思想三面向縱深能力的絕對是屈指可數。此書能獲得克魯曼與桑默斯等不同派系學者的交叉推薦，絕對沒有僥倖。

《大緊縮》一書所探討的主軸是：政府究竟該如凱因斯學派那樣增加支出，抑或該像芝加哥學派那樣強調財政紀律、節衣縮食。作者分析的案例，大都是一次大戰後的歐洲、一九三〇年代全球大蕭條後十餘年、二〇〇八金融海嘯之後、二〇一〇歐元危機迄今等「災後」各國經濟。布氏的主論點也是凱因斯的論點：經濟災難通常伴隨著經濟決策者的躊躇不前，誰都害怕未來還有苦日子，誰也沒膽多消費多投資，於是整個經濟根本沒有自我回復動力的機制。這時唯一能重新帶起經濟動能的，就是政府。若是災後還要政府緊縮，那就會使經濟長久陷入蕭條。這樣子的凱因斯「動員戡亂時期」的政府論述，我認為是對的。

但是，對於凱因斯的理論也有所批評。第一，如果我們討論的不是動員戡亂時期，而是承平時期，那麼政府支出「點火」的功能，就相對有限。我常做個比喻：政府支出就像是火種，其目的是要點燃民間的木柴，如此才能升火燒飯。單單靠火種，是絕對煮不了飯的。承平時期民間消費與投資都進行的很順利，政府莫名其妙亂點火，實在沒什麼道理。第二，如果點燃火種沒有大的實質效果卻有「煙火效果」，那麼政治人物還是有可能胡亂開支票，花錢討好選民。其後果，就是政府債務增加，平白使我們子孫輩還債的負擔加重。讀者只要看看台灣從南到北的蚊子館，就知道前述擔憂不是沒有道理。整體而言，在動員戡亂時期，我同意作者觀點；在承平時期，我不相信政客花錢會節制，一定要給予某些限制。

我對讀者的建議是：此書中某些非常細瑣的特定國、特定年的數據，不必太注意其細節，但一定要抓緊這本書的主論述與基調。這年頭許多經濟學博士都被狹窄切割的科學訓練所僵固，對很小很小的經濟專業懂很多，卻對絕大多數專業以外的經濟觀念懂很少。這本書的作者給我們做個範例：經濟學家當如是也！

推薦二

主權債務危機的安定力量

永豐銀行董事長
邱正雄

前言

本書是一本思路清晰、嚴謹的好書。Investopedia（投資人百科全書）網站稱：撙節是指政府減少支出及在金融部門做緊縮，至於這兩個撙節項目的前後關係，本書明白指出二〇〇八年以來歐美「打從一開始就是個銀行危機，後來才轉變為主權債務危機。主權債務市場上的確有狀況，尤其在歐洲這是毫無疑問的。可是（主權債務）危機只是結果而非成因」。這是非常正確的看法，但目前的問題是應如何解決此一主權債務危機問題。

本書正確指出，一種是德國人領導或稱奧地利學派的厲行撙節，鼓吹提升產品競爭力，「在這樣的世界中，景氣蕭條才是厲行節約的好時機」。另一種是美國人預設的凱因斯學派，是以貨幣、財政政策安定金融。

歐洲在二〇一〇至二〇一二年的主權債務危機，既然是先有金融危機以後才引起的，那麼解決方法自然要先解除金融危機，則主權債務危機就可大半解除了。這篇推薦文要特別指出，二〇一二年歐洲能大部分跳離主權債危機的過程實在是靠貨幣政策，以及支持貨幣政策倒帳風險的財政政策所致，故本人支持凱恩斯學派觀點。

歐元的危機：財政赤字風暴

要言之，歐元危機包括兩個項目：一為二〇〇八至二〇〇九年的全球金融及經濟大衰退危機，另一為二〇一〇至二〇一二的主權債務危機。因此就解決主權債券的危機而言，歐元區有三項政策方針：第一，要促進經濟成長，這要增加投資及勞動生產力；第二，要有解決歐元區主權債務危機的財政政策及貨幣政策；第三，解決歐元區內周邊國家對外貿易逆差的融資問題。

（一）就促進經濟成長而言，以二〇一二年六月義大利為例，蒙蒂（Monti）總理提出勞動改革，要改革終身受僱、高度受工會保護的勞工政策，要對新進不受保障的短期受僱勞工提供十五萬個就業機會，以增加勞工移動力、生產力及增強國際競爭力。但此一改革雖經國會通過，惟內容在國會討論時已大幅縮水，致無法有效增加就業，且雇主反應不佳，投資信心不足。

（二）就歐元區財政政策觀點看，二〇一〇年歐元區財政赤字風暴後，二〇一〇年五月起到二〇一二年間，歐元區周邊國家GIIPS（希臘、愛爾蘭、義大利、葡萄牙及西班牙等五國），曾大力採行財政「撙節措施」（austerity measures），希望減少財政赤字，包括政府裁員，削減預算支出，並避免因政府巨額財政赤字而增加公債倒帳風險。但該措施結果並未能降低市場上對公債倒帳風險的疑慮，因為政府公債仍有倒帳風險，即主權債務危機，故仍引起GIIPS五國利率大幅上升。利率上升，也不能吸引本國人及外國人直接投資。諾貝爾經濟學獎得主史迪格里茲（Joseph Stiglitz）二〇一三年曾指出，「我們現在更了解撙節措施這個曾經是歐元區的核心政策，對引導歐元區經濟體脫離景氣蕭條一事從未發揮作用。」

本書稱「畢竟說到貨幣（政策）時，（提高）對金融的信心才是最重要」。歐洲主權債危機，最後只能用Outright Monetary Transactions（OMT），即買斷性貨幣交易的貨幣政策來解決問題。所謂OMT是在二〇一二年八月二日由歐洲央行總裁德拉吉提出，(1)在次級市場大量購買債券，數量未予限制；(2)債券滿期期間以一至三年為限；(3)歐洲央行買入此種債券之受償順位與一般投資人相同，央行並無優先受償權；(4)只買符合在嚴格政策條件下的主權債務等。本書作者認為，OMT政策發揮重大效果的主要原因之一是，OMT顯示歐洲央行敢承受主權財政公債的倒帳風險（即上述第(3)點），故能安定債券投資人信心。消息發布後，歐洲央行（ECB）未實際進場買入主權債券前，市場就反映良好，西班牙、葡萄牙十年期債券立即下滑五十基準點，發揮了政策效果，也讓過去歐元區邊緣國家（希臘、西班牙、葡萄牙等國）「撙節計畫」所未能解決的高利率問題獲得紓解，使金融市場趨向安定。

（三）另外，從解決GIIPS國家國際貿易經常帳（BOP）赤字危機的貨幣及匯率政策觀點看，也屬不易。著名諾貝爾獎經濟學家蒙代爾（Robert Mundell），是歐元之父，他有一個理論叫做「不可能的三合一政策」，中國大陸翻譯成「三個悖論」，意思是指，就理論而言，一國要同時採用以下三個政策是不可能的。此三個政策是指(1)固定的匯率，(2)自由的資本移動，(3)獨立的貨幣（利率）政策。

從實務來看，讀者也可了解一國不可能同時實行上述三個政策。例如，美國採浮動匯率制，代表它選⑵及⑶，放棄⑴。美國採自主利率政策，因其內部經濟比較重要，例如現在採短期聯邦利率訂為年利率〇．二五%的政策。另外，因為美元為國際通用準備貨幣，如其有國際貿易赤字（逆差），自會有國際資本流入美國來弭平其貿易赤字（逆差）金額。例如台灣對美國有貿易順差，台灣貿易商獲得此一順差之美元就向我國中央銀行結匯後獲得台幣，但我國中央銀行會將所得之美元匯往美國買美國公債，因而平衡美國對台灣之貿易逆差金額。其他國家對美順差時也相同。

歐元區內各國對歐元區各國間均選擇上述⑴、⑵兩項政策，放棄⑶。就⑴而言，像希臘的歐元兌德國的歐元採一比一固定匯率，但二〇一二至二〇一三年整個歐元地區周邊國家，如希臘、西班牙、義大利都有大量逆差，可是在歐元區裡，一國不能單獨採降低匯率增加對他國的出口，故無法減少貿易逆差來降低失業，因其採固定匯率制。

什麼叫沒有獨立的貨幣政策？這是指歐元區內各國間政策利率均相同，由歐洲央行訂定之。因此希臘、西班牙、義大利這些國家，一旦有一個國家想要有自由利率政策權，希望利用降低利率吸引投資人增加在該國家投資，該國的錢反而會外流到德國等地。因為他們施行固定匯率及自由資本移動，因此個別國家沒有辦法採用降低利率的貨幣政策，這是一個重大的問題。另外，因這些GIIPS國家經濟不好，想對德國歐元貶值，以促進對德國出口，也不能用此一匯率政策，因其採固定匯率。

長期而言，要解決GIIPS國家貿易赤字有兩個方式，一是歐元區對內為一個經濟金融自由區，歐元區內各國在合乎一定條件下，其居民及產業可移居到經濟發展比較好的國家去。義大利總理蒙蒂在二〇一二年參加大陸海南博鰲論壇演講，即希望歐元區能增加勞工及企業移動性，或開放歐元區更大市場，以促進就業。第二，當然必須提高歐元區內GIIPS國家競爭力，使其產品較其他歐元區國家或歐元區以外競爭對手國顯得便宜或獨特，才能改善貿易赤字。

但上述方法都是遠水救不了近火。如凱恩斯所說「長期大家都死了」，短期內有什麼方法？幸運的是，歐洲各國中央銀行間的帳戶即時清算電腦系統的規定，歪打正著地出現了一個短期解決方式。

在台灣，為了銀行間的帳戶能順利即時清算，並使銀行帳戶隨時維持清算收支平衡，央行規定各銀行須有一筆錢放在央行「清算準備金」帳戶內，當作銀行準備金，使央行對各銀行在做即時系統清算時，能用來弭平個別銀行帳戶收支不平。在歐洲不像台灣要有現款存在央行，當歐洲央行與各國央行清算時，如發現各國央行之帳上發生金額不足時，就由歐洲央行給予各國央行Target貸款（Target是此一電腦作業系統的名稱）。同理各國央行對其個該國銀行清算帳戶款不足時，也給予各商業銀行緊急的流動性貸款。

歐洲央行對歐元區所有各國央行Target放款訂有總限額，但未對個別國家央行分別訂定限額。在此一制度下，當希臘進口商無法對其德國出口商支付歐元時，希臘銀行會給予貸款；希臘商業銀行清算款不足時，希臘央行對其商業銀行給予流動性貸款；當希臘央行清算款不足時，歐洲央行對希臘央行提供即時清算系統的Target貸款。但此一貸款資金來源是用德國央行存在歐洲央行（ECB）的存款支應，以德國為例，德國央行此一存款是由德國商業銀行存在德國央行的錢；而德國商業銀行的錢是來自德國出口商存戶的錢。依Sinn及Wollmershäuser（見其*30 May*

2012，圖７，p.26/54）研究，二〇〇八至二〇一一年ＧＩＰＳ（不包括義大利）四國貿易經常帳逆差累積總額為四二七〇億歐元，但歐洲央行顯示之 Target 負債總餘額中支應ＧＩＰＳ國家餘額為四四〇〇億歐元。換言之，支付ＧＩＰＳ四國貿易逆差所需的外匯全由歐洲央行之 Target 放款予以支應，故能無意中解決了ＧＩＰＳ四國貿易逆差的融資問題，但此一 Target 貸款資料並沒列在歐洲央行資產負債表內，為此德國央行總裁曾就 Target 案致函歐洲央行總裁德拉吉，此信函可視為示警的信號。又因此種 Target 貸款有被倒帳的風險，可能涉及德國存款人財務及德國政府財政損失問題，德國國會正在審議此項 Target 貸款是否合乎歐元區各國家國會對歐洲央行的財政授權範圍。

結語

如同本書作者指出，經濟大衰退時，貨幣政策及財政支出能重建金融信心，上述例子及本書很多例子均有支持實例。但值得注意的是，在歐洲主權危機中，國際貨幣基金（IMF）被要求提供協助時，均要求受援國家須先採撙節政策才能給予援助（一九九七至九八年亞洲金融風暴，ＩＭＦ應韓國要求提供協助時也提出同樣要求），背後原因是ＩＭＦ資源有限，故不能承受受援國家發生重大倒帳風險，而歐洲央行德拉吉的ＯＭＴ政策及Target清算貸款機制都有須承受被倒帳的風險，而歐洲銀行及工商民眾購買主權債、股票，怕的就是被倒帳及發生損失。但因有歐洲央行承受此一主權債的倒帳風險，銀行、投資人願持有主權債，故ＯＭＴ等貨幣擴張政策（此一政策承受信用倒閉風險，即是有財政政策的支持）自然生效。

台灣情況也相同。二〇〇八年九至十月全球金融風暴中，劉兆玄內閣所採在危機未擴大前就發布「三挺政策」，其中存款全額保險政策及對正常經營工商的貸款予以展期（也可穩定勞工就業），政府國安基金進場買股票，中小企業信用保證基金提高保證比率，均隱含政府會承擔損失風險的宣示，故能安定金融信心，反而經濟不會發生倒帳、蕭條。另負責台灣有關銀行間支付清算系統的財金資訊股份有限公司，其政府股權在二〇一四年也由財政部轉為中央銀行所有，可增加支付清算系統安全性的監督。

最後針對美國要解決二〇一三年財政懸崖的辦法中，本書指出「要透過稅收而不是靠撙節」，深具前瞻眼光，就此而言，歐元區有須成立歐元區財政部總會來協調有關各國財政稅收及財政支援分配等事宜，各國財政紀律值得重視。

推薦三

千錯萬錯都是「銀行」的錯

中華經濟研究院研究員
吳惠林

二〇〇七年美國的次貸風暴引發二〇〇八年中開始的全球金融大海嘯，一時之間全球經濟淒風苦雨，「債務」問題浮上枱面，而歐豬五國（PIIGS）的歐債危機隨即接手打擊岌岌可危的全球經濟，「大債時代」也宣布啟幕，如何因應成為焦點。二〇一二年初掀起一場「厲行撙節或追求經濟成長」的熱烈論戰，兩派陣營壁壘分明，都有諾貝爾經濟學獎得主支持。

撙節v.s成長旗鼓相當

以二〇〇八年諾貝爾經濟學獎得主、現為普林斯頓大學教授克魯曼（Paul Krugman）為首的陣營，力倡解決歐債得透過成長與刺激經濟措施，成員包括另位二〇〇一年諾貝爾經濟學獎得主、現任哥倫比亞大學教授史迪格里茲（J. Stiglitz），以及美國前財長桑默斯（Lawrence Summers）等，而二〇一二年法國新總統歐蘭德（Francois Hollande）本身就是克魯曼的忠實讀者。

另一派以德國總理梅克爾為首，強調更嚴格的財政紀律才能防止嚴重負債國家引爆的金融危機擴散，且改革整頓財政秩序後，才能吸引投資人與恢復競爭力。曾提倡「休克療法」（shock therapy）名噪一時的哥倫比亞大學教授薩克斯（Jeffrey Sachs），以及另位二〇〇六年榮獲諾貝爾經濟學獎桂冠的菲爾普斯（Edmund Phelps），皆屬此陣營。

克魯曼認為，削減公共預算只會導致民間投資不足與支出縮減陣痛。他計算，政府預算每削減一歐元，短期只減掉債務約〇．四歐元，生產額卻喪失一．二五歐元。同樣的，美國前財長桑默斯使用國際貨幣基金（IMF）數據計算，當需求疲軟、利率接近零時，政府支出每削減約國內生產毛額（GDP）的一％，將減少經濟成長至多達一．五％。克魯曼提出，歐洲央行應下調利率鼓勵通膨，隨時準備購買更多政府公債，像德國這樣財政健全且有較強預算與貿易地位的國家，應該刺激經濟以提高需求與相對價格。

但梅克爾陣營認為，現實是歐元區政府總債務二〇一一年已達八．二兆歐元，創該單一貨幣區最高的紀錄；她反對增加開支，ＩＭＦ預測西班牙二〇一二年赤字將達ＧＤＰ的六％、義大利債務將至ＧＤＰ的一二三％，兩者都超過歐元區規範、兩倍於最高上限。同陣營的哥倫比亞大學教授、諾貝爾經濟學獎得主菲爾普斯更直言，克魯曼的分析「稍微褊狹短淺」，忽略造成財政赤字的原因，以及為何歐洲國家要對抗它；歐洲一旦放鬆緊縮措施，將導致經濟更虛弱。

難說哪派主張被採行

公說公有理，婆說婆有理，究竟哪邊的主張被奉行，其實也很難說。我們但見「印鈔救市」政策盛行，各國政府債務有增無減，好似沒撙節。不過，以希臘來說，似乎被迫實施撙節，公部門縮小且支出減少、社會福利縮減或取消，而ＩＭＦ在一九九七年延燒的東亞金融風暴期間，貸款韓國的案例，更是撙節政策的代表。結果是，希臘經濟已有起死回生跡象，而韓國更早就反轉劣勢一飛沖天。即便兩國的債務還是相當高，但經濟已改善，這是否就表示撙節支出發揮效果呢？不可諱言的是，它們也都經歷一段痛苦的日子，而此後是否就能平順地發展，也在未定之天，很難證明撙節是否有效。這本《大緊縮：人類史上最危險的觀念》正好提供我們精彩的詮釋做為思考的基礎。

作者是美國布朗大學國際政治經濟學教授，長年教授政治經濟思想史，他經由回顧歷史的的演變，斬釘截鐵地否定「撙節」，並引經據典舉例來證明，一直以來政府的撙節政策都以失敗收場。作者認為「撙節」概念源自啟蒙思想家洛克（John Locke）、休謨（David Hume）和亞當斯密（Adam Smith），之後由米塞斯（L. von Mises）、海耶克（F. A. Hayek）領銜的「奧國學派」發揚光大，近代則由傅利曼（M. Friedman）的貨幣學派、布坎南（J. Buchanan）的公共選擇學派傳承，崇奉「賽伊法則」（Say's Law），主張「供給創造需求」、「儲蓄節約是美德」，政府不應干預經濟。作者認為這一派學者的思想往往影響政客，由而撙節、縮減政府支出成為主流政策。

本書作者評論說：撙節是「證實無效卻又一再復活的殭屍經濟思想」，並為這個複雜卻有嚴重缺陷的思想做出清楚解析。他告訴我們，撙節釀造一九三〇年代的災難，連帶造成第二次世界大戰，而且歐洲在金融危機之後採行的撙節政策，使得經濟無法從二〇〇九年的危機復行撙節政策是錯誤作法。

甦，這場危機是政府為了拯救和保護銀行及金融機構才釀成的，並非政府支出浮濫的結果，厲

弔詭的歷史解讀

當代經濟學始於亞當斯密，主張市場機能無形手能將經濟體系調至最適，政府不應干預。但「市場失靈」理論和一九三〇年代經濟大恐慌，讓一切都變了，「供給過剩」的事實讓賽伊法則失效，凱因斯（J.M Keynes）的「政府創造有效需求」抬頭，於是「需求創造供給」成主流，政府堂而皇之站上經濟舞台當主角，鼓勵消費、政府支出增加創造需求是拚經濟、救經濟的基調，而海耶克被凱因斯打趴在地，奧國學派從當代經濟學教科書消失是眾所周知之事，直到最近「印鈔救市」和ＱＥ（量化寬鬆）政策效果不彰，甚至被以「酗酒」、「毒癮」形容，海耶克的主張才又從冷凍庫中被搬出來，奧國學派也才重見天日，撙節、節約的聲音也傳開來。或許此種趨勢促使這本書的出現，想壓抑此種發展，並重新歌頌凱因斯理論，克魯曼已被認為是「凱因斯還魂」，沒想到本書作者還更像是「凱因斯再世」。

「講清楚、說明白」無疑是最佳策略，這本否定撙節思想的書由理論和實證兩路提出嚴厲批判，贊同撙節者特別要好好讀一讀，或許會發現盲點、癥結何在，或者會發現其實差異並不大，尤其在「千錯萬錯都是銀行的錯」應是有共識，差別所在就是「政府該不該出手救」。這本書作者認為當今政府債務是銀行債務轉來的，因而不能怪政府，也不應該由而縮減政府支出，似乎透露出認同政府應「放任銀行倒」，而之後再思索因應之道，如此，與奧國學派的主

張好似也沒差別呢！關於銀行的角色、金融產業的看法，作者與撙節派也似乎一致。

當然，兩者間有一個重要差別，就是對政府扮演角色的看法，奧國學派主張市場機能，凱因斯學派則認為政府應嚴格監控金融機構，尤其在金融海嘯發生後，雖然兩者都認為是銀行搞砸了，但奧國學派說是市場被弄垮了，或者是市場不玩了，因為貪婪、欺騙、不誠信，市場交易就停止了。但凱因斯學派卻指責自由市場失靈，從而要政府干預，訂定更嚴格的規則並做嚴密監督。就這一點差別，可說「差之毫厘、失之千里」，由而推導出的政策也就南轅北轍，自一九三〇年代以來就吵嚷不休，莫衷一是。

具啟發力值得讀的書

華裔國際著名的產權經濟學家張五常教授曾說：「一千本書裡難得找到一本值得讀的書，……找書的時間往往比讀書的時間來得多。……一本書裡如果沒有啟發力，便是沒有用的書；不幸，大部分的書便屬於此類。……大凡一本值得讀的書，內容是否正確並不打緊，最重要的就是它有沒有啟發力。……概念清楚，具有啟發力的書，就是值得讀的書；如果其中全是機械化的東西，大可不必浪費時間在它身上。」

俗話說：「真理愈辯愈明」，這本書提供思辨的好料，是具有啟發力的書，也就是一本值得讀的書。無論是撙節的贊同和反對者，都應該好好仔細讀一讀並且要深入思考，尤其政策擬定者更不能錯過。

台灣版序

亞洲經濟體的高度成長，台灣正是其代表，從地理上及概念上來說，都跟深陷緊縮魅惑、嚴厲裁減預算的歐洲大不相同。台灣的財政部長張盛和在二〇一三年元月曾明白表示，應當籌資推動公共投資為先，預算平衡與否尚屬其次，像這樣的發言在歐洲地區可沒有哪一國的財長曾經說過。不過台灣在二〇一四年雖然提高國債上限，公共支出還是仍微幅減少。現在的台灣並未實施緊縮，但這並不表示未來就沒有這個可能。

厲行緊縮政策，裁減政府支出以降低國債，藉此來提升競爭力、改善投資預期，這些想法都很吸引人。聽起來的確很不錯啊。但是這種想法實在是危險得不得了，如果有很多國家同時這麼做，大家的債務只會增加而收入反而減少，投資氣氛也益形低落，如今的歐元區不正是如此。我這本書就是要說明這個危險理念何以陰魂不散，並且向台灣和世界各國提出警訊，市場和政府本該共存共榮，不必是對立互斥。對於這一點，台灣也早就知道得很清楚了。那個現今看似盛行一時的緊縮理念，其實是歷史悠久卻半點好處也沒有的經濟廢話，對此得之不易的認識，希望台灣人不要忘記。

于南波士頓　二〇一四年元月

自序
撙節開支，一段個人歷史

這本書有個不太尋常的開始。二〇一〇年七月牛津大學出版社的麥克布萊德（David McBride）寫電郵問我，要不要寫一本書談談經濟政策轉向撙節的狀況。當時我一直想寫一本書討論「自由主義世界的終結」，不過也一直沒什麼進展。剛好他這個提議，似乎就是個現成的替代機會。畢竟像這樣一本書總要有人來寫，而且正如銀行家所說的「攸關切身利益」，我個人就有很好的理由來撰寫這樣一本書，理由容稍後詳述，所以我就答應了。之後不久，布朗大學華生國際研究中心副主任柯克曼（Geoffrey Kirkman）問我──我也是該中心的研究員──有沒有什麼構想可以拍支短片，我就回答正在進行的這本新書，剛好有些東西可以拍。

當時二十個工業國家集團（G20）在二〇一〇年六月開會結束，於加拿大多倫多發表最後公報，而我那兩個發表機會，就在之後不久到來。二〇〇九年以來，各國對全球金融危機的回應，帶來凱因斯經濟學再次抬頭，但這次的G20會議卻顯示，各國在經濟上又恢復到過去的看法，而且更強調撙節開支。G20公報呼籲各國別再浮濫花錢，應該追求「有利於經濟成長的財政強化」；說穿了就是要大家「撙節」開支。我當時心想：「這簡直就像是獨角獸馱著魔法鹽一樣，都是鬼扯！」因此剛好有人找我拍支短片時，這個「撙節開支促進成長」的題目正好派上用場。各位可以上網看看這支短片：http://www.youtube.com/watch?v=FmsjGys-VqA。

學者的工作，有一部分是要提供一些思考與想法，還有教書。另外，也許更重要的是要扮演「吐槽政策」的角色。對於相關利益團體所提出，用以解決公眾問題的想法和計畫，我們要做的就是詳加檢視，看看它們能否通過驗證或測試。想靠撙節開支來促進成長的作法就不能通過測試，而且在金融危機才剛過就採取撙節政策更不是正確的回應方式。那些主張我們應該厲行撙節的種種說法，也都無法通過測試。至於那些說法何以經不起考驗，各位在這本書裡頭就能讀到完整的論證。而前面說的那支短片，即是這些論證的精簡版。不過在拍攝短片時，製作人波斯納（Joe Posner）要我把想說的話濃縮成五分半鐘。等到我拍完短片之後又回來寫這本書，我就想，那麼這本書還有什麼要說的呢？

不過這些論證和學術原理還是必須詳盡闡釋，到時各位就會知道，那些主張我們必須撙節開支的原因（因為以前實在花太多錢了等等）以及討論撙節政策會帶來什麼好處的理由——裁減支出會促進成長，其實都是胡說八道而且非常危險。但這些現在反而變成主流想法。或許在我這本書出版時已經退燒了，但在這個過程當中也必定已經造成嚴重損失。

之所以會帶來嚴重損失的原因，我們會看到，一部分是因為意識形態。但這些主張之所以如此強而有力，有些原因則是在於實質層面。**我們看到這次的銀行危機在美國是「大到不能倒」，到了歐洲卻變成「大到救不了」，也因此才引領我們走上撙節之路。**二〇〇八年我們開始援救那些銀行，結果一路救到現在還是沒完沒了，此一狀況以歐洲最為慘烈。這本書正好可以讓我從意識形態和實質層面上，來探討這些糟糕想法何以仍然占據主流思潮的地位。不過拍完短片之後再回來撰寫這本書時，我想到一些更為個人的理由，領悟到自己更應該寫書來討論撙節政策的不公平。

一九六七年，我在蘇格蘭丹地（Dundee）出生，父親是一名屠夫兼經營電視出租（沒錯，那個年代電視很貴，大家只能租著看）。我很小的時候母親就過世，因此都是祖母照顧。我在（相對）貧窮中長大，有時候還真的是穿著鞋底有洞的鞋子去上學。所以不用說是撙節，我的成長過程簡直就是拮据。家庭收入就靠政府支票，也就是國家發給的退休金，偶而再加上我那個體力勞動的爸爸給予的資助。我是社會福利養大的孩子，而且也以此為榮。

如今我在美國常春藤盟校擔任大學教授。從發生的機率上來說，我本身就是「同代社會流動」（intragenerational social mobility）的極端例子，這你在任何地方都可能發現。然而當初可以成就今日之我的原因，如今卻被指為危機的根源：國家；更具體地說，就是所謂臃腫膨脹、脫韁失控的君父式福利國家。但這種指責是禁不起檢驗的。儘管跟歐洲其他富裕國家相比，英國不是那麼光鮮亮麗，但它的福利措施讓我從來就沒挨餓過。我奶奶的退休金再加上學校的免費膳食，使我不至於沒飯吃，而社會住宅讓我得以遮風避雨。求學過程中的那些免費學校，事實上就扮演著社會流動的階梯，讓我們這些在生命樂透中偶獲才華的人得以拾級而上。

因此，在這個撙節當道，且被視為唯一出路的時代，我內心深感不平的是，對現今世代而言，**「工人拯救銀行家」**固然毫無公平可言，而且像我這種出身背景的孩子的未來也要一併被犧牲掉。[1]諸如英、美社會在一九五〇至八〇年代中視為理所當然、像我這樣背景的孩子們得以力爭上游的社會流動，實際上已漸漸陷於停頓。[I]目前在許多發達國家，年輕族群的失業率都達到前所未見的新高紀錄，而撙節政策只會讓這些問題變得更糟。以刺激成長、創造機會為由來削減福利支出，只是令人想吐的謊言連篇。這本書的目的就是要讓各位牢記這一點，確保未來不會只是少數既得利益者和特權階級的未來。坦白說，這個世界應該多多利用福利政策培養小孩成為大學教授，其他那些人才會老實一點。

關於這本書本身，容我先說明一下。它主要分成幾個單元。首先是現在必須趕快對撙節政策進行討論和分析，如果你對此情況只想有個大概的了解，可以只看第一章；如果你對撙節的必要性，以及美國一堆爛帳最後怎麼搞垮歐洲經濟等背景因素有興趣，可以閱讀第二、三章；如果你想知道為什麼很多人都以為撙節支出是個好主意，以及其學理上的來龍去脈，要讀第四、五章；如果你想知道撙節支出其實是個很危險的想法，跟第二、三章所言完全不同的話，你就要閱讀第六章。各位要是想了解現今的世界怎麼會這麼糟、為什麼你要為它付出那些代價，那麼就整本讀完吧。

對於本書最後的出版，我要感謝許多人的協助。特別感謝Cornel Ban在東歐方面的個案研究，和Oddny Helgadottir對冰島的研究。對於美國方面的闡釋和辨析，非常感謝David Wyss、Beth Ann Bovino、Bruce Chadwick和David Frenk。關於歐洲方面的研究，要特別感謝Peter Hall、

Andrew Baker、Bill Blain、Martin Malone、Simon Tilford、Daniel Davies、David Lewis Baker、Douglas Borthwick、Erik Jones、Matthias Matthijs、Josef Hien、Jonathan Hopkin、Kathleen McNamara、Nicolas Jabko、Jonathan Kirshner、Sheri Berman、Martin Edwards、Gerald McDermott、Brigitte Young、Mark Vail、Wade Jacoby、Abe Newman、Cornelia Woll、Colin Hay、Vivien Schmidt、Stefan Olafson、Bill Janeway、Romano Prodi Afred和 Gussenbauer。我要特別感謝Stephen Kinsella和Alex Gourevitch兩位，幫我找出那些經濟上的胡說八道論調。關於這方面也特別要感謝Dirk Bezemer和John Quiggin；Chris Lydon幫我找到自己的聲音；Lorenzo Moretti幫我搞定那些註釋；Anthony Lopez幫我找出其他人提出的相關說法和理論；Alex Harris為我找到的資料更是旁人所不及。

我還要感謝布朗大學華生研究中心的協助和支持，並對各位同事一起創造出助力甚大的工作環境敬致謝忱。我要謝謝經濟新思潮研究中心（Institution for New Economic Thinking）確實促進了經濟方面的新思考。波斯納製作撙節政策專題短片，我要大聲喝采，也非常感謝Robin Varghese為我找來一些我絕對找不到的題材。在學術方面，霍爾丹（Andrew Haldane）和塔雷伯（Nassim Nicholas Taleb）是看法對立的重要學者，我還沒跟霍爾丹見過面。我要感謝這兩位學者刺激我更加努力思考這個世界。最後，要感謝牛津大學出版社的麥克布萊德總是接受我的請益求教，時時予我助力，必要的時候讓我獨自摸索。但最重要的，謝謝他一直對我有信心。在

❶在這方面，朱特（Tony Judt）的《沉疴遍地》（*Ill Fares the Land*）誠屬必讀。

這裡沒提到的人，我要先致上歉意。就像克林貢（Klingon）檢察官批評麥考醫師（Dr. Leonard McCoy）說，這大概是因為年紀大又愛喝酒的關係吧。（譯註：此句是引用科幻名劇《Star Trek》〔星際爭霸戰、星艦奇航〕。）

美國麻薩諸塞州南波士頓

二〇一二年十二月

第一章

概述撙節、債務及其寓意

為何撙節？

二〇一一年八月五日星期五這一天，發生了一樁就國家財政上難以想像的超級大事。美國的債信評等竟然喪失原本的三A（AAA）等級，慘遭債信評等機構標準普爾公司（Standard & Poor's）的降級。美元一向被全球各國視為儲備貨幣，也就是說，基本上是被其他國家當作是緊急狀態下的價值儲存工具，尤其各種大宗商品的交易和計價也都跟美元有關係，而且美元幣值也被全球貨幣體系當作是定錨，因此，美國債信等級下降可謂非同小可。於是隔週的週一，二〇一一年八月八日，道瓊工業股價指數重挫六百三十五點，為歷來第六大跌幅。大西洋彼岸早因二〇〇九年希臘危機即陷於混亂的歐洲債券市場，如今似乎連義大利和西班牙都要一起拖下水，整個歐洲銀行體系的償債能力都讓人感到懷疑，進一步重傷歐元匯率。與此同時，全球最大金融中心之一的倫敦也發生嚴重騷亂，並隨之蔓延到整個城市和英國各地。

倫敦的騷動是很快就平息了，但**「占領」運動**（Occupy movement）隨之而起，起先在曼哈頓的祖科蒂公園（Zuccotti Park），並延燒至全美各地，最後也蔓延到全球多國。各地占領運動的起因雖然不一，但群眾的關切中有一點特別明顯：過去二十年來收入和富貧不均的現象雖因信貸寬鬆而遮掩，但大家對此其實都非常不滿。[1] 占領群眾後來雖然是被冬天和警察驅散，但引發抗爭的問題還是懸在那兒沒有解決。一直到現在，歐洲的金融兼債務危機猶未底定，從這個高峰會滾向那個高峰會，德國對財政收支的節約謹慎和西班牙高達二五%的失業率犯沖，而希臘政府致力裁減開支卻為自己帶來破產，陷廣大人民於貧困之中，結果需要更多貸款才能撐下去。在美國，這些問題帶來的是民間部門成長停滯、失業率居高不下，中產階級的機會流失和目前可見的僵局。這些狀況如果個別來看顯得相當混亂，但要是仔細觀察就會發現其實都是息息相關，而且解決辦法似乎只有一個：**撙節，裁減政府預算以促進經濟成長的政策**。

撙節就是自行緊縮，以降低薪資、物價和公共支出來重建競爭力，進行經濟調整，而最好的辦法（大概）就是裁減政府預算、債務和赤字。擁護者認為，這麼做可以激勵「商業信心」，因為政府不再發行債券，投資市場就不會出現「排擠效應」，原本就是「太過龐大」的國債也不會再增加。

支持撙節政策的芝加哥大學教授柯克蘭（John Cochrane）是這麼說的：「政府支出每增加一塊錢，民間支出就相對減少一塊錢。財政支出刺激所增加的工作，會被民間支出縮減造成的工作流失所抵消。財政刺激可以建造道路，但也沒法蓋工廠，無法兩者兼得。」[2] 這種說法只有一個小問題：就是它根本是大錯特錯，**撙節政策往往就是最不應該犯的錯誤，因為它的後果正好就是你想避免的**。

即以標準普爾公司調降美國債信等級的理由來說，該公司指稱：「對於提高國債法定上限和相關財政政策的討論，莫衷一是且曠日廢時……至今仍是充滿了爭議和反覆」[3]。但是道瓊指數重挫並不是因為這個債信評等調降的關係。如果以為週五的債信評等調降造成隔週一的道瓊大跌，那是搞錯了因果關係及其關聯性。假如市場真的是對美國政府的償債能力有疑慮，那麼在債信等級調降之前和之後，必定會反映在公債殖利率上頭（美國必定要支付利息，才能吸引投資人持有債券）。要是投資人對美國公債沒信心，債券殖利率在債信等級調降後必定要衝高，預料資金也會逃向股市尋求避難。但情況剛好相反，債券殖利率和股價同步下挫，大家是害怕美國經濟遲緩、成長低迷，才造成投資市場下挫。

但是這說來就更加奇怪了。市場之所以預期經濟成長遲緩，是因為國債上限在二〇一一年八月一日達成協議，參議院民主、共和兩黨同意在未來十年裁減二．一兆美元的預算（也就是撙節開支），而這不正是市場所渴望的結果，應該很療癒嘛。官方再次宣示撙節卻代表現行低迷的經濟會因為公共支出裁減而陷於成長遲緩，消息一出股市應聲重挫。國際貨幣基金會研究部主任布蘭查（Oliver Blanchard）對此就看得相當清楚：「對於財政整合和經濟成長，投資人的反應有點精神分裂。」[4]要是美國國會還不能決定到底要裁減哪些預算，二〇一三年的預算裁減法案即將自動生效，屆時所謂的「財政懸崖」會讓這場債信大戲再次上演，布蘭查在一年前所說的精神分裂症又會再度發作，對於裁減支出是既期待又怕受傷害。

對歐元區國家來說，撙節政策同樣也應該是帶來穩定，而不是造成傷害。葡萄牙、愛爾蘭、義大利、希臘和西班牙（所謂的「PIIGS」五國」）在二〇〇八年遭到金融重創之後，無不勉力施行嚴格的撙節措施。希臘公共部門負債膨脹，西班牙民間部門融資過度，葡萄牙和義大利資金匱乏、頭寸不足，愛爾蘭的銀行業破產頻傳，當時各國政府都針對自身狀況施以援救，帶來龐大債務和赤字。而這些問題的答案，就跟美國國債上限協議一樣，應該就是要採取撙節政策。裁減預算、縮減債務，當「信心」重建之後，經濟也該再度成長吧。

因此「PIIGS」五國在經濟衰退的時候裁減預算，結果債務負擔變得更大而非縮小，利息支出隨之暴增也就不足為奇囉。葡萄牙的負債與國內生產總值淨值比，從二〇〇六年的六二%升高為二〇一二年的一〇八%，葡萄牙十年期公債利率從二〇〇九年五月的四・五%升高為二〇一二年一月的一四・七%。愛爾蘭的負債／國內生產總值淨值比由二〇〇七年的二四・八%升高為二〇一二年的一〇六・四%，其十年期公債利率在二〇〇七年時僅四%，到二〇一一年最高曾達到一四%。至於引爆歐元區危機後厲行撙節的希臘，儘管持續撙節開支，其負債／國內生產總值淨值比仍由二〇〇七年的一〇六%升高為二〇一二年的一七〇%，持有希臘公債的投資人也在二〇一一年虧損七五%。希臘十年期公債利率目前是一三%，在二〇一二年十一月時曾高達一八・五%。[4]

就縮減負債、促進成長來看，撙節政策顯然就是無效，而且讓這些國家的公債投資風險更高（從利率升高即可看出），而這項政策也導致持有這些公債的歐洲大銀行（主要是德國、法國及荷蘭）陷於更大風險。這個情況從二〇一一年夏、秋兩季國際投資人消聲匿跡即可看出端倪，歐洲銀行部門從民間幾乎找不到頭寸可調，迫使歐洲央行緊急捐輸，實施所謂的長期再融資操作（long-term refinancing operation, LTRO）和輔助性質的緊急資金協助方案（emergency liquidity assistance program, ELA）。當然，這麼一來又更必須撙節了。❶

英國「預先緊縮」搶先實施撙節，等到商業信心恢復後經濟隨即成長，原本應該可以避免這場鬧劇吧。詎料人算不如天算，這個辦法並沒有帶來預期的成果。雖然英國公債殖利率的確是比其他歐洲國家還低，但這不是因為厲行撙節的結果，而只是因為英國有自己的中央銀行和貨幣，所以它能夠無限制地金援銀行體系，也能利用匯率貶值等手段，這些都是歐元區國家沒辦法做到的。❷然而英國經濟並未因此復甦，商業信心也未見恢復。儘管英國提前實施緊縮開支，情況還是跟大家一樣糟糕，英國各項經濟指標也都指向錯誤方向，再次顯示撙節的壞處比好處還多。

這完全不是主權債務危機

撙節之所以危險，首先是因為它無效，而政客和傳播媒體的陳述方式也是個原因。政客和媒體說這是為所謂的「**主權債務危機**」（sovereign debt crisis）還債，是因為政府「花太多錢」造成的，但這**根本就是歪曲事實**。這些問題，包括債券市場危機，都是從銀行開始，最後也會在銀行結束。目前的混亂狀況，都不是因為哪個國家支出過度而引發主權債務危機，不過希臘除

❶ 關於歐洲大銀行到底扮演什麼角色，使得撙節變成唯一出路，我們將在第三章詳細討論。

❷ 短期頭寸不足如果演變成長期資金匱乏，銀行的償債能力就會出現問題。此時對市場大量挹注資金即可防止短期不足惡化為長期匱乏。

外。對希臘以外的國家來說，問題都在於那些需要國家負責的銀行，尤其是歐元區的銀行。如今說它是「主權債務危機」，不過是在玩狸貓換太子的政治把戲。

在二〇〇八年以前，不管是美國或其他地方，除了少數走極端的保守派之外，誰都不擔心國債「過量」或赤字。即以美國來說，布希政府把美國國債和赤字雙雙推向新高紀錄，但通膨狀況仍然維持穩定，那些極端仇視赤字的鷹派儘管高舉財政保守主義的旗幟，也只能在尷尬中幾乎消聲匿跡。[3]即使是以財政儉約謹慎著稱的國家，例如布朗（Gordon Brown）主政的英國，甚至是在西班牙和愛爾蘭因為景氣活絡而被高舉為經濟模範時，赤字和國債都沒有引發多少關注。義大利公共部門負債早在二〇〇二年時即是國內生產總值的一〇五・七％，根本也沒人在意。到了二〇〇九年，這個數字幾乎還是維持相同水準，卻是人人喊打。

唯一改變的是二〇〇七至二〇〇八年的全球金融危機如今換了一種新面目，仍然在各地肆虐。為了搶救全球銀行體系，援助、資本重整和其他救助成本依計算方式而異，大概是在三兆至十三兆美元之間，[6]我們會在第二章深入說明。因為政府吸收了挽救破產的成本，這些支出最後大都會出現在政府的資產負債表上頭，因此我們會誤以為這是個主權債務危機，但事實上只是個巧妙變裝的銀行危機。

我們在第二章就會看到，這場全球銀行危機就源自美國銀行業，美國政府認為它們「大到不能倒」，因此當它在二〇〇七至二〇〇八年間陷入危機時自然就不會讓它倒。而不讓它倒的代價，就是讓美國聯儲局（Federal Reserve）變成一家「壞銀行」（為了維持放款進行，只好廣收各方不良資產以挹注現金），聯邦政府以赤字支出和發行債券填補市場崩盤後的銀行收益損失，挖出聯邦財政上的幾個大錢坑。大家都說做好事也會釀災遭難，這個我們也很清楚。但我們比較不明白的是，現今歐洲上演的只是這場危機的變種延續罷了。

據說，希臘人可能真的在國債和赤字上說謊，但我們會在第三章看到，像希臘這樣可說是個特殊狀況，絕非常規通例。發行歐元這十多年來，在歐洲實際上發生的情況是，核心國家的大銀行都買了許多周邊國家的主權債券（如今價值可是少了很多），其融資槓桿比例比它們的美國同業還要大得多（降低股本、增加負債，以提升獲利）。有些銀行的融資槓桿高達四十倍之巨，也就是說它們手上資產要是稍有閃失，跌個百分之幾，就可能讓整家銀行破產。[7]結果，這些大銀行，你要是把它們的負債加在一起，那可不是「大到不能倒」而是「大到救不了」，在這種狀況下，歐元情勢只會繼續惡化。對此稍後再詳細說明。

比方說法國三家最大的銀行，總資產額大概是法國國內生產總值的兩倍半。[8]相較於美國，美國整個銀行業的總資產額才及美國國內生產總值的一二〇%。美國有自己的貨幣，大不了就印鈔票來度過難關，而且美元是全球通用的儲備資產。但法國可不行，法國已經不能自己印鈔票了，所以沒有辦法直接拯救自己的銀行。西班牙或任何其他歐盟國家也都不行。結果法國公債利率持續走高，但這不是法國沒辦法為自己的福利政策買單，而是銀行體系大到救不了的沉重負擔所造成的。

❸原本以為赤字會引發通貨膨脹，事實證明並非如此。

但要是這些大銀行真的倒了，也只能由其母國來拯救。要是母國的負債只占國內生產總值的四〇%，那也許還有得救；要是母國負債比已經逼近九〇%，它的資產負債表要再吸收破產銀行的負債，恐怕公債殖利率也要跟著暴升破頂了。在稍後兩章我們就會看到，由於各國資產負債表都要擔任銀行體系的避震器，所以各國都必須撙節。在挽救銀行體系於不倒之後，大家的資產負債表上還要留點餘裕以備不時，所以我們也都要撙節開支。說來說去，這都是為了拯救銀行業。

這些來龍去脈就是稍後兩章的主題，不過我們現在也該記得，這打從一開始就是個銀行危機，後來才轉變為主權債務危機。主權債務市場上的確有狀況，尤其是在歐洲，這是毫無疑問的。可是這場危機只是結果而非成因，不是政府浮濫開支所造成的，全世界也都沒有變成希臘的危險，美國也沒有隨時都會破產的可能。除非是考慮到個別國家銀行體系帶來的實際支出和累積負債，財政支出也都沒有造成主權債務的風險。銀行危機總歸就是個銀行危機，儘管它涉及國家財政收支。但有人從中大耍政治手段，把它塑造成國家和政府的錯，那些搞砸事情的元凶就不必付出代價。「撙節」不只是搶救銀行體系的代價，那些銀行還想叫別人買單呢。

比爾蓋茲、債務的兩個真相

直覺上，撙節好像很合理，對吧？你一直花錢怎麼會富有，尤其是還有負債的時候，不是嗎？節約開支符合直覺，既簡單又有說服力，因為大家都知道「以債養債」是不行的。假如你欠了很多錢，那就不要再胡亂花錢了。到目前為止，這麼說是沒錯。但是這樣的思考無法深究其中，也忽略了一個財富分配上的重要問題：要減輕負債，是由誰來付出代價呢？如果我們要一次償還所有債務，又會發生什麼情況呢？

經濟學家對財富分配的看法一向是這樣：比爾蓋茲走進一間小酒吧，裡面的每個人都變成百萬富翁，因為大家的平均財富都暴增啦。這是統計上的真實，實際上卻毫無意義，因為這裡只有一個億萬富翁，和一大票身家頂多數十萬、數萬甚至更少的平凡小民，根本就沒有誰是百萬富翁。撙節政策也同樣有這種統計和分配上的錯覺，因為所得不同，對於撙節效應的感覺也是大有差異。**政府一旦厲行撙節，低所得民眾的損失會比高所得者還大**，這是因為高所得的人本來就比較不依賴政府提供的服務，而且他們擁有較多財富可資彌補。因此，雖說不能「以債養債」的想法是對的，但要是被要求償付欠債的人根本還不起，或者是他們認為這種作法不公平、不正義，那麼撙節政策就不會成功。不管是什麼時候，政治上維持穩定總是比經濟需求更優先。

不過還有第二個真相，會完全顛覆前面所說的「欠太多錢就不要再花錢」：我們不能同時斬斷所有可以邁向成長的路。任何國家想減輕負債都是合理的。比方說，希臘就是因為負債不斷增加才被拖垮的，更多債務、貸款和救援也無濟於事。希臘想減輕負債是對的，但個別國家來做是正確的事，要是大家一起搞可就不妙了。也就是說，要是在希臘厲行裁減負債的同時，它的貿易夥伴們（也就是其他歐洲國家）也一樣同時這麼做的話，那麼想要提振經濟可就難上加難。

大家都會強調儲蓄，但我們常常忘記，就是有人在花錢，其他那些人才有錢可以存啊，否則那些想存錢的人根本就不會有所得可以儲蓄。我們應該緊記在心的是，一筆債務不僅是另一些人的債權，也是他們的資產和收入來源。除非有人願意持有流動性比較低的資產（例如股票、房地產），我們才能持有流動資產（現金）。同樣道理，我們不能在同一時間一起斬斷所有邁向成長的道路。降低薪資會為某些人帶來優勢（在成本上提高競爭力），但這也必須要有另一些人願意花錢去購買他們生產的東西。凱因斯說得好，這種情況叫「**節約矛盾**」：要是大家都同時儲蓄，也就沒有消費來刺激投資囉。

我們在稍後也會談到，一開始就假設投資和成長是來自商業信心，根本就是完全搞錯重點。這裡的關鍵是「**合成謬誤**」（fallacy of composition）的問題，而不是信心問題，也就是某些事情就整體而言是對的，但從個別或局部上來看卻是錯的。這跟常識判斷正好相反，也跟當前經濟政策相反。但這點很重要，也是撙節之所以危險的第三個理由：我們不能同時厲行節約。假如這麼做的話，大家的經濟只會越做越小。❹

在此對通貨膨脹和緊縮狀況做個比較，有助於釐清疑點。通膨發生時會出現一種奇怪的現象，那大概是所得分配上的富人唯一會向窮人爭取團結的時候。一般都認為通膨壓力抬頭「主要會傷害窮人」，因為窮人所得低，更容易受到物價上漲的影響。[9]這頂多只說對一半，各位把通膨想成是對特定階級課稅或許更容易理解。**當「太多金錢」追逐「太少財貨」時——通貨膨脹發生了——對債務人比較有利，而債權人則相對不利**，因為只需更少的實質所得即可償還已發生的債務。任何時候都是債務人比債權人多，而按理說，債權人應該是那些有閒錢可以出借的人，因此有些人就以為，民主政治也該是傾向於通貨膨脹的。不過削減通膨壓力是打著恢復金錢「實質」價值的旗號來進行，透過「獨立的」（獨立於我們大家）中央銀行來打壓通貨膨脹率。於是債權人勝利，債務人可就輸啦。各位或許可就利益均衡（balance of benefits）的觀點提出反駁，但通膨還是一種針對特定階級的課稅。

至於撙節所要求的通貨緊縮則會導致更要命的政治後果，因為大家一採取自保行動（例如接受減薪以保留工作），實際上都會跟其他人的行動發生矛盾，而成為一個零合遊戲（因為同意減薪就會降低消費，從而減少對其他人產出的需求）。這又是一種「合成謬誤」。大家都輸了，沒有贏家，而且你越是想贏，結果就輸得越慘。歐元區那些周邊國家最近幾年的情況，已經證實了這一點。

要是撙節政策普遍化，狀況就更嚴重。當一個國家的公私部門同時償還債務（降低槓桿、減少融資），那麼該國的經濟成長只能依靠出口，最好是在較低的匯率下輸出財貨給仍然願意花錢的國家。但要是大家都採取不花錢的策略，正如歐洲現在這個樣子，根本是自討苦吃。那種「負債太多，就要減少」的共識行動所產生的結果，正是我們原先想要避免的，而且我們越是想要縮減負債，情況也就越糟糕，這點已由希臘和西班牙證實給全世界看了。我們不能大家一起斬斷成長的道路，正如大家不能都仰賴出口，卻不關心誰會進口。這個「合成謬誤」的問題正好破壞了撙節促進成長的效果。

❹ 不僅如此，片面裁減支出會讓負債占國內生產總值比例更為惡化，在稅收減少的狀況也會讓現存債務變得更加昂貴。

稍後我們會詳細討論到，個別國家厲行儉約只會在很少的狀況下才會發生功效，唯有在不會出現合成謬誤時才會有用，例如在某國厲行儉約、致力出口的同時，有另外一些規模更大的國家正大量地進口，如此才能抵消該國裁減支出的效應。但是就我們今天的世界而言，大多數國家卻非如此。而且，即使政治上的永續議題（誰來付帳）獲得解決，經濟問題（大家都同時減少支出）也會讓這項政策難以發揮效果。❺

這種邏輯嚴重矛盾、實務上錯誤連連，卻又歷久不歇的經濟謬論，奎金（John Quiggin）稱之為「殭屍經濟學」（zombie economics）真是罵得好。撙節就是個殭屍經濟概念，因為它一而再、再而三地證實無效，卻又不斷地死而復生。[10] 一部分是因為不能「以債養債」的常識看似簡單有力，再者保守派總想趕走（一再地）討人厭的福利國家概念，所以這個殭屍好像永遠不會死。[11] 簡單來說，**撙節之所以危險的理由有三：實務上無效；要窮人付錢為富人犯錯做彌補；只有在合成謬誤不發生的情況下才會有效**，問題是這種謬誤在現今世界中比比皆是。

那些債務都不重要嗎？

欠債當然重要。這是個問題，而那些不只是仇視福利國家的撙節儉約的主張和所有論述，也不是手持長矛挑戰大風車。儘管我們還沒到被債務淹死的程度，有些人總是擔心我們要是不注意的話可不只是腳會打濕而已。萊因哈特（Carmen Reinhardt）和羅格夫（Kenneth Rogoff）廣受引用的論文〈大債時代的成長〉宣稱政府負債要是超過九〇%的臨界值就會嚴重拖累經濟。[12] 這種說法不是沒有批評，但我們先別管批評怎麼說，這個論點也可以改寫成：任何國家如果不必背負這些債務，又怎麼會花這麼多錢、欠下這麼多債呢？[13]從長期來看，約翰遜（Simon Johnson）和郭庾信（James Kwak）認為「美國確實面臨長期債務問題」在政治上引發「歇斯底里、煽動人心和妄想錯覺」的氣氛，長期上將導致裁減支出，而最受影響的是「那些最負擔不起的人」。[14]「而最後結果，假設美國在短期內不會受到利率衝擊，結果是「美國看起來就像個典型的拉丁美洲國家，超級富豪住在私人小島……專業人士階級生活優渥……還有一大堆艱苦掙扎的下層階級。」[15]有人也許嘲笑說我們現在差不多就是如此啦，但重點也由此再度凸顯。現在處理債務是為了以後有能力花更多錢，至少有此可能。

談到拉丁美洲，有些分析師是比較擔心一點。比方說，秦孟席（Menzie Chin）和傅利登（Jeffry Frieden）都宣稱美國國債的確是個威脅，但真正重要的是國債背後的國際債務和對外借款。從國際資本流動的長期循環來看，美國的情況跟愛爾蘭、西班牙甚至是阿根廷也沒有很大不同。[16]其他評論員，例如**克魯曼**（Paul Krugman）則**採取較為寬鬆的看法，認為經濟健康成長而預算平衡時也能以相當廉價的成本來承擔巨額債務，只要國內生產總值實質成長速度優於債務累積，債務實質比重長期下來即可望減少。**[17]

當然每種看法都有爭議，就舉幾個比較明顯的：經濟成長低迷也會造成債務累積，因此解

---

❺ 所以我們才強調說，希臘在二〇〇一年就算可以組成一個厲行儉約的聯合政府，也只是解答的一半而已。要是你的貿易夥伴也都撙節開支，國外需求無法彌補國內需求的衰潰，也就必定造成經濟萎縮，並使負債占國內生產總值的比重愈大。

決辦法應該是促進成長而不是裁減債務。現在透過裁減支出達成的節約儲蓄在近期內的下一次減稅又會被花光，並不能給未來子孫帶來額數相對應的回報。美國籌借大量外資，讓國外資金無法回流，對全球經濟就有不利的影響，危害其他國家對美國維持順差的能力，而這是出口導向成長模式所必要的。[18]最後是克魯曼支持的金融抑制（financial repression），雖然要成本，但也有好處。❻

我也很擔心債務問題，但是出於不同的原因。我擔心的是大多數對於政府債務的討論和解決建議，不僅誤解且歪曲了因果關係，它們還大肆搬演「撙節支出才好，花錢就是罪大惡極」的道德戲碼，結果可能導致自尋死路的預算刪減。首先，讓我們先確認一些事情。要是美國真的到了國債滾不下去的地步，那麼最大的恐怖會是其他的主權債務替代品恐怕也早都死光啦，對此我們儘可大膽地如此假設。其他所有國家進行國際貿易所需的儲備資產（美元）就是美國印出發行的，別無他國可以取代。因此儘管其債信能力遭到降級，美元仍是全球儲備貨幣，而全球欠缺可靠替代貨幣這個事實（歐洲人還忙著屠殺自己的替代品歐元呢），也使得國際金融情勢更加傾向於美國。所以說到全球金融，美國債券還是最好的黏著劑。

其次，我們常常忘記預算赤字（新債增加，短期憂慮累積成「大債」）是跟著經濟循環波動，它是週期性變化而非一成不變。這一點真的非常重要。這表示說，若有人主張「到了二〇二五年／二〇四六年／二〇八七年負債／赤字會是多大又多大」時，只是利用非線性數據來做線性趨勢分析。❼各位要想知道這種預測有多蠢的話，可以回顧一下柯林頓的經濟顧問史伯林（Gene Sperling）在一九九九年曾說「極目力之所見」聯邦預算都會有盈餘，結果才維持了兩年

（他現在可又是歐巴馬的經濟顧問了）。布希政府在二〇〇二年預算報告中也曾提出這種直線式的胡說八道，預測二〇〇二至二〇〇六年間美國可望達成一兆九千五百八十億美元的預算盈餘。[19]結果呢，我們都知道事實和預測正好相反。

既然美國債券仍是所有糟糕選項中最好的一個，而且造成債務的預算赤字會有週期變化，再者我們稍後也會談到，跟民間及其他許多國家銀行業的債務相比，美國那點債務也不算什麼，那麼我們為什麼還在擔心呢？答案是，這些債務的政治意涵已經抽換為道德意涵，原該由銀行負起的責任現在卻由國家來承擔。撙節儉約是狂飲暴食的饗宴之後的痛苦修行和贖罪，但並不是每個人都要接受如此的懲罰。我們之中被邀請去參加這場饗宴的人可不多，結果到了付帳單時卻人人都有分。

債務和降低融資槓桿的分配問題

撙節儉約派認為，不管那些債務從何而來，反正最後都是記錄在國家的「帳本」、國家的「資產負債表」上，因此如果不厲行儉約，則債務持續增加必定影響經濟成長。[20]這個經濟推論

❻ 對金融部門之外的人來說，這些成本或許相當小。我在結論中會再回來談金融抑制的問題。

❼《彭博商業周刊》（*Bloomberg Businessweek*）二〇一一年八月二十七日刊載彼得・彼得森基金會（Peter G. Peterson Foundation）兩頁文章〈促進經濟成長須解決債務問題〉（For a Stronger Economy, Deal with the Debt）就是最好的例子，其中提列到二〇四〇年時的國債線性預測。到那時候全球的石油供給大概已經用完了，主權債務也許是最不必擔心的問題吧。

看來似乎言之成理，但就像比爾蓋茲走進酒館，使得大家都變成百萬富翁（平均而言）一樣，其實是忽略了所得實際分配狀況和支付能力不同的關鍵問題。直接了當地說，要是國家削減支出，其效應在分配上就是不公平也讓某些人難以承擔。說要「人人勒緊腰帶」，如果大家都穿同一條褲子的話，我個人也完全贊成。但現在的狀況卻非如此，事實上打從一九二〇年代以來就更不是這樣。

二〇一一年的占領運動凸顯出，許多遭受金融危機震撼的國家在過去三十年來，財富和所得分配都已嚴重傾斜，而信用泡沫的破滅正好暴露出這個狀況。比方說，美國最富有的一%人口高占全國總收入的四分之一。[21]或者說得更徹底一點，**美國最富有的四百人的資產總和比最底層的一億五千萬人還多**；有四千六百萬個美國人，占總人口的一五%生活在年所得不及二萬二千三百一十四美元的四口之家裡。[22]

正如韋德（Robert Wade，倫敦政經學院教授）指稱：

> 收入最高的一%美國人在一九八〇年的收入總額（不包括資本利得）占全美總收入的八%，到了二〇〇七年這個比例增加了一倍以上達一八%。最頂層的〇・一%（約十五萬名納稅人）的所得比例則成長四倍，從全國的二%增加為八%。如果加計資本利得，財富不均的現象更為尖銳，最高的一%囊括了全國總收入的二三%。在柯林頓時代的七年經濟成長中，頂層一%獲得全國稅前總收入四五%的增幅，而布希時代四年成長期裡頂層一%則獲得總成長的七三%……這些可都不是印刷錯誤。[23]

如果你是在所得及財富分配的中間或底層那一半，你就要依靠政府的諸多服務，包括間接（減稅和補貼）和直接服務（轉移支付、公共運輸、公立教育和醫療健保）。而這些所得分配上的轉移支付才讓中產階級得以存在。這都不是偶然發生的，而是出自於政治作為。抵押貸款的利息扣除額，並不是你某天早上醒來才發現它從天而降。那些所得分配更上層的人擁有更多替代選項（也有更多扣除額），他們顯然就比較不需要這些政府的服務，但要是國家裁減了支出，造成經濟成長低迷、失業率高漲、基礎建設凋蔽的話，就連所得分配上層的人也會感受到撙節儉約效應的波紋影響，而這也會造成資源及生活機會在分配上更加偏斜。基本上來說，財富重分配有賴於民主體制，這就等於是富人的資產保險，而撙節政策就是讓富人不必支付保險費。

當政府因為「揮霍無度」而縮減服務時，必須勒緊腰帶的不是所得分配的上層那些人，而必定是一九七九年以來實質薪資毫無增長的底層四〇％。❽[24]這些人肩負著需要「財政重整」的巨額債務（相對其收入），他們才是真正依靠政府服務的人。因此撙節儉約根本就是個財富分配上的政治問題，而不是經濟上的會計考量。

撙節思想之所以危險，是因為它忽略了外部效應，讓某些人的選擇影響到另一些人的選

❽也就是說，薪資雖然看似增加了，但經過通膨調整後仍呈現停滯。

擇，特別是那些所得分配偏斜的社會。那些在二〇〇八年之前繳稅、支出和投資名列前矛的人製造出金融危機這個巨額負債，然後以「大到不能倒」和搶救金融機構為名，讓所得分配較低層的大家來負擔。那些頂層的人說「我們已經花了太多錢」時，完全不記得那些錢就是用來拯救他們資產的公帑。[25] 是那些所得分配底層的人被要求「勒緊腰帶」過日子，而發號施令的是生活大有餘裕卻也沒興趣出錢清理殘局的人。

簡單來說，所得頂層惹禍招災，卻讓底層花錢當代罪羔羊，頂層還想方設法推卸責任，轉而歸咎於整個國家，如此一來不僅排擠底層的生產，妨礙收益，也更沒錢來解決困境，甚且也會讓整個社會氛圍更趨於兩極化和泛政治。這個社會為了解龐大債務導致成長低迷，原本就夠慘了，現在更是雪上加霜。尋求平等的民粹主義、民族主義和種種「上帝與黃金」的呼籲都是不平等的撙節儉約激發出來的，在這個過程中沒有人獲得好處，連所得頂層的人也沒有。儘管這個社會，就像據說是柴契爾夫人（Mrs. Thatcher）所說的，我們都生活在這個社會裡，不管是富人或窮人，也不管會變得更好或更糟，反正大家同在一條船上。但在這種厲行儉約的不平等世界中，那些所得分配底層的人只能在原地踏步，不可能向上攀升，於是亞當斯密（Adam Smith）所說的「改善個人生活」到最後只好靠暴力來改變。[26]

本書架構簡述

在本章概述之後的第二章：「美國：大到不能倒？銀行家、金融援救與歸咎國家」，要說明已開發國家的債務危機並不是因為政府揮霍、支出浮濫造成的，至少從直接支出方面來看。

我們會把各種事證拼湊在一起，揭示美國金融業內爆如何衝擊美國、歐元區及其他諸多國家，造成各國債台高築的真相。我要強調的還有，附買回（repo）市場的互動、多種複雜的金融工具、尾端風險（tail risks），再加上一些不夠完善的思考，才會帶來「大到不能倒」的問題。這一章會帶領大家重回二〇〇八年九月美國附買回市場的危機根源，持續追蹤這場美國危機如何蔓延到歐元區，並揭示這場銀行危機是如何巧妙地經由政治加工，轉化成公共部門的危機及總共耗費多少成本。[9]

第三章：「歐洲：大到救不了？永遠厲行撙節的政治把戲」，分析美國銀行業產生的私人債務最後是如何被改為「主權債務危機」，苦主成為揮霍無度的歐洲國家。第二章說的是債務源起來自美國，而第三章則要介紹這場危機是如何在歐洲改頭換面。我們要告訴各位，大概有十二個月的時間全世界都轉向凱因斯主義，唯有德國人從來不曾真正認同。我們要展示英國的機會主義和美國近乎癱瘓，特別凸顯那些主張撙節儉約之必要、指責國家浮濫開支造成危機等論述，其實是由商業領袖、銀行家以及非常錯亂的歐洲政客聯手捏造。歐洲把撙節儉約當作是未來的唯一道路，本章要提列更多細節說明這種作法不僅是反映出強烈的意識形態偏好，並且也是經由全球及地區銀行資金管道灌進歐洲的結構性負債。這個負債早在歐元改制之前即由歐

[9] 我們尤其注意到這場危機基本上是新古典經濟理論「說明書」的危機，也的確可以說是價值十三兆美元的實驗，檢驗這些想法是否確實可行。但這又引出一個非常重要的問題：如果這些想法在危機中已經被證實為無效，那些金融和政府精英人士為什麼還是想靠它們來診治危機呢？

洲銀行間巨大的道德風險交易而產生，再經由歐洲「全能」銀行模式的特殊制度設計和附買回市場（又是它）的交易特性而放大，最後導致大到救不了的銀行體系。撙節政策再加上無止境的公共資金挹注歐洲銀行體系，是當前總體經濟和貨幣體系不致崩潰的唯一作法，但這個解決辦法仍有其時效限制。

在本書第一部（第二、三章）檢視危機的來龍去脈，以及它在歐洲如何耍弄人類史上最大的改頭換面把戲後，我們堂堂進入第四、五、六章組成的第二部：「撙節儉約的雙重歷史」。第一段要討論的是撙節儉約的思想史背景，第二段則是撙節政策在自然史中的實踐狀況。第四章：「危險觀念的思想史，一六九二—一九四二年」，探索撙節概念從何而來，有哪些人為之倡導立說？我們會看到它的思想背景為期甚短且迂迴曲折，撙節既非千錘百鍊的概念或學說，也不是經濟或任何理論的一部分，只是在古典與現代經濟理論中，談到國家在經濟上應該扮演怎樣的角色才適當時的零碎想法。

我們要檢視洛克（John Locke）、亞當斯密和休謨（David Hume）的著作，了解自由主義經濟理論對國家問題的看法，我所謂的「既不想要又不能不要，也不想為它付錢」的問題。接著我們會討論經濟自由主義如何在二十世紀初分道揚鑣，一派認為我們不能（也不該）接受國家的介入，另一派則認為資本主義的發展不能沒有國家的存在。英國新興自由主義、奧地利經濟學派、英國財政部、凱因斯和熊彼得（Schumpeter）論說的一進一退，帶領我們重新回到一九四二年，當時這場論戰似乎是由堅持「不能不要」國家的思潮學派獲勝。

第五章：「危險觀念的思想史，一九四二—二〇一二年」繼續這段討論，我們要檢視德國的秩序自由主義（ordoliberalism），這套想法對當前歐洲危機已證實是出乎意料之外地重要，並在凱因斯理論歷經漫長寒冬之際做為儉約思想的大本營。我們要探訪奧利學派在戰後於美國的據點，討論它對銀行、景氣繁榮和蕭條的看法，並及於這些主題衍發的時機和發展。接著在我們跟某些尋求民眾信任卻時有反覆的政客對談時，順便瀏覽米爾頓（Milton）的貨幣理論和維吉尼亞學派公共選擇理論（Virginia public choice）。之後，我們要參觀國際貨幣基金（IMF）組織的貨幣模型，尋找華府對於致富的共識。最後我們到義大利探索撙節儉約有益世道的當今論述，再回到美國劍橋跟大家分享一些訊息，說什麼國家不值得信任，唯有裁減支出才能促進成長。以上說的就是撙節的思想史背景。

第六章：「撙節的自然史，一九一四—二〇一二年」，檢視撙節的實踐成果。我們會從古典金本位談起，看它在實務操作中厲行撙節儉約，帶來災難性後果，注意到國家得夠大才禁得起撙節考驗，否則我們要爭論的可是國家會不會因此被拖垮。我們要檢視一九三〇年代美國、英國、瑞典、德國、日本和法國厲行儉約的實例，而這些例子很可能就是一九三〇至四〇年代全球大蕭條的主要原因。接下來我們要考察一九八〇年代以來的四個例子：丹麥、愛爾蘭、澳洲和瑞典，這些都讓人以為撙節儉約畢竟是有好處。然後，我們要分析撙節與經濟關係的最近實證研究，讓各位了解「擴張型撙節」的想法並不成立，甚且是妨礙了成長。

最後，我們要看看撙節派的新希望：羅馬尼亞（R）、愛沙尼亞（E）、保加利亞（B）、拉脫維亞（L）和立陶宛（L），所謂的「REBLL」聯盟。不管歷史紀錄和當代理論怎麼說，這些例子總該表明撙節儉約有其成效吧，但我們還是找不到這樣的證據。撙節儉約在

「REBLL」聯盟並未發揮效果，但我們還是常常聽到有人以此為證，這說明了一件事：就算是事實也照樣駁不倒吸引人的意識形態，也正因此撙節概念實在非常危險。

第三部第七章做個結論，對上述這些討論做個簡短的總結時會說到，或許我們就該讓那些銀行倒掉算了，以及如果採行撙節儉約我們會走向什麼樣的死胡同。

| 第一部 |

為什麼大家都必須撙節儉約

第二章

美國：大到不能倒？

銀行家、金融援救與歸咎國家

導言

榮獲奧斯卡獎的紀錄片《黑金風暴》（*Inside Job*）非常精采，它清晰地描述了那場金融危機，讓人很容易就理解到底發生什麼事，並對經濟學界的利益衝突進行了不起的揭露，例如，有些經濟學者以顧問為名偷偷收受金融機構的錢，為市場效率發表「科學」論據，宣揚金融的正面作用，光說些金融業愛聽的甜言蜜語。不過這部片子在解釋這場危機一開始是怎麼發生的說法似乎不太到位，它把矛頭指向銀行家的道德缺失（不就是一些錢太多又招妓的中年男人）是搞錯方向。我想導演是認為這場危機源自個人的道德弱點，說得是在金錢作祟下，道德因之蕩然。[1]

這個說法雖然得到某些人的認同，但個人道德缺失卻無助於了解以下兩件事：金融危機何以在美國發生，而撙節儉約又何以被視為現在唯一能做的回應，尤其是在歐洲。各位要是把二〇〇七年那些銀行家全部換成另一批人，他們在金融危機時的作為大概還是沒兩樣，這是因為動機完全相同。在這裡我們真正須注意的是，全球金融體系那些看似毫不相干又不透明的部分，是如何聚在一起引發一場危機，因為從個別部分來看，這場危機是無從發生的，而它又是怎麼演變成國家危機，到最後連你一起拖下水。

但要重現美國那邊的金融危機，哪些部分才重要、哪些不重要，我們又該怎麼判斷呢？畢竟就像羅聞全（Andrew Lo，知名金融學家，麻省理工學院斯隆管理學院金融學教授）最近一篇文章的戲謔標題「解讀金融危機：二十一本書點評」（Reading about the Financial Crisis: A 21-Book Review）所言，這場危機已經被過度解讀，許多臆測也都太過武斷。[1] 說這場危機已經被過度解讀，是因為這裡有那麼多對象都可以被指為嫌疑犯，說它們就是危機的「成因」，儘管危機根本不是直線發展，諸多成因的發展也顯見分歧，但從房利美（Fannie）和房地美（Freddie）開始，一直到融資比例、所得分配不均等等因素，都可以讓諸多作者大放厥詞兜攏指控，臆想出一套令人信服的說法。[2] 對這場非直線且多重因素同時迸發的危機而言，有許多被指稱釀禍的原因就算被排除在外，這場災難照樣會發生，於此可見臆說的武斷。比方說，其中有三本優秀著作對釀災因素分別強調是因所得分配不均急速擴大、銀行監管牽連受制的本質，以及金融上的政治權力使然。這些說法當然都捕抓到危機的一個重要面向。[3] 但這些因素在充分解讀危機時都是絕對必要的嗎？

對這些說法我想簡單地加句話：首先而且最重要的是，這場危機原本就是個民間部門的危機。我們這本書檢視美國、歐盟或東歐地區，各位在每一段中都會看這場危機起因於民間部門，但最後付出代價的卻是公共部門，也就是你和我。我們可以從反方向來思考，問說：如果所得分配比較不偏斜、銀行監管可以更獨立，還有金融的政治權力減弱一些的話，這場危機還會發生嗎？我相信還是會。因為這裡有些重要因素使得某些問題變得更為嚴重，雖然它們不是肇禍必不可缺的直接原因。

接下來我要著重討論四項因素，我相信如果不考慮這四項因素，我們就無法解釋這場危機的來龍去脈。它們都是危機之所以發生的基礎，而且都出現在民間部門：美國附買回市場抵押品交易的結構；抵押貸款衍生商品的結構及它們在附買回市場中扮演的角色；關聯性與尾端風險對於問題的放大作用；包括銀行家及監管人員等相關人士受到某些經濟概念所蒙蔽而造成的損害，使得整個金融體系風險增高。我要再次強調，這幾個都是典型的民間部門狀況，所以我還要再問個問題：如果是民間拆濫汙搞出這些鳥事，為什麼那麼多人反倒歸咎於國家，而且認為裁減支出是解決這場民間災難的唯一辦法？接下來我們就要回答這個問題。

發動機：附買回市場和銀行擠兌

附買回市場是所謂「影子銀行業務」（shadow banking）體系的一部分，「影子」是說它的活動常常模仿一般銀行業務，也都對銀行本身有幫助；「銀行業務」則是指其金融服務不但針

❶ 英國政府解釋二〇一一年八月的騷亂，以及歐盟委員會、歐洲央行和國際貨幣基金三巨頭稱讚波羅的海國家撙節有方，也都採取同樣的道德戲碼。這齣戲簡直是包羅萬象一體適用。

對一般（受到監管的）銀行，同時也擴及實質經濟層面。即以薪水支票為例。要大企業每週到當地銀行提領保留盈餘，開卡車搬現金到公司發薪水，這也太離譜了吧。因此，各家公司都會在很短期限內以極低利率彼此借、貸資金，通常是以某些資產求現調頭寸，隔天又貼點錢，原物買回，所以稱之為「附買回」。這種作法比從當地銀行貸款還便宜，而且也不必調派裝甲車來押送現金。

而二〇〇七和二〇〇八年的情況就是因為附買回市場造成銀行擠兌。[4]銀行擠兌是指存款戶同時要求提領現金，而行內沒有足夠現金供應。一旦發生擠兌，銀行就須調集資金以平息存戶的恐慌，否則就會倒閉。附買回市場興起的一九八〇年代，傳統銀行業正因「去中介化」（disintermediation）的過程，造成市場逐漸流失。[5]銀行在其他產業中一向扮演中間媒介的角色，比方說撮合放款和借款，再從中收取費用。在穩占中間媒介的時代，銀行業被稱為「三－六－三業務」：存款給三％的利息、放款收六％的利息，然後下午三點鐘高爾夫球場見。這個事業無聊透頂但既安全又可靠。到了一九八〇年代金融市場逐漸開放後，大企業開始繞過銀行——即「去中介化」——彼此借貸資金，也因為排擠了銀行利潤。而當時讓「三六三」銀行業進一步受到擠壓的，還有一個叫「證券化」（securitization）的過程。

過去的「三六三」模式，銀行放款給客戶之後，只是老老實實地守著債權收利息，直到貸款到期還清。但要是把債權分離出來，賣給別人呢？如果把許多類似債權，比方說把抵押貸款的債權綁在一起賣給投資人，變成一種可以創造收益的契約，稱之為「抵押貸款證券」呢？通過這種方式，銀行可以獲得更便宜的資金，也因為不必再負擔呆帳風險，可以承作更多放款，而借款人也可以獲得更優惠的利率。就像他們說的，這真是雙贏啊！

抵押品損失：美國版

債權證券化雖然威脅到傳統的銀行業務，但也是創造新模式的機會。他們賣掉債權，免除風險，取得便宜資金再承作更多放款，這樣會有什麼問題呢？問題在於這些債權的風險並未消失，而是被轉移到別的地方。雖然不是故意的，但事實上在債權販售的過程中，這些風險都集中在短期附買回市場。那麼，這些平常的抵押債權是怎麼跑到附買回市場？

當我們把錢存在銀行時，美國聯邦存款保險公司（FDIC）即對銀行倒閉提供擔保，因此存款就沒有被倒帳的風險。但附買回市場沒有這樣的保險，因此附買回交易的投資人跟出借現金一樣也要收抵押品。萬一貸款人破產，只要抵押品還能維持價值——這一點很重要——放款人就不會蒙受損失。抵押品怎樣才叫優質呢？在二〇〇〇年代初期，當然是像國庫券那種東西。由於國庫券後來略顯不足，於是抵押債權證券也漸漸被用來充當抵押品。這就是抵押債權進入附買回市場的開始。❷[6]

二〇〇六年美國房價下跌，嚴重打壓這些抵押債權證券組合的價值。要是原先使用抵押貸款證券做為附買回市場貸款的抵押品，現在就必須提供更多抵押品（而大家越來越不想要這種

---

❷美國國庫券供不應求，是因為亞洲國家全力吸納，以做為貨幣儲備和調節匯價之用。

抵押品），或更優質的抵押品（可是這些替代資產供不應求），不然你的貸款額度可能要打點折扣，而這些都會影響到盈虧。要是市場中的大戶，像是貝爾斯登（Bear Stearns）或雷曼兄弟（Lehman Brothers）也因為手上資產跌價，而碰上「抵押品設定」的困難，大概就要被迫向投資人公開喊話，宣稱公司絕對沒問題。

不幸的是，當大型金融機構這麼做的時候，就代表它完蛋啦。白芝浩（Walter Bagehot）著作《倫巴底街》（*Lombard Street*）在一百多年前即指出，大銀行要是被逼到要公開澄清「資金沒問題」時，通常都很不妙，至少你得提高警覺囉。一旦沒人願意借錢給它，這家銀行很快就會因為「頭寸緊縮」遭受嚴重打擊。貝爾斯登公司的情況大概就是如此，當房價下跌、抵押貸款違約增加時，它的投資價值也跟著下跌，「抵押品催繳」增加（否則放款人就不願意再借錢給它）。結果貝爾斯登公司的名聲就臭了，借款能力當然大不如前，從融資槓桿比例（債務占資產的比重）來看就知道災難要來了。

融資槓桿就是銀行可以賺那麼多錢的原因。德國人常說：「你要是有兩塊錢，花一塊錢就好。」但現代銀行業則是「你銀行裡要是有一塊錢，就可以放貸三十元、四十元甚至更多錢」。資產（貸款和其他外頭的投資）相對於股權（緊急時可以做為緩衝的儲備資本）的槓桿比例，在一九八〇至九〇年代間急速上升，一直到這場危機爆發之前，大銀行的槓桿比例高達三十倍是常有的事。這麼高的財務槓桿會讓銀行禁不起資產價值一丁點風吹草動，只要資產價值有點小小的變化，做為緩衝的儲備資本也不足以應急，那麼銀行就算還不到破產的地步，也要面臨頭寸不足的窘境。二〇〇六年抵押貸款證券開始跌價時，儘管行情只是小跌也變得非常嚴重，原本仰賴附買回市場籌集資金的大銀行（基本上利用隔夜拆款進行資產負責表上槓桿比例更高的巨額放款）即發現資金來源消失了。由於沒有人願意以正常利率放貸，原本應該提供流動資金的附買回市場也呈現頭寸不足。因為那些銀行的槓桿比例都很高，既使資金管道不是完全阻塞，也馬上就會面臨流動資金不足的窘境。

但流動資金不會只是像朝露般蒸發不見，而是在一個稱之為「傳染擴散」（contagion）的過程中以「賤價求售」的方式燒光。[3]當市場充斥抵押貸款證券，大家都拿著同樣正在貶值的抵押品試圖籌集資金，也就是拿著基本上相同的資產來求現。要是抵押貸款債權賣不掉，銀行就會拿出任何可以賣掉的資產來處理，甚至連跟抵押債權無關的優質資產也一起搬出來甩賣，只求儘快籌得資金以彌補缺口就好。因為市場一下子無法吸收同時傾倒出來的巨額證券，賤賣資產以求取現金的行動馬上引發人人都想避免的恐慌。[4]於是資產價格大跌、公司倒閉，信心自是蕩然無存。

這裡請注意，這些狀況都跟政府無關，但它卻因為這場危機帶來的債務飽受責難，真是離譜的因果關係錯亂，而且也跟銀行家個人道德缺失沒關係。[5]各位高興的話儘可譴責監管單位馬虎、輕忽，或者說是某些政客討好銀行利益所致，但這還是個典型的民間部門危機，只是抵押債務呆帳所引發的幾十億美元的恐慌。到此還不足以導致全球危機。要達到全球危機的程度，

[3] 稍後我們就會看到，歐元區朝著撙節儉約走，有一部分就是受到傳染擴散的恐懼所驅迫。

[4] 「按市價計值」（mark to market）的會計規定也是禍因。

各位還要先了解抵押債權證券和一種無實體保單（譯按：保單是跟隨標的物而存在。無實體保單是指被保險人在未擁有特定標的物的情況下，也能持有該物的保單。例如明明沒那幢房子，卻能為它保火險），稱為「信用違約交換」（credit default swap, CDS）相結合才製造出「關聯性炸彈」，把附買回市場危機擴散到全球銀行體系。但這一樣也跟政府無關，純屬民間部門出狀況，跟政府開支揮霍無度或任何事情都沒關係。

放大作用：衍生性商品

要憑空描述衍生性商品很不容易。標準定義是說，這也是一種證券，其價值衍生自別的金融資產、指數或其他相關金融商品。但這樣也沒說明多少。而且衍生性商品常常用英文字母縮寫來代表（例如CDO平倉、綜合ETF等）更是增添神祕感。基本上，衍生性商品也都是一種契約，就跟抵押債權證券一樣。它們讓銀行可以扮演過去的角色：做為買賣雙方之間的中介，收費負責撮合，但這個交易品項完全不是傳統上的資產，比方說也許只是利率或證券行情的變化。資產即財產或針對某項資財或收入的請求權利，而衍生性商品則是一種契約，是針對特定資產在特定期間內的表現所下的賭注。[6]這就是兩者之間的根本差異。衍生性商品基本上來自四大類型的組合：期貨、遠期（forward）、選擇權及交換（swap）[7]。在此我們要特別留意的衍生性商品是來自「交換」這個類別[8]，尤其是「信用違約交換」，看這些衍生商品和做為附買回市場擔保品的抵押債權證券之間的相互影響。

要了解衍生性商品何以對附買回市場危機帶來放大作用，必須先搞清楚不同資產之間的關聯性：當資產A價格上漲時，資產B價格必定下跌。這種「負相關」的關係讓投資人得以「對沖」（hedge）賭注做防備，像美元和歐元走勢就是典型的例子，一方上漲，另一方（大概）就是下跌。但問題是，這種關聯性有時候會失效，使得投資暴露在風險之下。「信用違約交換」原本是設計來解決這個問題，沒想到最後卻反而產生放大效果。

回顧一九九〇年代中期，當股市波瀾迭起，全球進入網路概念股狂潮的時候，投資人也熱切尋找跟股市無關的資產做為避險，為日後股市下跌預做防備。後來有許多資金大量轉進房地產市場，使得之後十年全球房價漲幅在七〇%（美國）至一七〇%（愛爾蘭）之間。房地產資產的吸引力不僅在於它跟股市沒什麼關係，而且各地房地產市場的關聯性也不大。❾比方說，德

---

❺如果有的話，值得談的是國家沒介入附買回市場這件事。因為欠缺國家的擔保，金融體系禁不起銀行擠兌的衝擊即可理解。

❻資產價值跟經濟起伏有關，其交易雙方是可以達到雙贏。衍生性商品則是一個零和遊戲，甲方賺錢必定是因為乙方虧錢，唯有銀行中介交易立於不敗之地。感謝查威克（Bruce Chadwick）提供這則簡潔訊息。

❼一般來說，期貨及遠期是讓買家針對未來行情走勢做避險；「交換」基本上是進行「風險」的交易；選擇權是未來買進或賣出特定對象的權利。

❽「信用違約交換」雖被稱為「交換」，卻跟其他「交換」類型的商品大不相同。它被命名為「交換」主要是為規避主管機關的監管，因為它其實是一種保險契約，若正名為保單則必定要置於相關機構的監管之下。如果是「保險」就須提列準備，但「交換」則無此需要，這也是它後來出問題的重要原因。我要再次感謝查威克的說明，以及珍威（Bill Janeway）強調「信用違約交換」欠缺保險準備即其構造缺陷的說法。

州房價下跌，不應該會衝擊到巴爾的摩或曼哈頓的房價吧。到此為止，看來挺好的，但能不能做到更好呢？抵押債權證券本身就已經是個安全的投資，但能不能保持它的安全性，又提高收益報酬呢？要是能做到這一點，必定可以賺很多錢。

而這個後來就是以「證券分級」（tranching the security）的方式來進行，把單純的抵押債權證券（如前所述，把抵押債權的收益權利賣給投資人）轉變成一種契約，稱為「抵押債權憑證」（collateralized debt obligation, CDO）[10]。這套方法把許多不同地區、不同房產的抵押債權合併成一張證券，然後又區分層級賣給不同的投資人。基本上可能是曼哈頓東區、亞利桑那州郊區和巴爾的摩濱海房產的抵押債權混在一起，然後分成上、中、下三個層級賣給嗜險度不同的投資人，而各個層級的利率自是不一樣。比方說，想要低風險、低收益投資的人就要買上層，願意多冒一點風險以求較高收益者則是中層，而只想爭取高收益的投資人就會買下層。

這個作法的背後理念是，既然不同地區的房地產彼此不相關聯，那麼再經過分割和重組，不是就更沒關係了嘛。要是巴爾的摩的屋主破產，下層憑證持有人也許是慘賠，但其他獨立產權公寓大樓或紐約上東區高級住宅的債權持有人也不會受到衝擊。因為這種商品既安全又有更多收益（至少那些願意承擔風險的投資人可以獲得更高收益），在一九九七至二〇〇八年間美國房價上漲近乎加倍之際，它的需求也呈現爆炸性成長。到這時候，房地產已不再只是做為股市避險，而是成為投資人熱切追求的標的物。不過，要等到這些衍生性證券附加「信用違約交換」來出售，整個情況才變得更有趣。

「信用違約交換」基本上是個有賣點的保單[11]，可以做為主體債券違約時的保障。發售「信用違約交換」的人，就像發售保單可以收取保險費一樣，也可以從買家那邊得到一筆收益。但跟保單不同的是，保險公司必定會透過精算來評估風險，計算出自己應該保留多少現金以備保戶索賠。一定有人會來索賠嘛，所以保險公司也會預留準備金以應所需。⓬[7]但要是某個發行「信用違約交換」的業者（比方說雷曼兄弟公司）認為主體債券根本不可能違約的話，它就不會預留太多準備金以備不時，因為根本沒想到會有什麼損失啊。

美國房價連漲十年，大家就以為房價只會漲不會跌，而這些新的抵押債權衍生商品的關聯性問題似乎原本就被認為很小，現在再加上「信用違約交換」作保險，它就變成銀行家所說的「免費選擇權」：上漲空間無限、下跌風險為零的資產，有些還是信用評等機構背書的三A優等生。事實上，有許多投資基金依法必須持有特定比例的三A證券，更使得這類商品的需求持續上揚。⓭

到了二〇〇〇年代中期，市場也開始覺得這類證券的供給不太夠，這個問題可不好解決，

❾我們很快就會看到，為這種風險定價的經濟模型就是這麼告訴投資人的，此即一例。

❿令人困惑的是，可以收取CDO孳息的憑證也叫CDO（有時又叫「結構投資工具」〔SIV〕）。不過現在不做此區別。

⓫「信用違約交換」實際上是一種保險契約，內含能夠產生收益的選擇權。

⓬然而正如珍威所言，信用違約交換的「賣家沒有預留準備金的義務……（而且）對主體證券也不需要保險利益（insurable interest）」，結果在短期內就創造出規模龐大的無實體市場，行情多變且風險極大。它的主要缺陷在於交易欠缺主體證券。

⓭如前所述，亞洲各國央行的搶購使得美國公債供不應求，也讓抵押債權憑證更有吸引力。

因為銀行逐漸找不到優良對象來承作押抵貸款，經紀商也就無法再發行這些很賺錢的債權證券。所以後來此類證券的債務品質越來越差，有些貸款人根本是所謂的「三無族」——沒收入、沒工作、沒資產——債務擔保竟是網拍收入甚至是酒館的小費，有些人的所得資料完全是偽造，而貸款文件的稽核也是問題百出。[8]由於銀行後來承作的抵押貸款品質如此可疑，債權證券的發行者也越來越不想在自己的帳本上承擔這些莫名其妙的風險，希望全部移到帳外，不予記錄。[9]

為了把它們移出帳外，抵押債權憑證的發行者另外設定一套系統，把發行及相關財務轉移到所謂的「特殊投資工具」（SIV）⓮。這些獨立出去開設的公司，其財務活動無涉於母公司的資產負債表，唯一業務就是代收抵押債權憑證和信用違約交換契約的收益，再支付給持有這些憑證和契約的投資人。到了二〇〇六年時，連挪威小鎮、美國退休基金和德國的地區銀行都是它們的投資人。畢竟這些商品都是收益優渥的債券保險，不但擁有像是政府背書保證的三A等級，而且價格一直漲，所以投資這種東西會出什麼錯呢？

結果，全都錯了。當已趨緊縮的信用市場在二〇〇八年九月急速結凍時，這些證券的價格全部暴跌。於是信用更趨緊縮，使得債權證券在附買回市場為害更為慘烈，幾個月都恢復不了。由於各家銀行的資產和負債品項其實也都差不多，而每家銀行也都想要趕快擺脫那些燙手山芋，於是許多資產價格一再破底。但真正讓人驚訝的是，原本是設計來降低關聯性的商品，最後竟產生放大作用。

關聯性與流動資金

理論上，不同層級的抵押債權憑證是彼此獨立的。如果某個層級出問題，也只會向內崩塌而不對外擴散，因為這種債券被分割成很多部分，由很多不同的人持有，而其指向的房地產市場也都不同，因此大家都認為彼此毫不相關。但事實證明，這些房地產市場的關聯性其實都很強，你把曼哈頓、亞利桑那州和巴爾的摩的房產債權綁在一起，這三個地方當然就有關係了嘛。數額龐大的資金投入房地產，使得美國房地產在全球形成一個非常大的市場，連帶也跟股市有關，尤其是那些承作房地產交易的銀行股價。等到那些「三無族」貸款人拋棄債務，使得風險層級最高的憑證收益枯竭時，連那些持有較高層級憑證的投資人都嚇壞啦，所以他們也急忙拋售資產來搶現金。結果，理論上應該沒關係的東西，現在都有關係了。讓情勢變得更糟的是伴隨抵押債權憑證出售的信用違約交換（前者的保單嘛），一旦抵押債權出事，這些保單就派上用場啦。要是各地一起索賠，其數額之大可能讓整個金融體系周轉不靈。等到信用違約交換的確可能要發揮作用時，發行的雷曼公司和為雷曼做擔保的美國國際集團（AIG）等公司就都麻煩了，不但整個市場如同驚弓之鳥，政府也開始視為體系上出問題，而不僅是個別企業，於是「大到不能倒」的說法就出現了。

簡單來說，這是抵押債權與信用違約交換的隱形關聯性，在「正常」銀行體系和影子銀行

⓮ 或稱為「特殊目的工具」（special purpose vehicle, SPV）。

體系之間創造出一套訂錯價格的風險（價格為零），導致原本極為低估的關聯性反而被放大。於是二〇〇七年在附買回市場出現的問題，也不再侷限於此，當投資人拚了命也難以保障流動資金的來源，危機迅速衝擊全球。就像甲國得以出口財貨，是因為乙國願意進口財貨一樣，銀行甲能夠拿到流動資金，是因為銀行乙不要，但這個時候大家都在爭奪流動資金，大家都怕頭寸不足周轉失靈。

這裡要請大家再次注意，以上所談的還是跟政府無關（除了說各國對衍生性商品市場未施以法規監管，但這也只能說是疏忽而已），也跟個人道德沒有關係。整個市場的作為，並不只是個別作為的加總而已，這些複雜資產彼此的關聯性益形放大，使得幾個月來流動資金持續吃緊的附買回市場更為窘迫。等到這些財務槓桿極高的金融機構突然發現全球流動資金可能同時枯竭的時候，「大到不能倒」也就成了必然的結局。

第一個遮眼罩：尾端風險

那麼，為什麼都沒人預先看到這些事呢？二〇〇九年伊麗莎白女王召集英國經濟學家到倫敦經濟學院（London School of Economics）開會，他們也都沒有看到危機的到來。其實答案就在於銀行業評估和管理風險的方式，這是我們要討論的第三個看似無關緊要的元素，而這也是典型的民間部門問題，絕非公共部門的失誤。這個危機雖是由附買回市場「擠兌」（repo runs）發難，再經過衍生性商品的放大，但要讓這麼龐大的風險攻其不備直接衝破大門，也還要有一套昧於形勢的風險理論，從一開始就否認如此重災巨禍發生的可能，而且完完全全只靠自私自利的民間部門來管理這個風險才行啊。非常糟糕的是，幾乎全球金融體系賴以管理風險的理論就是如此。

金融界第一個也是最基本的風險管理技巧叫做「投資組合分散」，要求資產組合不得過度暴露在任何個別風險之下，除非是刻意這麼做。分散的方法之一，是儘量不要買跟大家一樣的資產，而是要買些不一樣的，若是與其他資產關聯性低甚至反向關聯，那更好。⓯第二個技巧叫「對沖」。我們不能只是被動地依賴外在關聯性來保障安全，銀行會利用某些反向關係，如同美元和歐元匯價的正常表現那樣，採取特定策略或進行特定衍生商品的交易，以資產利得覆蓋彼此的虧損。⓰

原則上，一個既分散又進行對沖的投資組合，如果操作適當的話，至少可以保障你的投資安全吧。預期行情會下跌嗎？你可以先融券賣出（也就是拋空，花點錢借股票在它高價時先賣，俟後再逢低回補還券），同時買進另一個不相干的資產做為防備。預料市場會上漲又該怎

⓯分散不只是「不要把雞蛋放在同一個籃子裡」而已，高明的分散作法是挑選不相干或者反向關聯的資產擺在一起。無關聯性資產的收益也還是要超過銀行存款的利息，這筆錢才值得拿來冒險，放在投資組合裡。此外，無關聯性資產不能同步產生收益，也不該同時上漲或下跌。

⓰但是這種策略都有其限制。具體而言，要是大家都要做到完全分散，那麼很矛盾的是，大家最後所買進的資產多少也都差不多，所運用的對沖基本上也都一樣，二〇〇六年的狀況即是如此。每個人的投資組合是都分散了，但整個體系的投資組合卻沒分散，這就是所謂的「系統風險」，是個人避免不了，也不會消失的風險。稍後我們很快就會談到這一點。

麼辦呢？可以利用選擇權（約定特定價格買進或賣出標的資產的權利），擴大融資槓桿（放大押注），同時持有空頭倉位以備萬一。要是這樣就能保障安全，甚至還能賺到錢，那些銀行怎麼會沒看到危機到來呢？這個問題，我們就要請交易員出身的哲學家塔雷伯（Nassim Nicolas Taleb）來回答。

塔雷伯的黑天鵝和肥尾世界

危機剛到來時，根本沒人發現，就好像殞石撞地球造成恐龍大滅絕一樣。各式各樣的分散和對沖策略應該要讓銀行業免於衝擊，但正如高盛公司（Goldman Sachs）財務長溫尼爾（David Viniar）所言，金融業者對這種「連續幾天達二十五個標準差的情況」根本毫無防備。[10] 這就像一九九八年避險基金長期資本管理公司（Long Term Capital Management, LTCM）倒閉時，老闆梅韋瑟（John Meriweather）所說的「十個西格瑪事件」。[11]

「西格瑪」（希臘字母：大寫Σ，小寫σ）是指機率分配上標準差的值，就統計理論來說，西格瑪值越高，該事件發生的機率就越低。根據溫尼爾的說法，二〇〇八年的狀況就「好比是樂透連中二十一或二十二次」。[12] 一九九八年長期資本管理公司的「十個西格瑪」事件也一樣，是有宇宙以來大概只會發生三次的事情。但這兩件事不是才隔九年就出現了嗎？所以上述說法根本是胡扯。這也讓我們明白塔雷伯為什麼會對風險管理和金融工程抱持深切疑慮。

前述所說的西格瑪值，通常是指機率分配「正常分布」的狀況。這裡的重點在於分配的形狀，如果形狀「正常」，就會呈現標準的鐘形曲線，稱為高斯分配，中間隆起代表發生機率最

高，首尾兩端則機率較低。（參見下頁圖2-1）

以下舉例說明，各位就會明白這個概念很重要。我們假設隨機採樣一萬名成年人的身高數值，發現大多數都在五至六英尺之間，身高只有三英尺或高達七英尺者非常少，而在我們的採樣本中沒有超越這個範圍的例外出現。根據此，我們可以計算出任何一人身高距離平均值位置的機率分配狀況。在正常分布下，身高與平均值差距在一個西格瑪之內的機率是六八%，差距兩個西格瑪就達九五%，此後兩側尾端也越來越小，到八英尺以上就沒有任何一個採樣本出現了。因此隨著數字越高，你碰上體形極端的人的機率也變得非常、非常小。有誰的身高會落在這些採樣本的範圍之外，它的可能性可說是微乎其微，小到你根本就可以忽略掉。

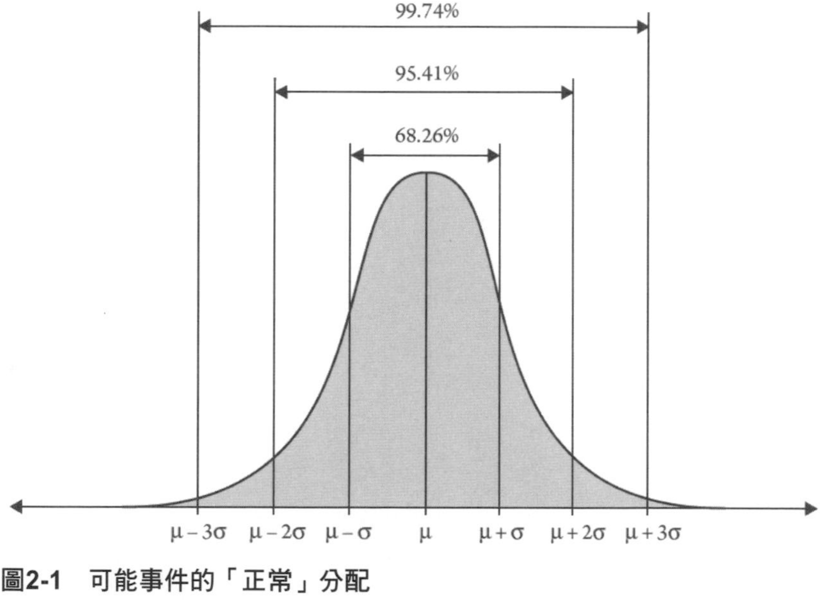

圖2-1　可能事件的「正常」分配

現在把變數從身高改為評估破產的機率，各位就能明白銀行是怎麼評估未來事件的可能性，而這也是它們因應風險調整投資組合及買賣部位的絕大根據。對此，銀行是採用一套稱為「風險值」（Value at Risk, VaR）的方法，這是一個更大的數學模式的一部分，主要用以幫助銀行管理風險，計算出的風險值即代表企業個別交易勝算高低。把諸多風險值加起來，就能呈現該公司的風險暴露程度。以下我們來看個例子。

在二〇〇八年的美國房屋市場，可能出現的最糟狀況會是什麼呢？以前述身高的例子來看，它的答案會受到建立統計模型時的採樣範圍所影響。在二〇〇七年以前，根據資料來看，最糟糕的情況是一九八〇年代德州的抵押貸款違約潮，當時房價慘跌約四成。根據這個數據做為參數限制，也就是說在西格瑪值變很大的尾端狀況來說，你投資組合中所有抵押房貸跌掉四成的機率可說是小得可笑。既然這個機率這麼小，我們其實可以忽略掉。的確，要說所有的抵押債券都違約或是哪家很大的銀行會倒閉，其機率都小到荒謬的程度，以正常分布的機率分配來說，也許都是十個西格瑪或者更多才會出現的吧。於是你算出來的風險值，也會是如此反映。

但塔雷伯從沒讚成過這種思考模式。遠從一九九七年以來，他就一直批評風險值模型，認為這套系統完全低估了機率低而影響大的事件。他說這種思考模式用來判斷身高是可以，若用在金融上則不行，因為尾端的機率其實是「肥尾」。尾端既是肥尾，其發生機率就不是非常小，因此那些例外事件就比模型所預測的更為頻繁。這就是為什麼那種十個西格瑪的事件僅只相隔九年就再次發生。

塔雷伯在危機爆發之前的二〇〇六年出版著作《黑天鵝》（*The Black Swan*），根據他對風險值的看法全面批判銀行和政府對風險管理的謬失。基本上，塔雷伯的疑問是說，如果你採樣的一萬個人都比較矮，到時若出現一個身長八英尺半的人又是怎樣？因為我們從沒看過這麼高的人，你大概會很有信心地說他不存在。會碰上這麼高的人，就是十個西格瑪的事件。這時候要是跟塔雷伯打賭的話，你就輸啦，因為就金融事件而言，你根本不曉得自己會不會碰上八英尺半的長人。

於此，關鍵在於觀測經驗。要是你不能掌握到宇宙史的三分之一（所謂的十個西格瑪），你怎麼知道這段期間之內可能發生什麼事呢？機率分配所告訴你的，是一個假設值，並不是你真正的經驗。就拿身高做例子，你的機率模型說身長八英尺半的人不可能存在，並不是說真的沒有這樣的人，你一定不會碰上。塔雷伯自己舉的例子是說，過去大家以為天鵝一定是白的，直到歐洲人到澳洲才發現有黑天鵝。然而從過去的許多年、許多地點的徹底調查採樣，歐洲人都相信天鵝一定是白色的，結果現在才發現根本不對。因此，不管之前他們搜集的資料有多麼完整，都無法告訴他們其實黑天鵝是存在的。所以，對那些不在採樣之列的風險，你要怎麼對沖？對那些根本無從知曉的事件，你哪知道它會不會發生？因此答案就是，你根本不會知道，要是你以為自己知道，只是為自己挖個洞罷了。

數算子彈

另一個思考方式是，假裝我們在玩俄羅斯輪盤（Russian roulette）。如果可以選擇的話，大家應該都不會想玩這種遊戲，因為「六個彈倉、一顆子彈」的設定下，風險實在是太高了。不過根據一套叫做「風險腦袋」（Brains at Risk, BaR）的數學模型設定，這把手槍有超過十億個以上的彈倉，但只有其中一個裝有子彈，而我們可以利用採樣來計算子彈擊發的機率（也許要扣上百萬次扳機吧），那你會敢試試看嗎？要是說，每扣一次扳機我就可以拿到一百元，每多扣一次就多一百，到中午的時候我大概就已經是百萬富翁囉，而且越來越有自信，因為我是根據採樣（扣扳機卻未擊發）呈現的機率分配來評估自己面對的風險。我採集到越多的樣本（扣扳機），對於整個機率分配的形狀就越有信心。我會以為，我所收集的資料會更加準確地預測那顆子彈是否出現，直到它真的轟掉我的腦袋那一刻。此時的我就是碰上一隻黑天鵝啦：一個發生機率很低（根據採樣和分配設定），但影響很大（超大）的事件。

風險值和其他相關技巧都是以過去的採樣來預測未來，根據過去訊息導引出理論，我們會認為未來的發生應該會符合機率分配的預期，而不考慮自己的實際經驗。而且我們還假設資訊越多越好，不管它是怎麼產生，因此就相信我們的採樣越多，就越能「如實地」掌握這個世界。實際上這是辦不到的。我們高估了世界的穩定性，只因為那把槍遲遲未擊發。正如同《黑天鵝》所言，我們會受到採樣所不及的事件侵襲，而且就在最是肯定這些狀況絕對不會發生的時候。

風險值和類似模型讓我們忽略掉現實成因（手槍有幾個彈倉），而只注意到結果（扣扳機），因此絕對不好的事情的發生機率也大都被我們低估了。我們還以為自己看到那些導致事件發生的成因，但事實上並沒有。對於事件成因的研判和應該採取什麼行動，我們是有一套理論，但這個理論就像是俄羅斯輪盤一樣，最後的結果往往是既突兀又糟糕。

現在我們從黑天鵝的角度來看看二〇〇八年時銀行業的風險控管。以西方銀行體系的報酬數字做為採樣，從一九四七年六月到二〇〇七年六月的金融業獲利以月平均值收集起來，我們會說由這些資料導引出的平均數和「標準」差等數值一直到二〇〇七年六月之前都有一定的準確度。然而要是再把二〇〇七年七月到二〇〇八年十二月的報酬資料加入的話，馬上就會出現差異如此之大的例外，讓之前的分配模型完全粉碎。如果看之前資料完成的分配模型，不管是風險值或其他什麼分析也都無法告訴你會出現這些狀況。這個風險雖然是在尾端而非中央，卻是夠大囉。這就像寓言故事說的，有個醉漢在暗處掉了鑰匙，卻跑到旁邊的路燈下找。我們從無所謂正不正常的世界裡提取「正常」分配，也只是因為那兒比較亮。

這場危機之所以沒人看到，有一部分原因即在於銀行界慣用的模型只在於「鑑往」，而無法「知來」，它只是根據過去的採樣本而形成的正常分配，可預知範圍都算是平常，卻看不見隨機而且足以改變整個局勢的重大事件到來。塔雷伯說，這樣的技術讓我們以為自己對未來有所掌握，以為自己做了分散和對沖就足以避險。我們會以為自己所冒的風險很小，其實它就在我們的認知表層之下急速累積。這就是為什麼二〇〇七及二〇〇八年的事件會讓市場人士以為是十個甚至二十五個西格瑪般不尋常，但這其實是顯示這些模型的問題遠不只是預測失準而已。正如英格蘭銀行的霍爾丹所言：「這些模型雖然非常精確，卻是錯得離譜。」[13] 看不見肥尾的風險管理技術，再加上附買回市場的融資槓桿強化和衍生性商品的放大效果，最後就帶來那個為禍數兆美元的超級爛攤子。這不僅是沒預測到，而且我們甚至從頭到尾就沒想過會發生這種事。

說到此，請各位注意一下，這些都跟政府開支或個人私德沒關係，原因仍在於整個體系和個別部分的相互激盪，才會把問題搞得這麼大。但是對這種只會隱藏而無力測量風險的技術，大家又為何如此信任呢？要回答這個問題，我們要先來處理這次危機最深的根源，也是我們之所以沒看到危機到來的另一個原因：一整個世代的經濟思想家所提出的理論，一再為市場拍手叫好而對國家和政府多有批評，彷彿經濟學又回到過去的道德寓言時代，只是變成不同類型。

第二個遮眼罩：金融概念的政治權力

我們常常把經濟理論看做是經濟運作的操作說明書。[17]就像ＩＫＥＡ組合餐桌會有說明書一樣，經濟理論說明那個標示著「經濟」的箱子裡會有什麼零件，必須以什麼方式和程序來組合。如果不看說明書的話，你那張「經濟」餐桌恐怕就不會組得好。這種觀點認為經濟理論就像哲學家所說的，是真實世界的「符應理論」（correspondence theory），也因此我們可能忽略了理論指涉的時空因素，而把說明書（理論）視為對任何桌子（現實狀況）都有效。但要是經濟理論不能完美地對應到現實世界呢？如果世界一直變化而理論維持不變，長期下來我們對經濟的知識跟不上現實世界呢？於是我們的理論長期下來跟不上時勢變化，也就成了不可靠的說明書。

不管是變得更好或更壞，經濟理論都可以為我們提供一套規則與制度的建構藍圖，以利經濟運作。比方說，你要是認為「風險值」能夠做為適切的風險管理模型，那麼你大概就會主張由銀行業運用自己的模型來控管自己的風險，這就是巴塞爾第二回合資本協議（Basel II）中由資本適足法規來控管銀行儲備資本要求，這些規定大都是由銀行業者自行研擬，才交由政府部門負責執行。或者，你要是認為經濟的第一大問題就是時時可見、處處存在的通貨膨脹，那你必定會堅持中央銀行的獨立自主，以防制那些一向反覆的政客為討好選民而進行干預。但要是理論日漸偏離現實，機構藍圖或規則即有缺陷，那麼這份說明書所創造出來的制度就會比原先預期來得脆弱。

最後一點是，就資源分配的角度來看，各種經濟理論自有主張，因此難免顧此而失彼，甚且互相矛盾。例如，我們在本書第四章就會看到，當代新自由主義和古典自由主義經濟理論都側重於經濟供給面的變化，也就是透過儲蓄提振投資，投資帶來就業，工人就有所得以購買他們生產的財貨，而企業因此獲利又再加強投資。要是沒有供給面的投資，就不會有需求，也沒有消費。但凱因斯經濟學則主張拉動投資的是消費，而不是儲蓄。對於凱因斯主義者而言，總

---

⑰ 對於現代金融的組成概念（其理論結構）出了什麼問題的研究，最近有三本書特別值得一讀：福克斯（Justin Fox）的《理性市場的神話》（*The Myth of the Rational Market*，二〇〇九年）、卡西迪（John Cassidy）的《市場為何失敗》（*How Markets Fail*，二〇〇九年），和奎金的《殭屍經濟學》（二〇一〇年），這三本書對過去三十年來經濟理論建構的來龍去脈都做了詳盡舖陳，解釋這些理論與真實世界的假設和關係，兼及這些概念在二〇〇七至二〇〇八年何以失效的原由。接下來我會透過他們書中所言，和我過去的研究對此主題進行探查。他們的討論和我在此要強調的是，經濟理論在金融體系中原本是要扮演提供穩定的角色，詎料竟讓整個體系更不穩定。

體面（所得與消費）和支出的需求面才最重要。在凱因斯的世界中，消費者才是英雄，投資者不是，是消費者的需求決定投資者的供給。沒有需求，也就沒有供給面的投資。在這種「市場社會的矛盾」中，例如，經濟學家赫希曼（Albert Hirschman）就問說，到底應該讓誰減稅呢？凱因斯主義者主張為窮人減稅，讓他們能夠即刻提振需求與消費，而新自由主義者則想為富人減稅，讓他們可以更明智地進行投資。因此，不同的經濟理論對不同的政經族群都有各自的影響。

跟一份說明書相比，經濟理論是既有過之又嫌不及。對於這個世界來說，經濟學理當是比小小的說明書還要重要，這不僅在於它是真實世界的對應，也包括世界對它的回應。不同的理論會告訴我們該挑選什麼樣規則、遵循什麼樣的政策、設定何等的制度，在改變世界的過程提供不同的團體不一樣的回報。然而經濟理論又不及說明書那樣完整，理論雖說各式各樣，也只能關照各自面向，對它們努力想要描述的世界而言總是不夠完整。的確，要是事後證實理論與實際運作不同，那麼追隨理論而產生的制度、法規等方面的缺陷也自然會衍生出流資動金、關聯性和尾端風險等問題。因此我們沒有預見這場危機的理由之一，正在於我們「觀察」這個經濟的方式和在運作當中所使用的工具。因為根據「風險值」來思考，這場危機在統計上是不可能發生的，就市場運作的概念來說，它也是理論上的不可能，直到它真正到來。[18]

撕掉老舊的說明書

我們今天對於金融市場的思考方式，是一九七〇年代總體經濟學大革命的結果，以今日標準來看，當時凱因斯學派已嫌過時，禁不起真實世界的嚴厲考驗。在一九六〇年代之前，至少在政策擬定者心中，凱因斯主義已經被歸納為一種稱為「菲利普斯曲線」（Phillips curve）的統計關係（參見圖2-2）。菲利普曲線指出物價和工資水準在長期中具備統計上的穩定關係：特定的通貨膨脹率（工資／物價）會對應到特定的就業水準。這是說，決策者可以在曲線上「挑選」自己喜歡的哪一點（例如，通膨率為X、失業率為Y的那一點），再主動經由財政管理引導經濟走向該處。因此那可是說當時的操作說明書。

然而這個反向關係在一九七〇年代中期卻出現變化，工資／物價（通膨）和失業不再呈現反向走勢，反而是一起升高，稱之為「停滯

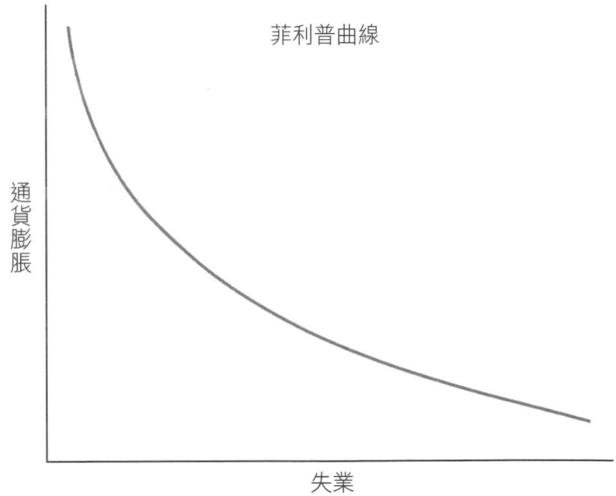

圖2-2　凱因斯學派的菲利普曲線

⑱ 有個笑話說，經濟學家要是看到世界上發生某事，他會先問說這在理論上是否可能。

型通貨膨脹」（stagflation）。這對凱因斯經濟概念是個嚴重打擊，因為這是高失業和高通膨同時存在，就凱因斯理論而言是根本不可能發生的。[14]那些不認同凱因斯理論對所得分配看法，並認為它太過偏重總體而忽略個人的經濟學家，之前因為不合於當道而遭到邊緣化，如此可是逮到重新編寫說明書的機會。總之就是原來的說明書跟現實世界不符，必須重新擬一份新的。

這份新的後來叫做「新古典主義」，或者更普遍稱為「新自由主義」經濟學的說明書，相當著重技術層面，對人的基本假設也不再是凱因斯嘲諷的短視近利、像動物般只是被動受到驅迫的商人，而是非常聰明的資訊處理者。[19]這套新方法不再信任超越個體以外的集合體，強調總體行為，比方說「金融市場」也是由個體（包括投資人、企業和基金公司）行為聚合而成，而且任何總體行為的理論都要從新的新古典主義經濟學兩個基本假設得出：個體都是自私的，並追求自身的最大利益，而市場是公開透明的。[20]

根據這種新觀點，凱因斯說明書必然認定個人一直是受到政府政策的欺騙，否則他們看到政策到來時，很可能預先防備，而使得政策效果打折扣，這是所謂的預期效果，或稱為「李嘉圖等價」（Ricardian equivalence）效果。比方說，我知道民主黨愛花錢，而他們花的就是我的稅金，所以我看到民主黨上台，就會改變自己的開支決策以保護自己的錢。根據新理論所示，如果個人真的都會做出正確投資，那麼長期下來那些容易出錯的人就會被市場淘汰，而市場中所有人都會共享反映真實經濟的相同模型。如此一來，政府也不必太多事，多事只會造成阻礙反而把事情搞砸。只要讓大家都能取得正確的資訊，這些個體對於未來經濟狀況的預期自能匯聚在一起，從而產生出一個穩定而自動自發的均衡。

在所有這些條件下，儘管市場中的隨機個體還是有可能犯錯，但整個市場卻不可能犯下系統性的錯誤，因為市場只是如實反映諸多個體的最適選擇，一起達到「正確價格」。以新古典學派的觀點來說，大家對未來的預期皆是出於理性而非隨機，那麼在這些條件下市場的「正確」價格即能如實反映資產的真正價值。既然個體都有效率，那麼總而合之的市場顯然也會有效率，這個世界完全呼應古典小說《憨第德》中的潘格羅士（Pangloss）博士所說的，是所有可能世界中最好的一個。

正如伊特威爾（John Eatwell）在很久以前就指出，這些被正式稱為「效率市場假設」（efficient markets hypothesis, EMH）和「理性預期假設」（rational expectations hypothesis, RATEX）的概念不但是理論形成之必要，在政治意義上也非常重要，因為綜合考慮這些條件即可知，自由而緊密的市場不只是建構金融市場的好方法，甚且是唯一方法。其他任何方式都會出毛病。各位應該也已經注意到，在這套理論裡，不但看不到國家和政府，連景氣循環、繁榮、衰退、失業和金融監管好像也都付之闕如。因為不管做什麼都會扭曲價格、妨礙市場效率，政府也只能「無為」而治了。

---

[19] 凱因斯看法可從以下回答一窺其妙。記者曾問說：「如果商人都像你想的那麼笨，為什麼他們還會賺錢？」凱因斯答說：「簡單啊，他們是跟別的商人競爭嘛。」

[20] 這種分析叫「個體基礎批判」（microfoundations critique），由經濟學家盧卡斯（Robert E. Lucas）和巴羅（Robert J. Barro）最早提出。

金融業當然都很喜歡這些想法，因為它們認可金融體系可以為所欲為，除了蓄意詐騙和忽略資訊不對稱的操縱（銀行知道得比你多，可能導致內線交易）以外，銀行顯然是不會犯錯。各位如果認為市場就是這樣在運作，那麼金融監管的想法的確是毫無意義。自求多福的個體，不管是個人或企業，都會在效率市場中做出最理想的交易決策，而集合這些決策的成果就能增進眾人福祉。各位要是認為市場是這樣運作，風險自然也是可以計算、減少和交易的，那些知道自己買什麼的理性投資人都能施以最佳控管。在政策擬定上唯一真正的問題只是要怎麼避免道德風險（moral hazard），也就是說，個別機構若押錯邊而破產倒閉，你要是拿錢出來幫它，其他企業或許誤以為可以依樣畫葫蘆，因此最好是一開始就不要搶救任何人。總而言之，風險是個人的事，而監管最好是由銀行自己來（因為它們才是真正把錢押在裡頭的人啊，所以它們做的任何事情應該都對大家有好處），而且只要你不任意干預去解救它們，那麼一切都會很好。這裡沒有公共部門，只有民間部門，而且始終處於均衡狀態。

新說明書的問題

這份新說明書的問題在於，只看到超級聰明參與者的交易決策造就均衡和效率，卻忽略道德風險之外可能引發任何危機，其來源可能是外在的重大事件，通常是政府引發的政治動盪。[21]我們根本無從想像，那些緊密配合、設計精巧，原本是想讓世界更安全的元素，像是抵押債券、信用違約交換和銀行的風險模型等等，反而讓世界變得更不安全。

期待整體會跟局部一樣的邏輯缺陷再次出現，合成謬誤又再騷擾。[22]新古典主義理論堅持都要從個體出發，所以個體（配備正確風險模型的個別銀行）要是安全，整體（銀行體系）也必定安全。但事實證明，把個別加總並不等於整體，因為個體的互動激盪下，所產生的結果跟說明書的期待可說是差距甚遠，何況這份說明書對於這個世界的描述從一開始就錯了。

這些概念創造出這些金融工具和制度，而這場危機之所以嚴重，原因就在於正是這些概念出問題。我們要是相信這份新說明書的話，影子銀行原本是要協助真正銀行，擴大資金流動並協助風險轉移。衍生性商品原本是該讓整個體系更安全，因為個體可以將風險出售給願意承擔的人，只要你願意買進自是最適合承擔的人。[23]而那些真正在其中押注的銀行，也被認為是最適合的人選，以自己開發出來的模型來判斷自己承擔的風險，但事後證實問題就在於各銀行早就透過「特殊投資工具」把這筆濫帳移到帳本之外，它們已經不算是押寶在裡頭。

因此這場危機可說是理念的危機，而且比之前停滯型通貨膨脹和凱因斯理論那一次嚴重得多。這場危機是過去三十年所引用的說明書造成的。[24] [15] 當景氣繁榮變成一個大泡沫時，原本

㉑ 所以，儘管房利美和房地美不可能引發全球性危機，很多人還是對它們指指點點。房利美和房地美也都只有一家，可是陷入危機的國家卻是那麼多個。

㉒ 我們很快就會看到，歐元區的撙節政策也出自同樣思路。

㉓ 這就像有人說，只要想擔任公職的人就是最適合的人選。

㉔ 霍爾丹和梅（Robert May）把這套概念叫做「資產定價理論」（asset pricing theory, APT），指出「並不符合習慣上科學理論的要求，只是一套理想化的假設，而金融工程的架構就奠基於此，因此資產定價理論本身正是問題的一部分。」

說是反映經濟基本面的金融資產交易價格照樣是應聲而倒。那些老謀深算的投資人，所謂的理性預期最後證實也不過就是短視近利、追逐泡沫，追漲殺跌，跟凱因斯八十年前所警告的沒兩樣。因為把道德風險視為施政唯一問題，決策者斂手不救，致令雷曼兄弟公司破產倒閉，結果反而讓全球銀行體系都暴露在信用違約交換這種無實體契約的風險底下。[25] [16] 從這套概念導出風險管理程序跟閉著眼睛開飛機沒兩樣，因為它就是主張不會有尾端風險，所以正好會被這些尾端砸到。

但最重要的是，這份說明書以為毫不相干的東西，正是我們完全沒看到的「系統性風險」，這種風險可不是體系中的個體風險加起來那麼單純。系統性風險是以剩餘的形式永遠存在，光靠分散也不能免除。它可能從系統之中衍生出來，再經由個體決策的互動激盪而放大，這些過程都是個體在決策時無法知曉的。這種無法預見的系統性風險，好比彈倉中的子彈，是由我們在此討論的各種不同元素共同創造出來。而效率市場正是被系統性風險打垮的。

同樣的，尤其是就這個方面來說，這場危機還是跟個人私德或政府揮霍濫支無關。國家就只是提供法院、統一度量衡，還有保障財貨，其他一無所涉。就像它沒引發附買回市場的「擠兌」，沒有放大市場的崩盤，也沒造成大家的風險盲目，甚至這份新說明書的設計也完全跟政府無關。事實上，根據新說明書的設計，政府就就該離開市場運作，離得越遠越好。這裡肯定有道德的存在，卻是翻轉過來的，因為金融市場參與者赤裸裸地為自己打算，卻被視為最正面的美德，因為這才能導致最理想的成果。亞當斯密那隻看不見的手正好嘲弄了大家一番。這些新概念的確是一齣道德戲，只是演得非常奇怪。

這套概念認可金融業可以為所欲為，因為它所做的任何事都是最有效率的，如今這套概念的失敗才是根本上的大事。這些概念原本該是「世界運作的方式」。因此當事實證明世界並非如此運作時，以之為基礎的高樓大廈應聲倒塌也就沒什麼好驚訝的了。這套概念受到單一事件的重擊，至今已造成的損失，包括因此而停擺的產出，直接了當地說，總計高達十三兆美元，而遭到危機波及的國家平均增加債務四到五成。㉖[17]要拯救那些大到不能倒的機構，實在是一筆非常大的代價，尤其是對你、我這些付錢的人來說，這場危機原本就不應該會發生啊。

算清這筆金融帳：總成本有多少

要計算出這場危機的成本，即使是最好的官方資料也不夠完整，因為這個國家叫「資本重整」，那個國家可能稱為「流動資金援助」，名目不一。而有些挽救措施，例如由國家為銀行資產做擔保，雖然也有可能不涉及金錢的實際移轉，但至少已經承擔了風險。危機之後銀行償付的貸款，情況也是如此。以美國的情況來說，據國際貨幣基金會估算，央行原本承諾支援金額是二〇〇九年國內生產總值（GDP）的一二・一%，約一・七五兆美元。但把聯邦儲備局實際援助加進來（包括跟他國央行的換匯協議，為穩定國外銀行體系的美元頭寸，提供無限量美元），這個數字可能高達九兆美元。[18]華府的佳優市場協會（Better Markets Institute）最近估算，

㉕ 到最後，雷曼那些信用違約交換契約也都在政府支持下清算完畢。

㉖ 美國經濟因危機損失十三兆美元，這個數字來自佳優市場協會的估算，無疑是到目前為止最全面的。

美國的危機總成本將近十三兆美元，包括因此而損失的國內生產總值。[19]在英國方面，國際貨幣基金會二〇〇九年十一月的「財政監測」（Fiscal Monitor）附註指出英國數字不「包括財政部支援央行操作的資金，這個金額……約占英國（國內生產總值）的一二．八％。」[20]英格蘭銀行從財政部拿了國內生產總值一二．五％的資金支助銀行界資本重整，這可不是資產負債表中可以忽略的小錢。但這的確很清楚地表明，大到不能倒需要多少成本。

而且我們也要記得，這些間接成本最後也沒回到銀行身上，讓它們為造成損害付出代價。當然，有許多援救資金在某些國家都已歸還，但根據國際貨幣基金會的資料顯示，淨成本仍遠高於收回款項。到了二〇一〇年底，各國政府援助銀行的款項，仍有將近一兆美元的虧空仍未歸還。但要真正掌握總成本，也須加計危機造成的產出損失才算完整。

以主要國家來說，二〇〇八至二〇一一年的國內生產總值平均短少近八％，某些國家，如希臘和愛爾蘭的損失更是數倍於此。這其中更須注意的是國家稅收也因此而短少，它同時加重了國內生產總值的損失。首先，國內生產總值及稅收的短少會馬上反映在預算赤字上；其次，也會讓政府為了彌補缺口而擴大舉債。在所謂的自動穩定機制啟動後，儘管稅收降低，諸如失業救濟金額卻會增加，而民間部門萎縮的同時，公共部門的預算也會擴大。這一些政府自發性質的財政刺激雖說是為了挽救國內生產總值和稅收繼續崩落，但最直接的結果卻是把原本是銀行該負的債務轉換為國家負擔。[27]同樣的，根據國際貨幣基金會資料指出，經濟合作暨發展組織（OECD）國家的負債預計到二〇一五年平均增加近四成，其中有一半正是為了彌補金融部門崩潰而造成的稅收缺口。[21]直接了當地說，政府是花了一筆大錢填補裂縫，讓金融業免於崩潰，可不是揮霍濫支。

這種稅收短少的狀況在英國尤其觸目驚心，因為英國稅收將近二五％都要靠金融部門。在此情況下，英國政府債務激增也就沒什麼好驚訝的。而其他增加的債務中，大約三五％更是直接用來援救金融業，至於實際用在財政刺激造成國債增加的比例其實只有一二％，但偏偏就是這一部分招致反政府的指責，當了替罪羔羊。[22] 所以，要是想以偏概全地指責財政刺激擴大國債，也該說明一下其他八七・五％上哪兒去了。國債相對國內生產總值比例暴增的狀況，在受到影響最深的「PIIGS」五國至為明顯，如圖2-3所示。

我希望這些資料能讓大家明白，把危機成因說成是二〇〇七年以前政府支出揮霍浪費，不但是錯誤陳述，甚至是抹黑造假。事實上，經濟合作暨發展組織國家的債務平均趨勢，在危機之前是正逐漸減少而不是增加。事情其實是這樣的，原本應該成長的銀行業出現虧損，卻把成本算到國家這邊，讓它因為舉債而受到責備，結果為了解決危機，首先就要裁減政府支出。這些虧損可能都是銀行造成的，卻要讓大家為它們承擔。像這樣的事情，我們在危機當中不斷地看到。

大到不能倒嗎？

對於美國為什麼要決定援救銀行而不是放手任其倒閉，有一種簡單的思考方式。美國現

㉗ 到第三章我們還會看到一些其他不太顯著的機制在運作。

在大約有三・一一億人口，其中十六歲以上占六四％，工作人口約是一・五八億。而這裡，月薪僅足餬口，幾乎沒什麼儲蓄的人大約高達七二％，這些人要是碰上麻煩，臨時要湊個兩千美元都有問題。[23]而就目前所知，美國境內總共有七千萬支手槍。[24]所以，要是自動提款機裡沒有現金，大家領不到薪水，會發生什麼狀況呢？這真是讓人害怕。不過現實情況到底是怎樣？美國的金融體系，包括影子銀行、不透明的金融工具、糟糕透頂的風險模型還有那些處處缺陷的藍圖，真的是大到不能倒嗎？要有個非常明確的答案是不可能的，因為這要先搞清楚涉案銀行的所有帳外活動，還有它們所有的信用違約交

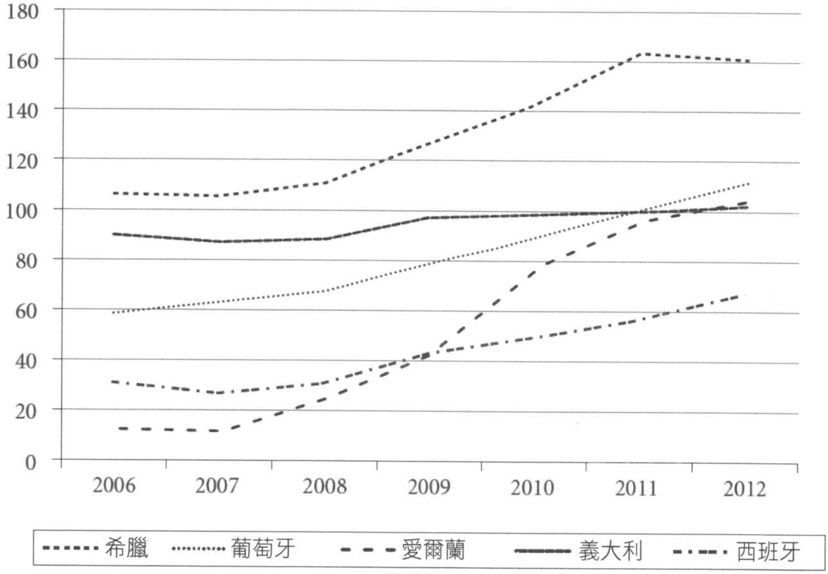

資料來源：經濟合作暨發展組織

圖2-3　2006-2012年，金融危機前後之國債變化

換曝險和其他衍生性商品的部位額度。要搞清楚這數字非常困難。然而在雷曼兄弟公司倒閉之後，政府光是看到資產負債表上的資產、負債和融資比例就嚇得高喊：大到不能倒。

到了二〇〇八年第三季，危機正處於高峰的時候，包括：高盛、摩根大通（JP Morgan）、美國銀行（Bank of America）、摩根士丹利、花旗集團（Citigroup）和富國銀行（Wells Fargo）等美國前六大銀行總資產額即高達美國國內生產總值的六一・六一％，其融資槓桿（資產／股本）高的達到二十七倍（摩根士丹利）、低的也有十倍（美國銀行）。與之相較，雷曼公司則是以五千零三十五・四億美元的資產操作三十一倍的融資槓桿，相當於美國國內生產總值的三・五％。[25]假如信用違約交換和附買回市場的延燒還不足以讓美國政府跳出來救火的話，這些銀行高占全國生產總值超過六成的總資產也可能因此毀於一旦，也必定會讓大家注意到「大到不能倒」的問題。

所以銀行得到拯救，而成本，我們都看到，一開始是由政府來承擔，到最後則是落到納稅人頭上。這樣值得嗎？這個問題就更難回答了，因為「不然會如何、如何」都只是在猜測。不過要是整個金融體系崩潰，馬上報銷的自然是那些銀行的資產，高達國內生產總值六一％，這也還沒加計產出損失、失業和那七千萬支槍可能造成的損失等間接成本。

這場危機起於美國，因為這個體系已經大到不能倒。銀行業早已跟過去無聊到讓人打瞌睡的三六三模式不同了，去中介化、證券化，還有附買回市場的興起讓融資更便宜，放貸更充裕，但風險也更高。這些風險理當可以利用衍生性金融商品和風險管理工具來控制，但這些技術不但沒能降低和控制，最後反而放大且擴散金融體系中的風險。我們都沒看到可能發生的危機，因為監管和被監管的機構都相信效率市場、理性預期、李嘉圖等價等等所有的說法，以為那是真實世界的描述，卻不曉得它其實只是個規格化的理論而已。結果，這個複雜體系各個難以覷透的部分相互激盪，再加上我們對於風險管理太過自信，才釀成這個莫大的考驗，最後讓政府一肩承擔。或者到目前為止所花的十三兆美元也算是值得？也許。可是這些成本應該依照支付能力和應該負起的責任來分擔吧，但並不是。

下一章我們會看到，整件事就是一場民間部門的銀行危機，在幾個月裡被一群政客和金融界的精英人士喬裝改扮成政府危機。這種說法在歐元區也能成為這場危機的詮釋主流，乍看之下實在很奇怪。以政治立場來說，歐洲通常是比美國激進一點，但經濟上到了二〇一〇年中期卻顯得比美國還要保守。之所以如此，原因基本上跟我們在美國看到的一樣。如果你覺得那些融資槓桿太大、大到不能倒的美國銀行業者搞出來的風險很可怕的話，不妨再想想以下事實：由多國監管機關合作成立的「金融穩定委員會」（Financial Stability Board）二〇一一年十一月公布一份清單，列舉一些對金融體系攸關重要的銀行，意思就是說這些銀行是大到不能倒。清單上的二十九家銀行中，美國只占八家，而歐洲有十七家。歐洲人已經建立一個大到救不了的金融體系，這就是為什麼有一堆左派分子拚命想掐斷福利國家的脖子。

最後一點感想。從二〇〇八年金融危機以來，向美國證券交易委員會提出申請的銀行總共獲得二・二兆美元的補償。[26] 我再說一次，是危機以來。**撙節政策對銀行當然很棒，因為付代價的都不是惹事生非那些人**。就歐洲來看，狀況更是如此。我們之後就會看到，事實上這正是大家都要勒緊腰帶的真正原因。

第三章
歐洲：大到救不了？
永遠厲行撙節的政治把戲

導言

歐洲國家，尤其是使用歐元的國家，在財政上確實都不是非常健康。但就跟美國的情況一樣，也都不是因為公共部門胡亂舉債揮霍亂花錢。說希臘肆意揮霍似乎挺像一回事，不過對其他歐洲國家也不適用。但我們今天所聽到的，幾乎都說希臘政府浪費成性，希臘勞工好吃懶作、不知上進，正是歐洲所謂的「主權債務」危機的根源。❶我又再強調那是「所謂的」是因為，**歐洲國家的債務占國內生產總值的比例雖然從危機爆發以來大幅度升高，從二〇〇八年的七〇%提高為二〇一二年的九〇%，但這是美國二〇〇七年的金融危機在二〇〇八年襲擊歐**

---

❶ 希臘勞工的工作時間比德國勞工還長。

洲，**造成歐洲經濟陷入衰退所致**。[2] 跟美國所發生的情況一樣，那些融資槓桿過高的金融機構民間債務會變成公共債務有兩個原因：一個是我們都已經熟悉的，另一個則是**歐洲貨幣聯盟本身特質所造成的**。

那個我們都知道的原因是說，二〇〇八年全球銀行體系的凍結，導致歐洲經濟趨於緊縮。在國家努力彌補財政缺口之際，因為政府金援及協助（某些）銀行業者資本重整，兼以自動穩定機制啟動來強化經濟（稅收減少而轉移支付增加），使得原來的民間債務變成公共債務。那些原本就負債沉重的國家，原本大家也不覺得風險有多高，比方說義大利早在二〇〇一年的債務占國內生產總值比例就已超過一〇〇%，如今在經濟成長低迷的情況下突然就變成風險大增，結果這些國家的債券殖利率迅即暴升。

這個隱藏的原因正是歐洲銀行業引發主權債務危機所扮演的角色。到了二〇〇八年底，除了幾家德國銀行和一家比利時銀行還淹在水裡之外，歐洲銀行業似乎已經擺脫危機最嚴重的階段，唯一剩下的——德國政客尤其愛說——就是「盎格魯撒克遜銀行危機」。像德國財長史坦布魯克（Peer Steinbrück）就說金融危機的真正起因是不負責任地過分強調「自由放任」原則，也就是英美金融體系中的監管機關給予市場力量太多的自由。[3] 反觀歐陸銀行模式則說是作風保守，較為穩妥，因此歐洲國家不必像英、美那樣金援銀行業。德國總理梅克爾（Angela Merkel）在二〇〇八年底也說：「美國資金太便宜是這場危機的一個原因……對此趨勢加劇……我非常關切……（並懷疑）過去五年來我們是否也曾面臨這樣的危機。」[4] 等到二〇〇八年的流動資金緊縮一旦過去，歐洲主流派即將之定調為歐陸國家支出危機，如此一來要求那些揮霍無度的周邊國家裁減預算即成良策。

這個認定只有一個問題：它根本就是錯的。歐元區遲遲難以解決的危機，其實跟周邊國家的財政揮霍沒有什麼關係，如同前面提到過的，其中只有一個國家別有所圖地一直花錢而已。歐洲主權債務市場的確是出現了危機，這一點毫無疑問。但把它看做是舉債消費和政府支出揮霍無度才帶來的危機，則是搞混了其中的關聯性（兩者同時發生）和因果關係（支出失控才造成危機）。

跟我們在美國所看到的狀況一樣，**歐洲這場危機也是源自於市場，完全就是個民間危機，幾乎跟政府毫無關係，最後卻變成國家的責任**。政府支出太多的問題於此無涉，反倒是引進歐元後——這是歐洲人自己造的孽——銀行面對的種種誘因大有關係。要理解何以如此，且讓我們開始來檢視這場歐洲危機的始末：這危機是怎麼襲擊歐洲；對於支出的意識形態歧見；「PIIGS」五國和政府債務浮上檯面；眾口呼籲撙節儉約。然後我們再換個角度，研究一下歐洲政客為什麼淨說些傻話，故意回避危機的真實狀況，以及我們都要被逼著撙節的真正原因。

危機襲擊歐洲

二〇〇七年八月，杜塞爾多的ＩＫＢ銀行因為投資美國次級債權受到拖累，亟需救援時，歐洲最大經濟體德國就看到風暴即將來襲的初期跡象。這個事件之後，有段時間看來德國銀行界似乎倖免於難，沒想到二〇〇八年海波不動產銀行（Hypo Real Estate）因為東歐債權難以收回而周轉不靈，又逼得政府不得不跳進來解救。這使得業界警鈴大作，因為還有其他更大的德國銀行暴露在東歐債權的風險之下，它們透過奧地利銀行承作東歐抵押貸款，金額相當於奧地利國內生產總值的七成以上，而那些貸款人的國家，其貨幣匯率正急速貶值。

德國政府在二〇〇八年底宣布提撥五千億歐元做為銀行救助基金。二〇〇九年局勢再度吃緊，有幾家公、民合營的州立開發銀行（Landesbanken）也因為投資巨額美國有毒資產而身陷重圍。不過這些損失也還是容易處理。在二〇〇九年結束之前，德國銀行體系就算不是非常健康，也還算是穩定。當時德國人擔心的，只是全球信用緊縮是否會影響他們的出口，這才是德國經濟的成長動力，並不是美國次級抵押債權的風險問題。

這些擔心似乎挺有道理，因為二〇〇八年第四季德國國內生產總值換算年率大跌九・四%，其中有八・一%就是因為出口衰退。[5] 二〇〇九年的年中，德國聯邦銀行（Bundesbank）預測國內生產總值到年底將衰退六%。但令人驚訝的是，來自亞洲的強勁需求彌補了歐元區的衰退，於是德國的出口迅速回升。工業訂單在整個二〇〇九年內不斷成長，到了該年八月時投資信心指數甚至達到三年來的最高峰。[6] 此時的德國，似乎已躲過從美國射來的金融子彈。德國當然也有一些經濟刺激措施，例如買車舊換新的補貼、提高家庭津貼，還有最重要的，補貼雇主讓他們不要裁員等等。但德國不像美國或英國，還不須直接丟錢進去燒來提振經濟。難怪當時德國看到英、美正準備這麼做時甚為駭然。

十二個月的凱因斯經濟學

這場從美國傳到歐洲的金融危機，最奇怪的一點是有一段期間，除了歐洲央行和德國政府以外，幾乎大家都轉向凱因斯經濟學。各位如果還記得我們在第二章對於經濟概念政治權力的討論，對這個現象或許也不會覺得太奇怪。畢竟，效率市場許多核心概念是在危機中受到非常公開地挑戰，那麼在危機之後大家換一套辦法也不會讓人太驚訝。但你要是能夠接受經濟概念並不只是說明書的話，那麼其中是涉及到財富和權力分配上的不同，也是參與者賴以建立權威、獲取利益的力量資源，現在又說突然放棄，尤其是轉而擁抱一個世代之前就已經被他們「打敗」的理論，可就有點奇怪了。危機或許是動搖了新自由主義對效率市場的想法，但是，這跟全世界都採用凱因斯主張的財政刺激可是兩碼事。然而，大概有十二個月的期間，情況正是如此。

凱因斯主義之所以會被當作現成菜色端上政策檯面的一個主因，是因為主流派的新自由主義經濟概念一開始就否定這場危機會發生。因此等它真的發生時，必定就有人會說你讓市場自我調節，這種狀況也就難以避免，而這個正是凱因斯的觀點。在市場顯然無法自行修正錯誤的時候，就很難為自我糾錯的市場概念公開辯護。事實上，被公認為新古典陣營台柱，過去極孚眾望的法瑪（Eugene Fama）、普雷斯科（Edward Prescott）和巴羅（Robert Barro）等人，後來也只剩下《華爾街日報》論壇版的地盤。再也沒人相信「價格永遠正確」、「市場好／政府壞」的說法，因為價格機制到某個程度也會失靈，而市場正在靠政府援救呢。此外，新古典主義政策只提供「穩定物價」一個結果，完全閃避「通貨膨脹」的問題。等到大家都在擔心通貨緊縮的時候，物價穩定是指通膨預期增加而非減少，對於這種情況它可說不上什麼話。

助長聲勢者，像法瑞爾（Henry Farrell）和奎金都說：「學術界裡還藏有很多凱因斯黨徒。」此外還有意想不到的盟友。[7] 在危機期間信念再次受到公開評價的新古典主義經濟學家及其同路人，像是費爾德斯坦（Martin Feldstein）和波斯納（Richard Posner），也都附和知名的凱因斯經濟學家如克魯曼（Paul Krugman）和史迪格里茲（Joseph Stiglitz）呼籲政府施以財政刺激，使得凱因斯理論再展雄風。甚至連過去一向逼迫開發中國家厲行撙節的國際經濟機構，如國際貨幣基金會等也認為貨幣工具不足以解決危機，開始倡言必須輔以積極主動的財政政策。[8] 而那些應該馬上提出反擊，批駁凱因斯政策及理論的同等級機構，如歐洲央行等此刻卻是緘默不語，把舞台留給凱因斯學派唱獨角戲。最後，在全球資金流動陷於危殆之際，市場奄奄一息亟待救援，那些「讓市場自行調整」的政策根本站不住腳，「政府很快就發現光靠貨幣政策並不足以對經濟帶來實質的幫助」。[9]

其結果是直接而強烈。諸如巴西、中國和美國等一字排開，紛紛刺激本國經濟，以防止經濟活動陷於緊縮。中國的財政刺激額度高達國內生產總值的一三%，西班牙政府也承諾施以七%額度的刺激，還有美國也拿出大約國內生產總值的五・五%，就連德國也擠出國內生產總值的三%意思一下。這些錢是不是真的有拿出來用是一回事，但真正引人注意的是這些舉動所宣稱要達成的目的。英國學者史紀德斯基（Robert Skidelsky）爵士，於二〇〇九年出書歡慶重新發現凱因斯（《多少才滿足？：決定美好生活的七大指標》〔*How Much Is Enough?:The Love of Money, and the Case for the Good Life*〕聯經出版），大家一起見證「大師的歸來」。[10] 誰曉得在大師歸來之際，一些非常重要的觀眾卻又離席啦，先是德國人，接著是英國人和加拿大人。全球回歸凱因斯的熱潮，從開始到結束只持續了一年。

德國意識形態

德國人為何決定不讓大師歸來呢？經常提到的原因有三個，而且每個都相當有分量。首先，一九二〇年代的通貨膨脹歷史是德國人共同的神經過敏，必定讓德國的政策制定者下結論：「四處砸錢」絕對不是個好主意。當然也不僅於此，畢竟現實狀況是更有趣一些。

德國在一九二〇年代的通膨也不是因為德國央行和財政部為了驅趕經濟衰退而施以貨幣刺激政策。首先，陷於通膨肆虐的也不只有德國。當時惡性通膨橫行於其他中歐國家，例如奧地利、匈牙利和波蘭等，而這些也都不是起因於凱因斯政策。這些國家的通膨原因，都是因為第一次世界大戰的戰費支出都是經由債務融資，而不是透過課稅，因此戰後相關國家匯率重挫，進口貨相對昂貴，而這又反過來刺激通膨高揚。那場通膨一開始雖然受到抑制，但時起時退持續發作近乎十年之久。

其次，德國惡性通貨膨脹雖是由政府政策造成，卻也密切配合德國政府想要掙脫凡爾賽合約帶來的經濟束縛，賴掉積欠法國的巨額戰費賠款。法國希望德國以黃金支持的馬克或外幣支付賠償，但德國匯價持續跌落，想換得外幣就需要更多的德國馬克，於是更進一步引發通膨。俗話說壓垮駱駝的最後一根稻草是：德國政府答應支付占領區德國工人的工資（因為一九二三年德國拖欠凡爾賽賠償，法國占領德國部分領土），結果馬克匯率大崩盤。由此產生的惡性通貨膨脹讓德國得以勾銷巨額政府債務，但也導致它無力償還法國的戰費賠償。這場惡性通貨膨脹在一九二三年底德國實施貨幣改革後，結束得相當突然。也就是說，政府印發新錢就結束了政府濫發鈔票的問題。[11] 如今在撙節措施受到批評或者要對刺激政策發動攻勢時，德國和歐洲央行的決策者就會召喚那場惡性通膨的幽靈出來幫忙。但是，那一場讓歐洲最強國在施政上念念不忘的惡性通貨膨脹，其實也不是為了挽救經濟低迷而施以貨幣刺激造成的，所以那種說法非常奇怪。[12]

再者，更細緻的意識形態論點是說，德國的決策者是「秩序自由主義者」（ordoliberals，字義上即是秩序加自由主義），而不是新自由主義。這個主題我們在第四章會深入討論，但德國經濟精英指導理念從來就不是新自由主義說的「市場好／政府壞」那一套。剛好相反，德國的秩序自由主義傳統強調由國家提供架構條件（Ramenbedingungen），讓市場在其中運作。根據這種觀點，國家必須提供充分的社會安全網，支持一些凌駕於經濟之上的機構調整勞動技能以符合市場需求，確保經濟體系裡不會出現企業聯手壟斷等現象，並通過課稅和其他措施來限制非生產性的投機活動。簡單來說即不只是監管它不適合的地方，而是主張監管調控讓市場順利運作，而政府這邊也要維持嚴格的預算紀律，這就是社會市場經濟（Sozialmarktwirtschaft）的核心，國家施以控管，但不施以刺激或實驗，尤其是透過預算方式。它的結果就是「秩序政策」（Ordnungspolitik），追求穩定有序的政治，尤其是在獨立而強大的中央銀行監控下的金融穩定。[13]

第三，原本那套說明書已經讓德國經濟非常成功，而成功之後是好上加好。德國在二次戰後儘管近乎全毀，但在一九六〇年代初期就卓然挺立，又成為歐洲第一經濟大國。它的經濟力量來自運銷全球的優秀製造業商品，這個優勢到現在也還在，不但讓當時的西德民生富裕，也讓它得以合併整個破產的東德，再繼以降低勞動成本，提升競爭力，毫不在意地抹除金融危機之後的經濟衰退，穩定國內銀行體系，於二〇〇九年恢復以出口為導向的經濟成長，而當時其他歐洲國家都因危機摔進懸崖。

關於德國戰後復興，德國人喜愛的說法往往低估某些因素，諸如美國的協助等等就被視為跟重點無關，尤其是冷戰期間美國對於德國馬克匯價偏低向來是睜隻眼、閉隻眼。[14]不過德國政府和選民都相信那些說法，這個歐洲最強大（也最有錢還債）的國家學習到的教訓，仍以為危機起於政府的政策失敗而不是金融市場釀災。所以二〇〇八年的政策「成功」，就德國及其歐洲央行的盟友看來，政策釀成的重禍巨災正等著來到，未來只會引發通膨壓力更為明顯，如今各國政府國債上升，正是一隻礦坑中的金絲雀。在這樣的想像下，德國人當然不認同諸多的財政刺激，就算是美國施壓也礙難從命。

顛倒反常的政治

那段時期的政治顛倒反常倒是值得一提。當金融危機在二〇〇七和二〇〇八年重創美國的時候，共和黨政府中由高盛前執行長主持的財政部創設七千億美元的艱困資產紓困法案（Troubled Asset Relief Program, TARP），並發動搶救美國金融體系。到了二〇〇八年，歐巴馬經濟團隊中有些公認的凱因斯主義者，如桑默斯等也只是蕭規曹隨，繼續採行共和黨前輩的作法。或許新團隊既然出自民主黨，理論上應該會更偏向提供補貼吧，但我們也別忘了，上次做到平衡預算並「終結我們所知道的福利政策」可是民主黨的柯林頓政府。這場危機來襲之際，美國在意識形態上或許已經轉向右派，但在經濟政策方面卻還是非常左。

相較之下，歐洲則是左傾的社會民主黨派和中間偏右的基督教民主黨派，這些人聯手在過去十年建立了貨幣聯盟，認為貨幣穩定再加上嚴格的債務和赤字控管才是值得煩惱的事情。因此當危機襲來之際，歐洲左派（新工黨執政的英國除外）和中間偏右派的主張和作為，就像我們通常對美國共和黨的預期：力主金融穩定、嚴控通膨、削減預算來渡過危機。

這種顛倒反常的政治變化在英國更是盡興演出：曾在英國最大景氣循環期間擔任財政大臣、力倡儉約的首相布朗（Gordon Brown）這回是使出渾身解數，以國內生產總值近乎四成的額度支出、放貸和做擔保來挽救銀行業者，甚至也對經濟施以財政刺激。二〇一〇年五月布朗政府連任失敗，保守黨的卡麥隆（David Cameron）上台，卡麥隆的政黨過去兩年來不斷地說服選民，說他們不會削減社會福利支出，而且在提供公眾服務方面甚至會比新工黨還慷慨。這真是有趣的時代啊。在這種意識形態先行，政治立場紛亂雜沓之際，二〇一〇年的春天真是高潮迭起，先是美國鼓吹全球迎接凱因斯主義，英國保守黨政府在卡麥隆的帶領下跟著歡呼，而德國人卻要求自己撙節儉約。

邁向多倫多之路

在金融體系沒有立即崩潰之虞，而主權債務危機尚未浮現的二〇一〇年春季，一種新的意識形態結盟逐漸成形。此前一年，美國和英國（工黨布朗主政）對德國願意實施經濟刺激的承諾越來越質疑。它們說德國是在搭順風車，占其他國家刺激措施的便宜，對此德國當然否認。

平心而論，各位如果考慮到德國一些實際上的刺激措施，如工時補貼和經濟低迷時擴大福利支出等影響，有利於德國的例證也不只一些而已。但他們的確是不想採取更多刺激措施，尤其是在二〇〇九年中期出口已見回升，而且當時也看不出德國有銀行危機必須處理。美、英兩國對德持續施壓，直到二〇一〇年六月的多倫多二十國會議（G20 meeting）。與此同時，過去一些新自由主義的親衛隊也不再容忍凱因斯學派的反撲，開始在歐洲和美國論壇公開反擊。

當時的《金融時報》（*Financial Times*）成為經濟精英唇槍舌戰之地。美國聯邦儲備委員會前主席葛林斯潘（Alan Greenspan）在二〇〇八年十月投書該報表示，這場危機讓他覺得自己對市場的「意識形態」可能有「缺陷」，二〇〇九年二月甚至承認銀行國有化或有可取之處，同年六月再度撰文護衛撙節，跟德國人一樣說他對未來通膨趨勢感到憂心。[15]薩克斯（Jeffrey Sachs）則說「為後凱因斯時代做打算的時間」也該到了，因為財政刺激充其量是不必要，最糟糕的話甚至有害。[16]二〇一〇年中期，英國《金融時報》正舉辦一場「撙節辯論」，讓越來越趨於守勢的凱因斯學派跟那些保守派和新古典主義學者同場較量。值得注意的是，德國主要政客和歐洲央行財金領袖也聯手發出共同訊息，歐洲央行總裁特里謝（Jean Claude Trichet）更直接在《金融時報》上痛批：「別再刺激了，現在大家都該緊縮。」[17]反凱因斯正漸升溫。

每次G20高峰會之前的一星期，各國財政部長都會先聚會擬定議程。二〇一〇年六月財長們群聚南韓釜山，顯示全球凱因斯主義就快撞牆了。早在二〇一〇年四月時《金融時報》曾報導說G20對這場危機的看法是，主張公共支出「應繼續維持，直到經濟復甦趨於穩定」。到了釜山會議時，G20財長卻認為「最近那些事件突顯出維持公共財政穩定的重要性……以有利於經濟成長的措施來達成財政的穩定」。對這種論調上的轉變，美國提出反駁，認為：「財政與貨幣刺激的撤退……必須與公共部門的強化同步進行。」但是潮流已經開始轉變，甚至早在G20多倫多會議之前就開始了。[18]

一直到大會開始之前，歐洲央行和德國政府同時持續對美國施壓。到了G20會議前幾天，歐洲央行總裁特里謝駁斥凱因斯學派需求不足的主張，明白宣示當前需要「足以重建信心……的預算政策」應該是以裁減債務為要。兩天後，德國財政部長蕭伊布勒（Wolfgang Schäuble）在《金融時報》發表長文，強調目前需要「擴張型財政強化」（expansionary fiscal consolidation），他召喚出未來的通膨幽靈，宣稱：「我們（德國）……更擔心赤字過大的影響和高通貨膨脹的危險。」因此，德國不會以「國債高築」對付危機。[19]到了多倫多會議時，加拿大人和英國人跟德國人站在一起，美國人孤立無援。會議的最後公報重複特里謝發起、蕭伊布勒擴充的論調：「有利於經濟成長的財政強化」。當時被看做是兼顧凱因斯學派和主流派的觀點，實際上卻代表凱因斯主義在全球退燒。

繼G20會議公報後，歐洲央行在二〇一〇年六月發布的月報，更是大張旗鼓重申新古典主義經濟思想，呼籲各國趕快施行「有利於經濟成長的財政強化」。這份月報指出，對於未來幾年的政府政策效果，擁有理性預期的「李嘉圖消費者」和厭惡通膨、信心敏感的投資人都對政府「排擠」投資、未來通膨增壓和政府債務高築的前景感到驚駭。[20]對於擴張型財政強化看似矛盾的邏輯，金賽拉（Stephen Kinsella）指出：「這種理論的支持者認為，財政緊縮不會導致產出下降……而是會增加……消費者和投資人認為長期上因為政府支出降低而會減稅，這就會抵消……緊縮。」[21]按照這套理性預期的說法，歐洲央行也只能得出撙節儉約勢在必行的結論，因為「財政強化的長期好處大致是無可爭議的」。[22]如果只是從理性預期這麼窄小的筒子來看，那的確是無可爭議，全球的凱因斯狂熱也的確是退燒囉。然而撇開恐懼通膨和崇尚秩序自由主義的德國不談，其他那些歐洲人為什麼對政府債務問題這麼敏感，一定要反對更多的刺激支出呢？這個答案又要回來看看「PIIGS」五國和它們的揮霍行徑。

歐洲五國與主權債務：希臘

雖然德國的經濟正在復甦，而英國也還在援救銀行，但有個寂靜的危機卻正在歐盟的周邊國家醞釀。在這些周邊國家中，希臘可是長久以來的問題兒童。希臘在二次大戰後先是直接陷入現代歐洲史上最血腥的內戰。內戰結束後，這個原本就貧窮的國家在經濟上仍是停滯不前（其他歐洲國家正興旺成長），再加上國內不安的政治狀況，最後終於崩潰，又再陷於殘暴的軍事獨裁。一九七〇年代末期，希臘結束獨裁統治，政局趨於穩定，現代政黨體制也正漸成形，當時的歐洲經濟共同體（European Economic Community, EEC。即後來的歐盟雛形）提供希臘急需的外部資金用以投資基礎建設。

希臘政治在一九八〇年代及九〇年代是由社會主義的帕潘德里歐（Papandreou）政府主導，主張提高個人收入和公共支出，這對過去幾十年來的動盪不安和政治兩極化的狀況來說，也是可以理解的反應。歷屆政府持續採取擴張型政策，在其國內產能低度成長的情況下，導致國債高築而赤字日益擴大（事實上希臘五十年來從不曾出現預算盈餘）。債務占國內生產總值的比例於一九九四年突破一〇〇%，接著在一〇五%附近徘徊了十年之久，後來因為二〇〇八年金融危機而挺揚暴升，在二〇一一年底達到一六五%。[23]

收支狀況會弄到這種地步，是因為希臘和其他歐盟周邊國家（葡萄牙、義大利、西班牙和愛爾蘭）的債信評等幾乎都等於跟德國一樣好，既然會員國發行的債券都是歐元計價，那麼歐洲央行也就不能不管。因此，儘管是債務創歷史新高，這些國家的借貸成本反而降低。比方說，希臘的借貸成本以十年期公債計，過去債券利率是二〇%，但改制歐元以後在二〇〇五年時降到四%左右，結果當然是越借越多，尤以希臘為然。[24]因為希臘能夠輕輕鬆鬆地弄到錢，當地自是資金充沛，不管是消費或投資都不怕沒錢可貸。但跟其他歐元區國家比起來，這同時也抬高了希臘的勞動成本，造成競爭力低落，使得經常帳赤字益形擴大，因為它的進口大於出口，當然就賺不到外匯。

希臘還有一些特別的結構問題，把這些弱點變成未爆彈。首先，撇開那些大家常聽說的地方貪腐和可疑的提早退休等報導不談，像那樣的鳥事真是不勝枚舉，希臘政府的徵稅能力薄弱，官方更是缺乏徵足稅額的意願，因此歲入永遠不及歲出。其次，政府對於開支的掌握是出了名的不協調，所以才會出現像二〇〇九年十月宣布財政赤字占國內生產總值六．五%，其實是高達一三%這種離譜的事情。像這種狀況會讓投資人對希臘財政狂拉警報也就沒什麼好奇怪的。過去比照德國債信等級而享有的貸款低利如今已然暴升，讓希臘突然間陷入償付高昂利息的困境也非常可怕。而國際債信評等機構把希臘公債從原本的「A」級打為「BBB⁻」更是雪上加霜，不但債券債格低落，也同時抬高殖利率，凡此都讓債務負擔愈發沉重。於是經濟景氣開始萎縮，欠債增加之際國內生產總值同時崩潰。

在這種情況下，債券市場投資人進退兩難。他們如果認為債券價格會繼續下跌，那就該早點拋賣才是。❷但要是這麼做，難保其他持有希臘債券的投資人不會一起拋售，如此一來價格勢必崩盤。正如我們在第二章討論美國抵押債權證券時所看到的，一旦市場出現拋售，野火蔓延勢必使得風險益發險惡，如果情況照此發展則希臘債券也會崩盤。有鑒於此，大家自是拋賣唯恐落於人後，市場隨即陷入大家都想避免的流血大拍賣。而這個險境又會引發投資拋售其他（非希臘）資產，以彌補他們的損失（希臘資產），於是其他跟希臘無關的資產價格也受到拖累，最後連優良資產都要跟著跳樓大拍賣。歐元區的核心銀行手上滿是這些周邊國家的債券（它們購買債券等於是借錢給希臘嘛），一旦市場出現流血大拍賣，它們會蒙受的損失甚至會比手上的希臘債權還多，尤其是這些債權野火要是延燒到葡萄牙、愛爾蘭，或者是大家更害怕的西班牙和義大利。

時間要是回到二〇〇九年，看是讓歐洲央行或者德國擔任主要債權人，在次級市場中買下希臘所有快到期的債券，把它塞在自己資產負債表的某個角落，然後就甭理會啦。這是當時最好的辦法，大概只要五百億歐元就能搞定。但他們為什麼不這麼做呢？答案，有一部分是在於德國的政治情勢。那時候德國剛好有個地區選舉，你要跟選民解釋歐洲央行必須幫助希臘擺脫

❷或者買進信用違約交換來做保險，或是逕行拋空利用跌勢來賺錢，但終究就是要趕快脫手。

困境不然會發生什麼體制風險，還不如直接就指著鼻子罵希臘既沒效率又不負責任來得容易。而答案的另一部分則在於歐洲央行的法規，禁止個別國家金援他國以免產生道德風險。這種直接拿錢出來援助，除非是特殊情況（這條有問題的規定是指天然災害），否則是不允許的。各位要記得，歐洲央行只能解決一個問題：物價膨脹，而它也只有一樣工具：利率。所以，說要負起這個責任，歐洲央行沒辦法，而德國人完全沒意願。於是乎，這種風險可能蔓延的威脅越來越真切，也就被投資人反映到資產價格上頭了，所以所有周邊國家的公債殖利率都開始上升，這就是後來葡萄牙、愛爾蘭、西班牙和義大利會被市場推去跟希臘綁在一起的始末。這五個國家會被綁在一起，就是因為大家害怕風險蔓延所致，那個「PIIGS」的縮寫的確很醒目，但問題是，愛爾蘭、西班牙、葡萄牙和義大利這四國跟希臘根本是兩回事，真是太不幸了。

愛爾蘭和西班牙：房地產泡沫

愛爾蘭和西班牙這一對會跟希臘湊在一起還真是奇怪。首先，這兩國在徵稅上的名聲都很不錯。但更重要的是，它們在二〇〇七年時，財政和貨幣狀況也都很好。就危機發生之前的國債和赤字水準來說，愛爾蘭和西班牙可都是「同級中最佳者」，這跟希臘完全不同。二〇〇七年時，愛爾蘭的債務占國內生毛額的淨值比例是一二％，西班牙則為二六％；相較之下，德國的債務比例還是國內生產總值的五〇％。[25] 那麼，為什麼愛爾蘭和西班牙會發生危機，而德國不會呢？答案就跟平常一樣，這場危機也是從銀行開始，最後報應到銀行，而在這兩國的情況是透過房屋貸款。如果說希臘是因為低利率而長期在國家財政上挖出一個大洞，那愛爾蘭是根本就沒發覺有這麼一個洞，而且還在上頭蓋了房子。至於西班牙，我們會看到，它跟愛爾蘭一樣，只是這個級數再向上加幾級。而義大利和葡萄牙，則是又再多加幾級。這兩組的情況，基本上是一樣的。

在危機爆發之前，愛爾蘭跟德國一樣，情況很是不錯。愛爾蘭的政府總債務占國民生產毛額（GNP）比例從一九八六年的一一二％，到二〇〇七年時已降低到二五％。[3]能夠做到這樣，是因為對一些經濟擴張的國家努力搞出口外銷，而且利用跨國公司的湧入來進行本國勞動力的技術升級，愛爾蘭因為擁有說英語的勞動力且企業稅率低廉，因此許多跨國企業都把它當作是進入歐洲單一市場的門戶。愛爾蘭的國民生產總值大幅增加，工資也上漲，刺激消費和稅收同步增加。這個「凱爾特之虎」在一九九〇年代末期經濟大幅成長，鼓勵更多人投入房地產投資，也因為如此而為銀行業未來的事故埋下禍根，雖然這裡既沒有房利美也沒有房地美或任何類似機構。

在愛爾蘭引發泡沫的原因，有一部分也影響了希臘：歐洲大銀行狂買債券，讓這些周邊國家滿溢低廉資金，再加上歐洲央行努力維持低利率，使得愛爾蘭和西班牙等國的實質利率就算不是負的，也幾乎是等於零，「結果（愛爾蘭）房價從二〇〇二至二〇〇六年之間飆升超過

[3] 我們在結論時會詳細說明，以愛爾蘭的狀況，最好是採用國民生產毛額來做比較，而不是國內生產總值。基於稅務因素，跨國外資企業都以愛爾蘭為基地來申報獲利，因此愛爾蘭的國外來源淨所得和外債相對他國顯得較高，而且它的服務業出口值也被高估了。

六四%」。[26]因為要進行如此大規模的放貸，愛爾蘭銀行業者也逐漸倚重美國的融資批發市場（我們在第二章談到的附買回市場），主要是利用隔夜拆款做為三十年期抵押放貸之用。到了金融崩潰之時，愛爾蘭三大銀行的資產總額大約等於國內生產總值的四〇〇%。三大之一的盎格魯－愛爾蘭（Anglo-Irish）銀行光是二〇〇七年即放款六百七十億歐元給非金融部門（房地產）。[27]盎格魯－愛爾蘭銀行又是特別依賴短期融資。等到雷曼公司倒閉，銀行間市場隨即凍結，愛爾蘭的銀行業者的放款能力跟著房地產價格一起崩盤，銀行產業就整個陷落了。

在金融末日將臨的憂心下，愛爾蘭政府開出空白支票為整個銀行體系負債做擔保，於是民間部門高達國內生產總值四倍的資產隨即成為愛爾蘭公共部門的問題。房地產市場泡沫崩盤再加上銀行體系的內爆，兩者相互激盪，使得愛爾蘭「在二〇〇七年到二〇一〇年期間複合國民生產毛額的衰退，為所有工業國家中最嚴重」。[28]政府又花了七百億歐元來穩定銀行體系，使得國債暴增三二〇%，達到國內生產總值的一一〇%。與此同時，失業率到了二〇一一年中也上升到一四%，如果不是有些人已經移民國外的話，失業狀況只怕是更嚴重。

西班牙的狀況，基本上也是同樣這首歌，只是由不同的銀行機構來唱而且吼得更是聲嘶力竭。愛爾蘭是由三家大銀行主宰國內市場，而西班牙的大銀行則已經國際化，也對國內騷亂做了些避險。西班牙的真正問題——這要到二〇一二年的春天大家才搞清楚——是地區性的儲貸機構（cajas de ahorros）。

要了解西班牙今日處境，各位必須先知道它在一九七九年可是全球第八大工業經濟國，如今已掉到第十七名。在這段期間，西班牙進行工業縮減，致力以銀行金融、服務業和旅遊為主軸。問題是這種成長模式的收入來源主要都是靠國外，要是外國人不再花錢和借貸，你的麻煩就大了。而你的國內成長若也是靠舉債融資且倚重房地產交易，那可就不只是這個問題而已。

正如莫爾丁（John Mauldin）所言「西班牙是所有房地產泡沫之母」[29]，這是事實但也有點誤導，因為別的國家還有更大的泡沫。根據西班牙央行資料顯示，西班牙從一九九七至二〇〇七年為期十年的房地產熱潮，房價上漲一一五％，但同期間英國上漲一四〇％，而愛爾蘭更漲了一六〇％。那麼，為什麼西班牙的影響會比愛爾蘭大呢？因為西班牙的國內生產總值大約是愛爾蘭的七倍，它不但是歐元區的第四大經濟體，其國內生產總值也高占整個歐元區近一〇％。因此，西班牙房地產泡沫破滅的災難就不僅限於西班牙而已。

就此而言，莫爾丁的說法非常正確。西班牙房地產泡沫的規模確實驚人，因為房地產已然是西班牙經濟的核心，光是營建業就包辦了全國一四％就業和一六％的國內生產總值，要是再把一些相關部門的數字都加進來，就業和產出可能都高達四分之一左右。有如此的營建熱潮，會伴隨信用擴張以滿足需求也就不會讓人太意外。事實上，對開發業者的放貸總額在二〇〇七年即近乎國內生產總值的一半。[30]一旦泡沫破滅，失業率從三年前的八％飆升為二五％，二〇一二年中期的青年失業率更高達五二％。光是二〇〇九年的第一季，國內需求就下降七％，而國內生產總值縮減六・三％。

跟愛爾蘭狀況不同之處，除了泡沫破滅規模更大以外，還有西班牙銀行業的特殊機構。前面約略提到，西班牙三大銀行也建立了國際投資組合，理當對國內曝險部位做了相當的防護。那麼，房地產的貸款從哪兒來呢？答案是地區性的儲貸機構（跟美國的信用合作社差不多），尤其是那種由儲貸機構合併而成的銀行集團，像二〇一二年倒閉的班奇雅（Bankia）即是。這些儲貸機構總共承作了西班牙近五成的銀行業放貸。這些儲貸機構之所以狀況危急，是因為它們承作放貸不透明（想想次級貸款是什麼樣子），口袋不夠深，最重要的是它們雖然滿手都是資產，但那些資產的價格卻不太可能很快恢復正常，更別說一開始就標錯價格。說它們不會很快恢復正常，是因為從資產負債表的對面來看儲貸機構的放款，西班牙民間債台高築可謂驚人。民間債務在危機爆發之前每年增長二〇％，總共達於國內生產總值的兩倍以上，而這些債務現在是由失業人口高占四分之一的國家在承擔。再加上西班牙的抵押貸款，不管房價高低，銀行都有權追討處分差額，表示債務人不僅是丟了房子，大概還得繼續背債，這讓情況越來越糟。在美國，你要是繳不起貸款，那房子怎麼處理就是銀行的問題而已，但在西班牙你就算擺脫了房子，那個最初的抵押貸款還是咬著你不放。

各位要是把愛爾蘭和西班牙合起來看，也看不到什麼政府揮霍無度、工人好吃懶作，或其他那些亂七八糟的事情。當然，西班牙有些地方政府是搞了一些大而無當的工程，例如運輸量低落的機場、沒觀眾的大歌劇院等等，使得財政狀況更加困難，但這些都是病徵而非病因。事實上，比方說在巴斯克地區對儲貸機構管制較嚴，對房地產投資的規定也不像其他地方那麼鬆散，結果那裡還是對製造業大量投資。[31] 這也跟別的國家一樣，真正危機是在民間金融，而非政府財政。

這裡的情況跟我們在美國、英國所看到的，還有下一章要詳細討論的冰島——民間融資房地產泡沫內爆——也都一樣，都是標準的民間事件轉成公共部門問題。有所不同者，愛爾蘭是由國家為銀行債務做擔保，讓民間債務瞬間明白地轉變成公共債務，如今政府為了償還問題正是焦頭爛額。而西班牙到現在甚至都還搞不清楚這個銀行危機到底有多大，只曉得最大的儲貸機構聯合集團已經倒閉了。❹然而這可是愛爾蘭七倍大的經濟體，裡面有許多更加不透光的儲貸機構，更是讓債券市場投資人擔心站在金融機構背後的政府償債能力。希臘欠債違約自己倒楣也就罷了，但這把火要是燒到愛爾蘭再燒到西班牙，可就萬事休矣。

葡萄牙和義大利：低速成長危機

葡萄牙和義大利的關係，就好比西班牙和愛爾蘭。但這兩個國家不是因為房地產引發銀行危機，而是因為經濟成長低迷、人口老化、產能低落和制度僵化而被綁在一起。「PIIGS」五國的共同點是，它們都因為改制歐元而使得利息負擔減少，那些大銀行都很喜歡這幾個國家的債券，搞得它們的殖利率甚至比德國、法國還低。然而除了游資泛濫所產生的問題之外，葡萄牙早在二〇〇八年危機到來之前就先遭遇麻煩。

葡萄牙兩大出口產業，製鞋和紡織品，早在一九九〇年代就不敵亞洲和東歐的競爭，因此貿易赤字擴大，只能靠一些沒辦法出口的服務業來撐場面，使得整個國家的競爭力持續低落。仰賴政府出錢重返校園的年輕人越來越多，雖是暫時減輕了失業率，但也未必學到需要的技

❹懷曼（Oliver Wyman）報告預估西班牙銀行業虧損五百九十三億歐元，但受到不少質疑，有些分析師認為損失金額應該是更大。

能，《經濟學人》雜誌（*The Economist*）就挖苦說：「從二〇〇〇至二〇一〇年，律師人數增加了四八%。」[33] 那段期間的人均成長才達〇・二%，但在二〇一〇時，公、私部門負債加起來總共是國內生產總值的二四〇%。

人口狀況使得問題更嚴重。人口成長方面，在兩百三十個國家裡葡萄牙排名第一七八，出生率排名一九五。全國年齡中位數為四十歲，而六十五歲以上的人口約一八%。在危機爆發以前，這些問題都可以被忽略，因為從歐洲核心流向周邊國家的資金，足以掩飾部分國家慢性成長不足的窘態。然而在市場擔心希臘及愛爾蘭負債過大，使得資本流動於二〇一〇年逐漸告竭，原本沒人在意的經濟動能長期缺乏，現在就突然變成是個問題了。畢竟，要是欠缺動能支持經濟成長，在無力開源的情況下，再怎麼節流也難以減少負債。

義大利則是放大版的葡萄牙，在許多方面跟西班牙剛好相反。義大利的民間債務較低，但政府負債龐大。說龐大可真是不小，因為義大利的債券市場全球排名第三。對此我們要好好想一下。一個人口排名第二十三位的南歐國家，經濟規模全球第十一，卻擁有全世界第三大的債券市場。這是怎麼回事？只看義大利北部的話，你會看到全球最發達的工業國家，出口商品極具競爭力，價格硬得誰也砍不動，大家收入都很高。但要是再看看義大利南部，可又是個相當不一樣的地方，滿是農產品業者，規模小、產能低。

將這兩個截然不同的義大利拉在一起的政治體制，由北方輸送資源給南方，但受制於南義階級傳統，不足之數也無法全部由課稅供應。結果義大利財政不斷地出現赤字，在債務日增的情況下也只好讓匯率長期貶值以資抗衡。等到改制歐元之後，利用匯價貶值來減少負債已是不可行，但是隨之而來的低利率又讓這個不可能長期維持的情況繼續苟存。二○○○年時，義大利債務淨額占國內生產總值九三%，二○○七年時略減為八七%。如今負債比例又高達一○○%，因為金融危機和之後的撙節政策使得原本每年一・五%的成長率（過去二十五年來）更見低落，不但負債沉重而且利率高昂。[34]

跟葡萄牙狀況一樣的是，市場注意到三件事，所以二○○○年大家不在意的事情，到了二○一○年突然變成問題：義大利的債券市場確實是大到全球排第三名；它的經濟成長率很低，因此要是利率持續走高，那麼甭說是要還債，就算是想要以債養債恐怕都很困難；它的人口狀況比葡萄牙還糟。雖然義大利的人口成長在二百三十個國家中排名第一五八名，比葡萄牙略高，但出生率僅在二○七名。人口年齡中位數為四十三・五歲，超過六十五歲者占二○%。像年齡這種事是自然界中少數的線性事件之一（畢竟沒聽過活兩百歲的人），因此到了二○三五年預計義大利超過六十五歲的人口會高達三分之一以上。人口老化的僵局是可以靠移民來紓解，但目前當政者對移民還不夠友善。

如果說西班牙是愛爾蘭的放大版，那麼義大利就是葡萄牙的放大版。這些國家都難以擺脫積累的債務，因此要說它們有主權債務危機也是沒錯。但「PIIGS」五國的麻煩，真的就是政府支出造成的危機嗎？以義大利而言，長期依賴赤字累積出債務和匯率貶值，改制歐元後則有便宜資金流入和不自然的低殖利率取而代之。但市場終於清醒過來，發現三十年後根本就沒人會為三十年期公債付利息，因為他們光是要付國內退休金都來不及囉。此外，像政府負債比例超過國內生產總值一○○%者，一九九九年時市場認為無關緊要，現在可不敢掉以輕心，因為還得考慮到「PIIGS」國家間的骨牌效應。如今市場對風險的認知已經跟以前不一樣，要考慮的也不只是個別國家時刻都有潛在風險而已。

所以，這跟政府有關嗎？當然。但，是政府造成的問題嗎？並不是。除非我們認為家庭生育水準跟財政責任有關，這才會是國家造成的問題。以葡萄牙來說，人口因素和生產力低落都帶來一些影響，但葡萄牙在二〇〇〇年時淨債務占國內生產總值為五二％，到了二〇〇七年危機爆發前也才六六％，這都很難說是政府揮霍濫支的證據。的確，以義、葡兩國的狀況來說，要是在低速成長危機中再加上歐洲債券市場的恐慌感染，可能會讓過去勉強認可的市場氣氛迅速崩解。通常，這裡的關鍵就在於對風險的認知差異。但就跟美國的情況一樣，這個恐慌的背後並沒有政府的揮霍亂花錢。那麼，大家為什麼還是繼續編造債券市場危機是因為政府胡濫支出這種鬼話呢？

錯亂的關聯性與因果關係：撙節政策上場

當希臘、愛爾蘭和葡萄牙的殖利率飆升到大局難以維持的地步，歐盟、歐洲央行和國際貨幣基金會都慷慨解囊並提供雙邊貸款，只要它們接受且執行撙節政策以扭轉財政趨勢。這套說法是說減支、增稅，雙管齊下，但支出削減的額度要高於增稅額，那麼一切就會變好。於是在二〇一〇年五月，希臘獲得一千一百億歐元的貸款，但公部門削減二〇％支出、退休金支出也削減一〇％，同時也增稅。放款者，歐洲央行、歐盟委員會和國際貨幣基金會，所謂的三巨頭就預測希臘經濟可望在二〇一二年恢復成長。然而事與願違，希臘的失業率反而在二〇一一年底飆到二一％，經濟持續緊縮。二〇一〇年十一月換愛爾蘭告急，它收到六千七百五十億歐元的援助，但公共支出須削減二六％。二〇一一年三月輪到葡萄牙，也以相同的財政改革換取七百八十億歐元的援助。但是這些國家在經濟陷於緊縮，兼以市場恐慌相互感染下，葡萄牙十年期公債殖利率在二〇一二年反而飆升到一七％，債信評等也被降到「BBB⁻」，跟垃圾債券沒有兩樣。

在第一波裁減支出和貸款之後，希臘不但沒有趨於穩定反而益形惡化，撐到二〇一一年七月再度哭窮求救。希臘的資產負債表上再添一千一百億歐元的債務，不過到了二〇一一年十月又增為一千三百億歐元，同時也強迫進行二〇％的減薪和類似的公部門全面削減支出而且又再度加稅。到最後，民間的債券持有人也不得不接受希臘公債價格僅剩面值的二五％，而且還有大約一千億歐元的債務直接勾銷不還。儘管厲行撙節儉約，預料希臘國債到二〇二〇年仍達國內生產總值的一二〇％（如果其他狀況維持不變的話，但這應該是不可能）。國際貨幣基金會則認為，到二〇二〇年時負債比例很可能是一四五％。為了讓政策得以持續，希臘和義大利政府真正掌握實權的不是人民選出來的人，而是非經選舉產生但承諾持續改革的技術官僚們。

這些事件發生的時間點很值得注意。各國對凱因斯政策的反彈在二〇一〇年春季加劇，正是在希臘危機廣受新聞傳媒青睞之際，儘管希臘的國內生產總值僅占歐元區的二・五％而已。那些鼓吹撙節的英、德、美政客都把矛頭對準希臘危機，說它就是凱因斯主義的危險象徵，以「變成希臘」恫嚇做為本國支出削減的合理藉口。

英國保守黨財政大臣奧斯本（George Osborne）在獲選上任後即一再地拿希臘財政和英國做

比較，指稱「你們看希臘就是不願面對自己問題的例子，而這就是我想要避免的厄運」，這就是個活生生的例子。[35] 國際貨幣基金會前首席經濟學家強森（Simon Johnson）幾乎同一時間也指出，英國和希臘基本上是一樣的。[36] 而保守派歷史學家弗格森（Niall Ferguson）也把美國跟希臘拉在一塊兒，說是崩潰在即。[37]

對於這樣的評論，美國國會的共和黨人當然很歡迎，而傳播媒體在二〇一〇年春季也以此為題大聲放送。❺在歐洲，歐洲央行更是一再宣稱，除非各國厲行支出裁減，否則下場就會跟希臘一樣。[38] 拜希臘所賜，撙節的時刻於是到來。全球針對凱因斯主義的強力反彈，再加上希臘債務危機的爆發和四處流竄的危機感，撙節政策就被當成熱炒現賣端上檯面。但是如此一來，其間的因果和關聯性可都錯亂了，這不但是蓄意而且還搞得轟轟烈烈。

現代史上最大的偷梁換柱

原本是民間部門的債務問題被說成是政府公共支出「失控」所造成的「國債」，這可是現代史上最盛大的掛羊頭賣狗肉。在「PIIGS」五國裡，只有希臘說得上是揮霍無度。義大利是有點鬆懈，但過去也沒人在意他們的債券市場是全球第三大，一直到二〇一〇年，才因為恐慌蔓延再加上人口因素而使得義大利的債主們陷於遲疑。葡萄牙在基礎設施現代化和幾條是否真有需要的高速鐵路花了不少錢，但也還不到盲目開支的地步。愛爾蘭和西班牙的狀況是典型的民間部門房地產及銀行危機，這兩國的政府在財政上原本是比德國還謹慎，但是賺錢時是私人的，出了問題卻算公家的。這幾個國家都是民間部門的問題轉變成國家的負債，而歐洲民眾卻準備施行撙節來還債，這只會讓情勢變得更壞，不會更好。這些國家的財政危機都是在金融危機侵襲之後才造成的，財政危機只是結果，而不是原因。把財政問題說成是原因，正是蓄意倒果為因的政治把戲。

我們真的應該深入了解一下。萊因哈特（Carmen Reinhart）和羅格夫（Kenneth Rogoff）都不支持凱因斯政策，但他們也都說一旦爆發銀行危機，八成也會跟著發生主權債務危機。[39]萊因哈特和羅格夫是沒點出「原因」兩字，不過舒拉里克（Moritz Schularick）和泰勒（Alan Taylor）則直接表明，主權債務危機幾乎都是「信貸繁榮破產」造成的。[40]這些危機都是先從民間部門發展出來的，最後卻落在公共部門頭上。因果關係非常明確，先是銀行泡沫化，泡沫爆破之後就導致主權債務危機。事實就是如此。而蓄意倒果為因，把債券市場危機怪罪到國家政府上頭，是歐洲決策者為了推行屢試屢敗的撙節政策而一再使用的技倆，這就讓我們不禁想問：何必一直這樣搞呢？

雖然我很想說德國政客或歐洲央行可能不懂「合成謬誤」，而且這兩派人馬都對通貨膨脹太過敏感，但我還有一個更讓人滿意的答案，而且歐洲的狀況跟美國一樣，都是從銀行開始，最後也跟銀行有關。要了解歐洲為何會厲行撙節搞得自己都快還不起債務來，我們要牢牢掌握那些非常現實的意識形態和政治因素之外，還有銀行體系之所以會大到救不了，背後其實存在

❺到二〇一二年十二月二十日為止，在搜尋引擎Google以「US like Greece Spring 2010」做關鍵字查詢的點擊數達七千三百萬次。

著歐元改制的背景條件。若說美國的銀行是大到不能倒，那麼歐洲的銀行體系是大到救不了。這是說，連國家都無法承擔銀行搞出來的風險，因為銀行規模太大，而且歐洲國家不能自己印鈔票。在這種條件下，銀行體系要是崩潰，恐怕是找不到足夠的救援。所以這個體系一定不能倒，這就是為什麼大家都得勒緊腰帶的原因。在美國的話，大家都害怕銀行倒閉的後果。歐洲人也一樣會怕，而且我們等一下就會看到，他們都有很好的理由感到害怕。

說到這個我們就會遇到一些非常熟悉的主題：次級抵押貸款特殊目的工具（SPV）；附買回市場的抵押品問題；低利率時代銀行追逐殖利率。還有一些不是那麼熟悉的，例如：銀行決議機制（誰可以決定拯救銀行或放任倒閉）；道德風險交易（以大到不能倒做為商業模式）；還有，以共同貨幣發行國家債券實在是非常不可取。把這些主題全部加起來，就可以解釋為什麼大家都必須勒緊腰帶：因為還是需要我們來解救銀行，以免它們害死自己。但是這一次沒有政治家願意承認這些所做所為，尤其是歐洲各國的政客，所以才必須使出偷樑換柱的把戲。

歐洲聯盟和歐元：野心太大？

就政治施作而言，歐盟實在是驚天動地的成就。才不過三十幾年前，兩次大戰之後的歐洲大陸簡直就是一片焦土，但歐盟的成立讓整個大陸都走向和平與繁榮。它不但接納過去遭受獨裁統治的葡萄牙、西班牙和希臘，而且讓這些國家都順利地轉型為安定的民主國家。同時各國攜手走過冷戰對峙，並在蘇聯崩潰後力展雄圖。儘管一九九〇年代巴爾幹地區戰火再起，歐盟還是吸納了北從波羅海、南到羅馬尼亞的許多民族，並致力於加強貿易、擴大法治，更進一步推展「緊密歐盟」的計畫。要是他們沒在貨幣上搞統一大業就好了。雖然歐洲在政治方面的作為非常成功，但聯盟這個不成材的表弟，歐元，現在對大家來說可都算是個災難，也許除了德國之外。❻

採用共同貨幣是為了讓歐洲各國的結合更加緊密，這項計畫應該在兩個層面上發揮效果。首先是各國尚未完善整合的經濟體，包括不同的景氣循環和經濟上的相對優勢差異都會因為採用共同貨幣而逐漸契合，變得更類似而有效率。至少，原本的想法是這樣的。其次是，如果各國採用不同的貨幣，在匯率不一的情況下，對國家、人民和企業都有不同的影響。❼對個人和企業來說，不管是旅行或貿易必須轉換貨幣，可都很不方便，要是改採共同貨幣就好了。就國家層面來說，各國儘管貨幣不一，但匯率波動卻幾乎又是同向，不但相互激盪平添不穩，在避險上也相當不容易，況且這也會造成匯率貶值的誘因，很多歐洲國家都一再利用匯率貶值來提升經濟競爭力。利用匯價貶值做為經濟調整，不但是以鄰為壑，而且也會在匯率貶值國家引發進口型通貨膨脹。在這方面義大利就是個好例子，從一九八〇至一九八七年間，除了一九八四年以外，義大利里拉匯率年年走貶，使得國內通膨壓力也高於其他歐洲國家的平均水準，而且扣

---

❻當歐元區國家開始厲行裁減支出以尋求經濟繁榮時，連德國人也很快就在二〇一三年發現歐元迅速呈現報酬遞減的現象。

❼其實還有第三點，有人更「公開」主張說，採用共同貨幣會讓歐洲人在身分識別上更有歸屬感。但當時在西班牙發生的情況卻剛好相反。

除物價指數之後的實質工資也趨於縮水。

跟上德國的腳步

過去幾十年來通膨／貶值／匯率波動等問題讓歐洲各國領導人很頭痛，所以大家也都很努力想要建立一套精巧機制以穩定歐洲各國匯價。那些貨幣協定原本稱為「蛇」，後來叫「坑道中的蛇」（snakes in tunnels，譯按：也就是只能在狹窄範圍內波動），最後正式名稱為「匯率機制」（exchange rate mechanisms），其實這也都是為了跟上德國的腳步。對歐洲來說，過去的「德國問題」是要怎麼約束德國才能維持歐洲大陸的和平。到了一九七〇年以後，「德國問題」變成要怎麼提升效率和生產力以跟上德國的腳步。如上所言，其中一個辦法就是不停貶值，但如此一來又造成傷害。另一種辦法是讓本國貨幣盯緊德國馬克，讓本國物價和通膨指數跟德國同一水準，但最後證明這樣也會造成傷害，只是以不同的方式。

想跟上德國腳步的問題在於，德國出口的工業產品價格彈性之低是世界之冠。[8]直白地說，德國產品真正好、人人誇，跟其他替代品比起來，大家都願意多花點錢買德國貨。因此你的貨幣要是盯緊德國馬克，就等於是在賭自己出口貨在價格和品質上也跟德國貨一樣有競爭力。但這必須是在德國馬克匯率不低估的條件下才行，否則很難辦到。對其他國家都很不幸的是，德國馬克匯價在冷戰期間不但大都偏低，而且德國的勞動成本和通貨膨脹率一向低於平均水準。而且這又讓德國經濟連生產一些不是那麼偉大的產品都具備優勢，結果讓德國在加值供應鏈上通吃高階和次高階出口貨。[9]再加上德國工資在二〇〇〇年代實際上是不升反降，那麼其他國家想要跟上德國腳步可就非常吃力囉。部分國家匯率盯緊德國馬克的情況，也挑起金融市場的注意，交易員會利用一些經濟動力較差的國家，如英國和義大利貨幣的匯價波動進行投機。

要盯住匯率的唯一辦法，就是拿外匯存底來維持價位，或者壓低工資和物價來配合。要捍衛匯價就需要大量外匯，一旦本國貨幣貶值（要是你盯住德國馬克，這肯定會的），你就要賣出外匯、買進本國貨幣來支撐它維持特定價位。但要是市場知道你的口袋有多深，他們就敢跟你對賭，大肆拋空，迫使你的貨幣貶值後再低價回補，藉此獲利。

索羅斯（George Soros，還有其他很多避險基金）就是在一九九二年對歐洲匯率機制一戰成名，把英國和義大利都轟了出去。索羅斯能夠做到這一點，是因為他知道英國或義大利勉強維持跟德國一樣的競爭力，需要嚴重的物價緊縮才能提高成本優勢，而這兩個國家在外匯存底彈盡援絕之前也就只能忍受那麼多的物價緊縮和失業率，不然下次大選可就要下台一鞠躬囉。事實上，歐洲匯率機制的「ERM」有時會被戲稱為歐洲「永恆衰退機制」（Eternal Recseeion Mechanism），說的就是它會造成物價緊縮。簡單來說，這些國家想維持反通膨的匯率盯緊機制之所以會失敗，是因為沒有真正體會到這一點：在民主體制裡，金本位是行不通的（因為進行調整的唯一辦法就是透過國內物價緊縮）。[41]

---

❽ 這個高見是拜沃夫（Martin Wolf）二〇一二年四月十七日在布朗大學的演講所賜，題目是：「歐元能否渡過這次危機？」

❾ 感謝提佛（Simon Tilford）提供高見。

但你還是會想試試看，而歐洲人建立歐盟不就是在嘗試嗎？匯率機制崩潰之後的狀況，讓人想起派森的電影《聖杯傳奇》（*Monty Python and the Holy Grail*）中的一場戲，國王對他兒子說：「大家都說不要在沼澤地上蓋城堡，但我還是照做。結果它垮了，我又再蓋、又垮、再蓋、又垮……。」於是歐洲人比盯緊馬克更進一步，他們決定跟德國使用同樣的貨幣，實施同樣的貨幣政策，他們通通都要變成德國。

做為匯率機制的繼任者，歐元就是歐洲各國貨幣一次到位地盯緊馬克浮動，但這裡還有一個重要的區別。[10]在盯住馬克之後，各國更放棄自己的貨幣，而且把印鈔票的權利交給德國，如此一來不管是通膨或貨幣貶值都不再是選項。甚且還設立了一個全新的獨立中央銀行，它的目標只有一個：透過利率調控，讓通貨膨脹率保持在二%左右，不管經濟產出和就業要付出什麼代價，而各國物價和工資都會自動調整達到與外界的平衡。換句話說，他們又在民主體制裡建立一個金本位。愛因斯坦曾觀察說，「瘋狂」的定義就是一次又一次做相同的事，卻期待會有不同的結果。歐洲貨幣計畫打從一開始就有點瘋狂，只是一直到最近才發現自己真的很錯亂。

歐元：貨幣自爆彈

歐元才剛啟用時，許多經濟學家就預測它會失敗。費爾德斯坦（Martin Feldstein）就指出，採用歐元的那些國家並不構成「最優貨幣區」（optimal currency area），在景氣循環等相關因素無法強力整合下，就無法經由效率提升而獲益。[42]一九九二年的馬斯垂特條約（Maastricht Treaty）就歐元改制規定各國須先滿足收斂標準（convergence criteria），克魯曼也從中看出麻煩，各會員會要同時降低預算赤字、國債和通貨膨脹率，必然迫使各國陷入長達十年的衰退和失業惡化。[43]這兩位說得都沒錯，但真正問題在於改制歐元不但沒讓歐洲各國的經濟趨於協同，反而在除了債券利差和國際收支之外，幾乎各方面都擴大了分歧（參見圖3-1）。

請注意，在改制歐元之前，法國是唯一擁有經常帳盈餘的國家，但它撐到二〇〇五年之後也轉為赤字。德國是從二〇〇一年開始出現盈餘，但歐元區內其他國家的赤字卻紛紛擴大。這個勉強可以說是收斂吧！就是

⑩ 有時戲稱為「達太安原則」（d'Artagnan Principle），源自大仲馬小說《三劍客》的口號：「人人為我、我為人人！」

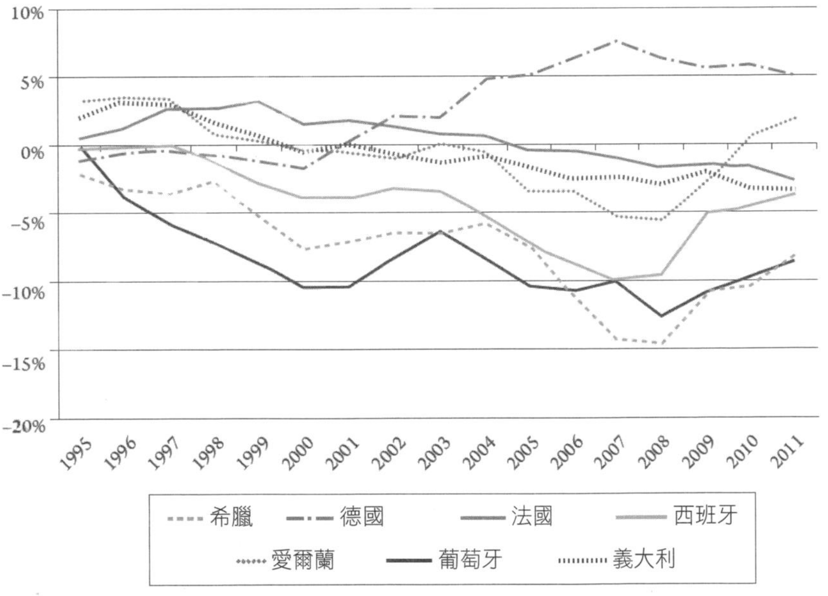

圖3-1　歐元區的經常帳失衡

除了德國之外大家都開始出現赤字。要了解何以如此，我們要先追問這些赤字是怎樣依靠融資來支持的，這就要踏進主權債務市場裡，看看改制歐元對歐洲銀行業者帶來什麼誘因。（參見圖3-2）

如果一張圖可抵得上千言萬語，那麼圖3-2可是說了百萬言。在圖的左邊，我們看到的是在改制歐元以前，市場對於各國主權債券的看法，希臘十年期公債殖利率一開始高達二五％，後來迭降至一一％，到了二〇〇一年時跟德國公債的差距已在五十個基點以內（即半個百分點）。同樣的，義大利公債殖利率也是從一九九四年的一三％逐漸下降，到二〇〇一年時才變得「幾乎跟德國一樣」。但是，不管是希臘、義大利、愛爾蘭或其他任何國家，也都沒有變成德國呀！那麼，殖利率怎麼會變得一樣呢？最常見的答案是說，因為新設立的歐洲央行無止無休打壓通膨到底的決心，讓債券買家以為匯率風險和通膨風險都是過去的事了。市場以為歐元只是馬克的擴大版，而且大家都變得跟德國一樣。

儘管各國公債還是交由各國自己發行，銀行及其他金融人士認為圖3-2縱軸所表示的風險，都因為改制歐元而像魔法般地吸收不見了，所以大家自然樂於搶購。這使得周邊國家便宜游資遍地皆是，淹沒了各國的融資批發市場，也因此讓銀行業在二〇一一年資金外逃時，馬上就面臨頭寸不足的窘境，幾乎是任由擺布，毫無抗力，使得民間部門債務急速升高，西班牙狀況尤其嚴重。在北方大肆放款給各國銀行和房地產開發商等，周邊國家的消費者也樂得使用這些便宜資金採購德國商品，也就造成上面說的經常帳失衡的情況。

不過那些債券買家為什麼會認為各國政府的狀況根本無關緊要，而相信才剛設立也未經考

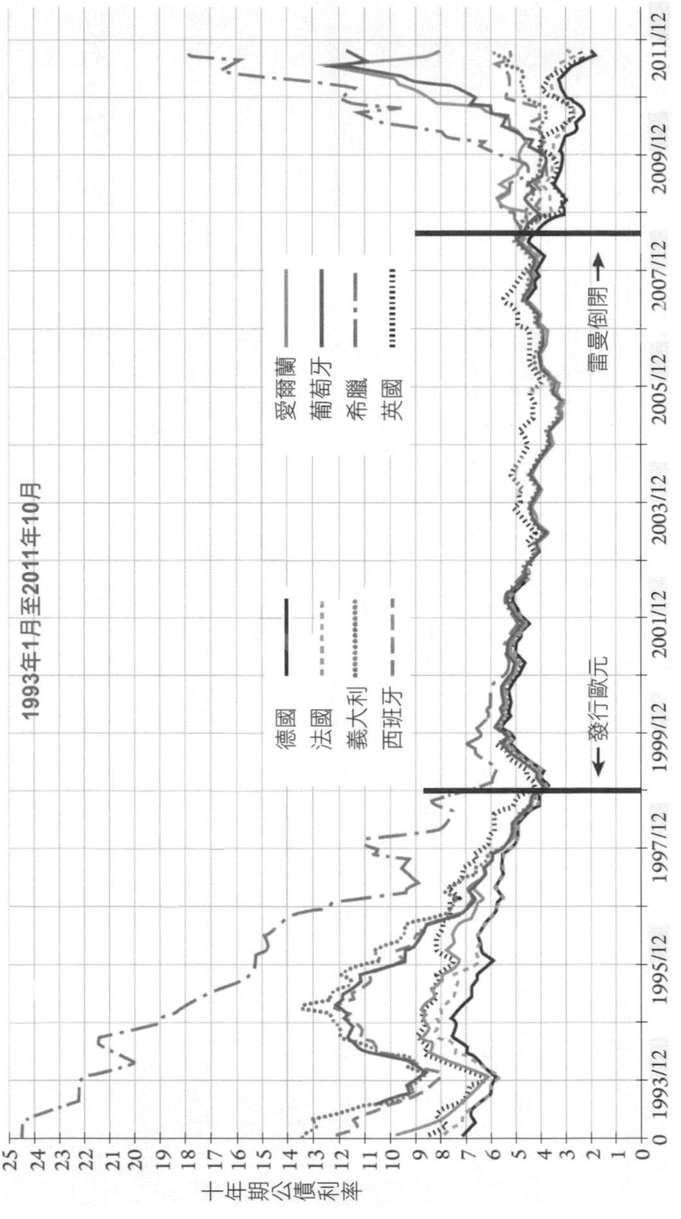

資料來源：歐洲央行統計資料室

圖3-2　歐元區十年期公債殖利率

驗的歐洲央行自會護衛公債價值，為什麼他們會認為希臘已經變成德國了呢？答案是他們也根本不必相信這些事，因為他們的所做所為正是衍生道德風險的源頭。

所有道德風險交易之母

你如果是一九九〇年代末期歐洲的銀行業者，看到各國主權債券殖利率下降，也許會感到懊惱，因為這個具有風險的獲利來源消失不見啦。不過那個才剛成立的小不點兒，歐洲央行要是真能幫各國發行的公債抹掉匯率風險，而且印鈔機收歸法蘭克福所以也不必再害怕通貨膨脹的話，那可真是銀行家夢幻般——像個免費的選擇權——又好處多多的安全資產，就像我們在美國看到的那種「抵押債權憑證」。這樣的東西還不搶就太傻了！所以歐洲銀行業者也就進來大肆採購。但因為各國殖利率逐漸趨於同一水準，你就必須越買越多才能賺到錢。不過，公債殖利率雖說趨同，歐洲北方國家跟周邊國家的主權債券殖利率仍是小有差距，這個差距雖小但意義重大。要是你把殖利率較低的德國和荷蘭公債，儘可能地換成殖利較高的「PIIGS」五國公債，再加上超高槓桿的融資操作，例如比美國同業還大膽的四十倍，就等於找到政府擔保的印鈔機囉。但這怎麼會是個道德風險交易呢？

試想一下，你知道希臘還是希臘，義大利也仍是義大利，而市場上那些報價反映的是銀行業者大肆搶買公債才壓低殖利率，並不是對公債本身的風險考量。如果殖利率不能反映風險，你為什麼會買那樣的債券呢？你可能意識到，只要你買得夠多——如果你的規模變得很大的話——一旦這些資產開始跌價，你就會危及整個國家的銀行體系，本國政府就要來解救你。要是政府不救你，憑你的風險曝露、跨國銀行關係和超高的融資槓桿，也會對整個歐洲金融體系帶來危險。所以囉，你的帳本上要是囤積越多風險，尤其是那些周邊國家的公債，歐洲央行或者你的本國政府，也許是兩者都要來幫你承擔風險。於是這種交易就成了歐陸規模的超大型道德風險。歐元的設計也許有它的政治考量，但它也為這種交易提供了經濟誘因。不過這完全是民間部門的金融業者自己願意而且是相當故意地跳進來追逐這種機會。

現在，不管他們是真的相信未經考驗的歐洲央行有移除風險的神奇能力，還是看出這是大搞道德風險的良機，或者兩者兼而有之，反正歐洲那些大銀行全部卯起來買，儘其所能地搜購周邊國家的主權債券（及其他周邊國家的資產）。事實上我們待會兒就會看到，這些銀行都受到歐盟委員會的鼓勵，儘可能地搜購周邊國家公債，而且因為這些公債可能在附買回市場上當作擔保品，也就更進一步刺激需求。[44]但是這個算盤打得還是小有瑕疵。儘管銀行業者在歐元區裡可以跨越國界限制進行放貸和融資，但銀行的紓困和救援權責（雖然歐盟在二〇一二年提案進行銀行業聯盟，但對這問題基本上是沒怎麼處理）仍保留給個別國家。⓫[45]所以，銀行業者要是大家都同時進行道德風險交易，那麼大到不能倒的個別銀行全部合在一起，可就變成大到救不了了。我們於此再次看到體系內各個動能的相互激盪，讓整體風險遠遠超越個別的總和。

國王變侏儒

要明白這些主權債券交易到底造成多大風險，請各位先回想之前說過的，如果把美國前六大銀行在二〇〇八年第三季時的資產全部加起來，會剛剛好超過美國國內生產總值的六一％。

這幾家裡面的任何一家銀行要是倒閉，對美國的衝擊平均來說就可能達到國內生產總值的一〇%。再加上之前談過的恐慌蔓延擴大，各位就明白美國當局為什麼會視之為大到不能倒。現在我們用相同方式來觀察二〇〇八年第四季時的歐洲銀行業者，一樣都從個別國家的立場來看（銀行資產占本國國內生產總值的比例），而在此時的歐盟並沒有全區域的存款擔保計畫（deposit-guarantee scheme），也沒有全區域的銀行救助機制，這些事都要靠個別國家來做，那麼情況就會非常嚇人。⑫

在二〇〇八年時，法國前三大銀行資產總計是法國國內生產總值的三一六%，德國前兩大銀行的資產相當於德國國內生產總值的一一四%，到二〇一一年前述兩項數字分別為二四五%和一一七%。光是一家德意志銀行（Deutsche Bank）的資產就高達德國國內生產總值的八〇%以上，而且是以四十倍的融資槓桿在運作。[46] 這表示資產行情就算只有三%的不利波動，都可能影響到整家銀行的資產負債表，甚至動搖整個德國。荷蘭的ＩＮＧ銀行，光是它一家就占了荷蘭國內生產總值的二一一%。英國前四大銀行的資產值總共占英國國內生產總值的三九四%，義大利前三大銀行則只占國內生產總值的一一五%，但跟義大利比起來，英國好像是靠債券市場就能免費入場似的。跟銀行的情況相比，這幾個國家的主權債務根本是小巫見大巫。⑬[47]

那些周邊國家的情況不會更好。當地的銀行業者也不會錯過那些交易的機會，所以它們也買了一大堆本國的主權債券。根據二〇一一年七月的歐元區銀行業壓力測試顯示，希臘銀行業者持有希臘公債總值約占國內生產總值的二五%，西班牙銀行業持有約二〇%，若從持有人的角度來看，到了二〇一二年這些國家公債越來越是由國內業者持有。[48] 各位請記住，這些資產並不必跌到零才能成為問題。市場上要是有些風吹草動，也許只須跌價二%，就足以讓銀行的一級資本（tier-one capital）流失殆盡，尤其是把跨境債務和恐慌蔓延等風險考慮進去的話。⓮[49]

總之，不管是對個別國家，或者是整個歐元區來說，歐洲的銀行業已經是大到救不了了。像這種規模的風險，個別國家就算是可以自己印鈔票也無法對付。那要是你已經簽了貨幣協定，把印鈔機交出去，麻煩可就大了。提佛和懷特（Philip Whyte）說得很直白：歐元區危機「其核心是銀行資融槓桿過高且風險管理不善……這真是過度槓桿的銀行業者資本錯置的史詩啊！」[50]

⓫ 二〇一二年九月泛歐盟銀行聯盟提案解決此問題，是準備讓歐洲央行來監管體系內的大銀行，總數大約是六千家。但這個提案的主要問題，除了英國大都不在管轄之列以外，是在於光是監管並不能解決償債能力的問題。帳面資產高達本國國內生產總值二〇%以上的大銀行要是快要倒閉，而政府又沒有足夠現金的話，除非歐洲央行願意跳進來做為最後的盾牌，直接放款給歐元區的個別銀行，否則光是通報各國政府也一樣救不了。至於透過歐洲穩定機制（European Stability Mechanism, ESM）間接提供援救，一方面是受限於歐洲穩定機制的規模，再者德國政府對此作法頗為抗拒，我們在二〇一二年九月看到對西班牙的援救行動步履蹣跚即為一例。總之，要是你的子彈有限，就讓人難以相信你能夠無限制地提供資金頭寸。

⓬ 截至二〇一二年十二月十三日止，歐盟已發現這些問題的嚴重性，開始著手建立銀行聯盟。該提案讓歐洲央行可以對歐元區內的大銀行進行監督管理，對象是以資產額達本國國內生產總值二〇%以上或三百億歐元以上者。這些作為雖然都有其意義，但如前註所言，光是監督、監控卻沒有資金進行可靠的救援，那麼這些動作頂多只是朝向銀行聯盟的一個步驟而已，還不是他們針對體制內的修復。

⓭ 這些數字都由各銀行二〇〇八及二〇一一年申報資料計算得出。

⓮ 標準普爾公司（Standard & Poor's）指出：「我們估計，大約有二十家對金融體系舉足輕重的歐洲大銀行，對周邊國家債權人的跨境曝險部位，遠超過各自的一級資本。」

打從一開始，歐元就是個等待爆發的銀行危機，而危機觸發點之一，如同之前詳述，就是希臘，還有「PIIGS」各國殖利率逐漸升高。另一個觸發點則像我們在二〇〇八年的美國所看到的，就在銀行體系本身，而且正是因為銀行在附買回市場籌資以那些政府公債做為抵押擔保所致。然而這個幾乎完全是民間部門（銀行業）的問題，也再次被說成是公共部門的危機。

抵押品損失：歐洲版

所以我們來想像一下，你是歐洲的大型綜合（包括零售和投資業務）銀行，才剛利用歐盟國家做了巨額的道德風險交易，或者說，你真的相信歐洲央行法力無邊。要藉此獲利，你也必須運用倍數很高的融資槓桿。你要去哪兒找錢來進行這些操作呢？一般來說，銀行有兩種方式籌錢，一是增加存款和發行股票，二是舉債借錢。但股票發行太多，股價就要下跌，所以發行股票總有個限度，否則可是自討苦吃。而想要增加存款，尤其是在儲蓄率迭降的經濟中，增幅也是相當有限。那麼，舉債借錢可就沒這些限制了。

所以，歐洲銀行業者要去哪裡找到大量的便宜資金呢？我們在第二章談到的附買回市場就是這麼個地方，只是這次是在倫敦而不是紐約。[15] [51] 二〇〇八年之後想在低利率時代尋找優渥報酬的美國貨幣市場基金，也是另一個資金來源。那些保守的歐洲銀行，要說風險也遠遠比不上美國銀行啊，所以幹嘛不多買點它們的短期債券呢？反正歐洲央行絕對不會讓它們失望的，不是嗎？

進入二〇〇〇年代以來，那些原本應該是保守經營的歐洲銀行業者，越來越少依賴安全的本地資金及存款做為融通手段，反而儘其所能地尋求國際短期債務工具。畢竟，這麼做是比較便宜，否則要哄老奶奶拿錢來存還得支付比較高的利息。所以，根據一項研究指出：「二〇〇九年九月，一百六十一家國外銀行在美國的批發融通金額超過一兆美元，其中六千四百五十億美元轉輸總行使用。」[52]此時的美國銀行業者的資金融通，大概還有五〇%是來自存款，而英、法等國的銀行則只有二五%不到。[53]到了二〇一一年六月，總數達一兆六千六百億的美國貨幣市場基金中，做為歐洲銀行短期票券交易者約達七千五百五十億美元，其中光是法國銀行業者發行的就超過兩千億美元。[54]而在二〇〇八年的時候，這些銀行都仰賴隔夜拆款來支持較長期的放貸。

除了在美國市場融通短期借款之外，事實證明這些保守而厭惡風險的歐洲銀行業者連美國的抵押債權危機也沒錯過。事實上，我們在第二章說到虛設企業以做為交易「有資產支撐的商業票據」（也就是抵押債權）的「特殊目的工具」（SPV），其中超過七成就是歐洲銀行業者設立的。[55]然後到了二〇一〇年，如圖3-2右側所示，各國公債殖利率走勢開始分歧時，歐洲銀行在美短期融通自是全面潰敗，幾乎就是二〇〇八年美國慘劇的翻版。

記得美國在二〇〇八年時，那些附買回融資設定的抵押品也出現跌價。於是相關業者就必須提供更多抵押品才能借到一樣多的資金，否則頭寸不足很快就調度失靈，而這就是當時美國

---

⑮ 倫敦的「LCH Clearnet」是首選，根據它的網站指出每月經手的附買回交易名目總值（notional value）高達十二兆美元。

銀行體系的情況。現在同樣的事情也開始在歐洲發生了。就抵押證券而言，美國附買回市場中借款人的抵押品首選當然是三A級債券，倫敦市場的歐洲借款人，首選抵押品即是三A級的歐洲主權債券。美國借款人在美國國庫券不足時轉向三A級抵押債權證券，而歐洲借款人覺得安全的德國公債太少，所以反而賣掉德國公債，轉而搶購周邊國家的債券。所以它們就開始拿這些大批搜購的周邊國家債券做抵押品，因為這些債券的信用評等幾乎就跟德國一樣嘛，況且歐盟當局也指示說要讓「歐元區各主權國家的債券在附買回交易中都能被一視同仁」，更是超級鼓勵了這樣的作法。到了二〇〇八年，在所有歐洲附買回交易中以「PIIGS」五國債券做為抵押者已達二五%。[56]這樣你就看到問題了吧。

當投資人對歐洲主權國家的狀況感到憂慮時，信用評等機構也開始將之降級，部分國家的公債從三A降到三B甚至更糟。所以你要是想利用附買回交易籌得一樣多的款子，就必須抵押更多主權債券才行。在附買回交易八成質押歐洲主權債券的情況下，這些公債價格一旦下跌，歐洲銀行業者維持高槓桿運作所必要的融通能力也隨之消解。[57]

擁有健康資產的銀行或許可以承受突如其來的頭寸不足，但就像美國銀行業者的帳本滿是抵押債權，歐洲的銀行也塞飽了那些迅速貶值的周邊國家資產，曝險狀況一樣讓人吃驚。在二〇一〇年初時，歐元區銀行的曝險部位，西班牙債券高達七千二百七十億美元，愛爾蘭四千零二十億美元，希臘也有二千零六十億美元。[58]二〇一〇年法國和德國銀行業擁有「PIIGS」五國的公債風險據估總計近一兆美元，其中法國各銀行對「PIIGS」五國的曝險部位大約是四千九百三十億美元，相當於法國國內生產總值的二〇%。而標準普爾公司預估法國的曝險部位總共是國內生產總值的三〇％。

同樣的，這些曝險部位絕大多數都是屬於民間部門，諸如在西班牙等國的放貸，其中真正屬於政府者相對較少。但關鍵在於這些銀行的融資槓桿倍數，以及這些主權債券在資金融通扮演多麼重要的角色。這些債券一旦開始跌價，越來越多的歐洲銀行發現在美國批發融資市場借不到錢，而且美國貨幣市場甚至還開始拋售它們的短期債權。二〇〇八年在美國發生的普遍性「資金緊縮」，在二〇一〇年及二〇一一年的歐洲也加快了腳步。一直到二〇一一年底至二〇一二年初，歐洲央行實施長期再融資操作（LTRO）才讓市場喘過氣來。但這種非正統的準量化寬鬆政策只是讓你暫時喘口氣。德葛勞威（Paul De Grauwe）說它「提供便宜資金給艱困銀行，也附帶它所衍生的所有問題」。[59]結果，歐洲央行第一次實施長期再融資操作的兩個月裡，主權債券殖利率再次攀高，那些現在由政府負責的銀行，其資產負債表上的主權債務也變得更多囉。但投資人沒注意到這個狀況，他們正擔心西班牙和義大利。雖然是換了一個大陸，也不是同一場銀行危機，但我們聽到的仍說是因為各國政府揮霍無度所致。這到底是在幹嘛？

你可以暫時在民主體制中實施金本位

簡單的回答是，對於美國銀行業所做的，歐洲銀行業都以很高的融資槓桿在操作，它們的資產額度是本國國內生產總值的好幾倍，而且資產負債表的狀況不但很糟，也很不透明，於是銀行的問題再度轉嫁給政府。但跟美國（還有英國）情況不同的是，這些碰上難題的國家根本是動彈不得，因為它們自己放棄印鈔機，也讓它們的銀行變太大，大到救不了。有鑒於此，法國在二〇一一年信用評等三A級受到威脅時，債券市場才不擔心法國政府付不起南錫教師的退休金，而是擔心三大銀行（興業〔Societe Generale〕、法國巴黎〔BNP Paribas〕和農業信貸〔Credit Agricole〕）中要是有哪家倒閉，法國政府有沒有能力處理，尤其是在厲行撙節的情況下。假如各國既不能讓通貨膨脹（因為沒有印鈔機）又不能讓幣值走貶（因為沒有主權貨幣），那麼它們只能破產不還債（如此一來銀行體系就崩潰了，所以這個絕對不行），因此就只能透過物價和工資緊縮來做內部調整，也就是撙節。這就是大家都要勒緊腰帶的真正原因。一樣的，就是為了拯救銀行。

但不能明白說出來

那麼，為什麼歐洲各國政府要繞這麼一大圈，反而去怪罪主權國家開支太大呢？這是因為，在民主國家裡，基本上你對自己的所做所為幾乎都不能和盤托出，否則就準備下台。為了保護一個才十年歷史的貨幣，四分之一的西班牙人必須失業，而整個周邊國家都要陷於無止無休的衰退，各位可想像一下，那些歐洲政客要怎麼向人民解釋。會怎麼說呢？我想是像這樣：

致選民大眾書　　　　　　　　　　　　歐元區周邊國總理某某某

各位同胞，過去四年來我們一直跟各位說，你們失業沒工作而且未來十年還會很糟，都是因為國家花太多錢，所以大家都要勒緊腰帶、厲行撙節，以恢復「可長可久的公共財政」。但，現在也該說實話了。在我們現在的危機中，主權債務的暴增只是病徵，而不是生病的原因。

實際狀況是，核心國家的大銀行從周邊鄰居，也就是「PIIGS」五國，買了很多主權債券。這讓周邊國家有許多便宜的資金，可以用來購買核心國家的產品，因此我們就常常聽說歐元區國家的經常帳失衡，而且這些周邊國家也因此喪失競爭力。你幹嘛自己製造汽車跟BMW競爭呢？反正法國人會借錢讓你買一輛嘛。這一切本來都很順利，直到市場因為希臘而感到驚慌，而且因為我們推拖拉的反應才發現，我們設計出來運作歐洲聯盟的制度根本無法處理這些問題。那些潤滑輪子的金錢突然沒了，我們的債券利息也就衝爆屋頂。

問題在於，我們已經放棄自己的印鈔機和獨立匯率——這原本是我們經濟的避震器——而改用歐元。況且，原本應該可以穩定金融體系的歐洲央行，事實證明也有點虛假不實，因為它不能發揮真正的「最後放款人」功能。它只負責打壓一九二三年就死掉的通貨膨脹，而且才不管經濟狀況實際為何。美國聯儲會和英國央行可以無限制地接收資產、無限制地提供融資，但歐洲央行就法理及學理上來說能夠接受的額度相當有限。它既不能花錢自己買下債務，又不能將之共同化（mutualize），既不能金援艱困國家，也不能直接借給銀行足夠的款項。它是很會打壓通貨膨脹，但碰上銀行危機就沒什麼用處。在危機過程中，它是漸漸拿到一些權力來幫助我們渡過難關，但能力還是相當有限。

難處還不僅是如此而已。就規模而言，歐洲銀行體系是美國的三倍，其融資槓桿操作是美國的兩倍大，如今那些銀行的帳本上滿是糟糕資產，而歐洲央行對此無計可施，各位也就看到問題囉。我們已經開了二十幾次高峰會，也開了無數的會議，各國彼此承諾一些財政協議和救援機制，甚至有一、兩個國家的民選政府也換了，大家都希望這樣就可以解決危機，結果仍是做不到。我們為什麼不成功，現在該是說清楚、講明白的時候了。簡單來說，就是修不好。我們能做的就是推啊、拖啊、拉的，而各位要經歷的會是經濟既不成長、你們又沒工作的迷失十年。

各位都看到，我們在二〇〇八年挽救銀行業者，讓大家背了一大堆新的主權債務，借這些錢是用來幫它們彌補虧損，維護它們的償債能力。但那些銀行並沒有真正恢復過來，到了二〇一〇和二〇一一年它們又開始拉警報叫窮。由於歐洲的銀行從美國已經借不到錢，逼得歐洲央行也不得不違反本性，以長期再融資操作提供十億歐元的便宜資金淹灌銀行體系。那些銀行拿歐洲央行給的錢買了一些短期政府債券（好讓我們的債券殖利率降低一點），但是那些錢大多數還是放在歐洲央行，以備災難之所需，並沒有真正進入經濟體系流通，幫助各位找回工作。畢竟，我們正處於撙節政策強力加壓的衰退之中，在此困境裡誰敢借錢和投資呢？整個經濟都陷於衰退，大家忙著還債，是沒人想借錢的。這會導致物價下跌，也因此讓銀行業更糟，經濟表現更壞。對於這些狀況，我們就是無能為力。我們只能維持銀行的償債能力，不然它們會垮掉，銀行的規模是那麼大而且相互關係非常緊密，甚至只要有一家倒閉就可能拖垮整個銀行體系。撙節很痛苦，但是再苦也比不上整個金融體系的崩潰來得可怕，真的。

我們既不能搞通貨膨脹，把成本轉嫁給儲蓄戶，也不能讓貨幣貶值，讓外國人來負擔成本，我們也不能宣布破產自己跳樓，所以只好利用經濟緊縮，不管是要緊縮多久，只求銀行業的資產負債表可以逐漸改善，重新回復能夠維持下去的狀態。這也正是我們不能讓任何人退出歐元區的原因。比方說，要是希臘退出歐元區，我們也許還能承受，因為大多數銀行的希臘資產大概都賣掉了。但你不能拋售義大利資產，它會受不了。恐慌一旦蔓延開來，所有的銀行就危險了。因此我們能夠穩定體系的唯一政策工具就是緊縮來對抗德國，這在最好的時代都是很痛苦的事情。這很可怕，但實情就是如此。各位的失業可以拯救銀行，從而解救那個救不了銀行的國家，也因此而解救了歐元。對於各位的犧牲，我們這些歐洲人士都要感謝您。

像這樣的演說各位當然是永遠聽不到的，因為哪個政客膽敢如此直白，十分鐘後就得下台找工作囉。但那些就是我們必須勒緊腰帶的原因。當銀行體系變得大到救不了，那些招災釀禍的道德風險交易已然擴散為整個體系的「不道德危害」，而這些正是我們選舉出來，原本應該要照顧我們利益的政客，軟硬兼施，既協助又教唆的恐嚇勒索。交易是那些金融機構做的，等到它們搞出自己無力解決的危機，結果是大家都要撙節儉約過日子。

結論：歐元的傲慢與海耶克的夢魘

軒保（Jay Shambaugh）認為，歐元陷入三重連鎖危機裡，相互激盪，益趨惡化。[60]他認為歐元區先是出現銀行問題，隨後又有主權債務問題使之更為險惡，於是實施撙節想提升競爭，結果反而更傷害經濟成長。[61]這幾乎把實況都概括出來了。但他的診斷中首先強調銀行的作用，我們還可以補充更多層次的痛苦。長期再融資操作是幫銀行爭取時間，讓它們得以進行重整，恢復放款，結果那些錢都留著做為災難保險。周邊國家信貸條件惡化後，資金又從周邊逃向核心（例如希臘儲戶把錢轉往德資銀行），在歐元區所謂的「Target2」支付系統出現巨額金融失衡，導致德國央行可能積欠周邊國家央行數十億外債。⑯[62]歐盟雖設有全區域的貨幣機關，卻未設立財政權責機構，也缺乏像美國金融體系內的避震組織。當密西根州一家企業關閉，搬到密西西比州開設時，資金會從這一州流向那一州，但是康乃迪克州課徵的稅金透過聯邦政府轉移支付，會讓這個調整順利進行。美國勞動力的流動性比歐盟地區大，美國也允許城市廢棄，凡此都能加速調整，這些在歐洲都不可能發生。事實證明，當債券市場反映出真實的風險溢價，要跨越國界籌借歐元也像是外幣貸款一樣，銀行也越來越需要利用當地資產才方便在當地借款。[63]雖然這裡沒有匯率風險，但要是本國主權債券殖利率上升，而本國經濟趨於緊縮，那麼你的償債能力也會降低，就好比是支付貶值的貨幣來還債。

像這樣的事情，我還可以一直加上去，讓各位瞧瞧，在毀滅金融體系方面，歐元是不是一天比一天更有創意。但現今歐洲局勢之所以可怕，並不只是這些制度設計上的明顯缺陷，或者是銀行不道德危害，而是在整個歐元貨幣改制背後的「認知傲慢」，這也是以某些經濟思想為後盾的權力，讓我們看不清制度設計的影響和作用，就跟美國的狀況一樣。

我們雖然不知道未來會怎樣，但總會曉得必定有些什麼樣的衝擊在等待我們。我們可以想像這些衝擊是外來的，因此預先設計機制以做防備，例如規畫完善的福利政策。[64]或者我們也可以視之為內部源發，不管在何時、何地都是因為自己的政策選擇太糟糕才引發那些事情。如果我們採取後面這種觀點，在不知道未來會有什麼事情在等待我們，而且也不願逕自將政策工具交付民選政客，我們還是希望未來發展能夠符合我們的期望。但要怎麼做到這一點呢？

「未來」可以想成是一個充滿未實現可能的時空。你可以完全接受它的不確定，隨之起伏翻滾。或者你也可以試著做點什麼，讓未來的發展儘可能限縮在特定的參數範圍內。想要這種結果，就是要先設定規則。只要規則明確，大家都能遵守，那麼照理說未來就會依照規則來展開，就像你想要看到的樣子。這就是秩序自由主義說的傻話，和歐元背後的邏輯。從馬斯垂特條約的收斂標準，到「穩定暨成長協定」（Stability and Growth Pact）、到大家答應的財政新協定，都是只要設定規則，就會一勞永逸地解決所有歐元的問題（最好是這樣）。不過這些規則只適用於主權國家，要是害怕個別國家可能不守規則，那就再多訂些規則嘛。可是對於民間人士，像是那些銀行搞砸的可能性有多高，可就沒有太多的關注。而實際發生的狀況就是這樣，但歐盟還是指著各國政府的鼻子罵，然後又設定新規則要政府們遵守，堅稱這樣就能解決問題。這讓我們再次想起那個醉漢的故事，不管鑰匙掉在哪兒，反正他就是要去路燈下找，因為那裡比較亮。

海耶克（Friedrich Hayek）常常被視為新自由主義經濟學派之父。[65]這種說法也不是不對，他對國家、政府的確不很熱衷。但他真正反對的是決策計畫者帶著知識上的傲慢，自以為可以預知未來，殊不知地方人士對於本地狀況了解得更深入而精細。海耶克的批判通常被拿來質疑戰後的凱因斯學派計畫者，不過現在更適合用在歐盟規畫者身上，他們以為設定規則，就能馴服

⑯歐元區國家仍然保有自己的中央銀行，只是名稱沒改，實際上是為區內各國透過「Target2」系統網路處理支付事宜。有些經濟學家很擔心支付系統失衡可能導致德國央行破產，但另有人認為這完全不可能。由此可知，連十分內行的業界人士對歐盟某些機構運作的認知都不太一致。

未來，讓那個充滿可能性的時空發展會是我們所樂於見到的樣子。德葛勞威說得好：「這就好比說，叫大家都能嚴格遵守防火規範，就不需要救火隊了。」[66]

歐盟規畫者只注意通貨膨脹率、預算赤字和國家債務，卻沒看到銀行體系已經大到救不了。他們狂妄自大的代價，是歐洲精英人士普遍相信只要厲行撙節十年或更久，必定可以振興時局，或許最後要付出的代價會是歐洲政治上的雄圖大略因此崩壞。這也許就是拯救那些銀行所要付出的代價。不只是歐元，連整個歐盟都要賠進去，或許這才是歐洲最大的悲劇。

在此危急存亡之際，我們必須質疑是否有任何人想過，撙節財政是否真是個好主意，不僅僅是自私利益的政治掩護而已。對此，我們要開始來探索撙節儉約的兩個歷史淵源，首先是從知識譜系著手，再轉向實踐層面檢視它在什麼時間、什麼地點曾經發揮功效。撇開最近的狀況不談，現在該是我們記起這個觀念之所以既危險又誘人的時候了。

| 第二部 |

撙節儉約的
雙重歷史

導言

撙節儉約的思想史和自然史

「TINA」是不夠的

各位讀完本書第一部後可能會想了解：過去是否有人認為撙節儉約是個好主意。當代美國政客似乎也很吃這一套，因為國內政治風氣是不管民間出了什麼事，反正都要怪罪到公共部門。跟過度溺愛的父母永遠不相信自己的小孩會犯錯一樣，美國的政策制定者只會責怪政府，偶而罵罵銀行，但從來不會怪罪市場。效忠華爾街跟尊崇憲法一樣，對市場開罵也太不上道了。而這時候的歐洲政策制定者，則是跟一顆貨幣自爆彈——瀕臨崩潰的超高槓桿銀行體系——困在一起，他們手上有一份德國的拆彈說明書，不過它只會讓問題變得更糟，不會更好。

我們等一下就會看到，撙節儉約有時候也是正確的政策回應，但不幸的是它只在極為特定的幾個條件下才會發揮效果，遺憾的是，我們這個世界可從來不是如此。要是欠缺那幾個條件，撙節儉約就注定要慘敗。我這般鐵口直斷，可是有十分充足的證據。那麼，這個想法為何持續不絕，像凱因斯在一九三六年說的「主導經濟思潮，橫跨實踐和理論，這一代的統治和學術階層都跟過去一百年來一樣」奉行不輟呢？[1]的確，凱因斯那段話是八十年前寫的，而撙節思想至今仍是光輝猶存。

我們看到兩個答案。首先是源於柴契爾夫人說的「別無選擇」（there is no alternative, TINA）而廣為人知的一種變體。各位從前一章可能也看出來，本書所說的狀況就是如此。當銀行體系已經大到救不了，而你也已經拋棄其他政策工具（諸如操控利率、匯率等等），在那種「歐洲一體」的感應下，除了撙節儉約之外，畢竟也就沒什麼可以選擇了，至少在歐洲是如此。

歐洲的決策精英的確就是這麼看，因此才會選擇撙節儉約。但這並不表示撙節政策會有效，或者真的別無選擇。歐洲現在正在進行一場盛大的撙節實驗，其結果，正如我們所言，一定會很可怕。假如說同樣的事情一做再做就是瘋狂，那麼這場瘋狂在撙節儉約真正會有回報的更早之前，也許就要淒慘落幕，因為它在目前狀況下根本不可行。所以我們還要再問一次，幹嘛這麼死心眼呢？儘管事實是反證歷歷，撙節儉約的吸引力還是長久維持不墜，說是「別無選擇」對此並不足以解釋。而且我們在結論就會看到，總是會有其他選擇的。

撙節儉約在歷史上的缺席與征服

相對於「無可選擇」的必要，我們在此提供的答案再次要談到經濟思想的力量。我在第二章曾說到，二〇〇八年金融危機的最根本原因，是因為金融市場的監管機關和從業人員都接受某些特定經濟觀念，以之做為操作說明書所致。像這種經濟說明書的例子，過去幾個世紀以來可出現了不少——像重商主義、共產主義、社團主義（corporatism）等只是其中幾個而已——我們在此比較感興趣的是自由主義的起源，這是其中最成功的一個，由此可以探索到撙節觀念的起源和流變。而且我要以古生物學家的研究方式，特別注意自由主義經濟思想中一個欠缺「化石紀錄」的狀況。

這個欠缺的化石紀錄，指的就是撙節觀念。對於政府和市場管理而言，撙節儉約可說是相當重要的觀念，但它在思想史上的位置卻是既短暫又淺薄，在經濟思想中既未發展出精緻的「撙節理論」，也沒有隨著時代推移更為系統化，成為嚴謹的基礎論述，比方說像「貿易理論」一樣。[2]結果我們只是在自由主義經濟學發展之初關於政府的討論中，看到科蘭德（David Colander）所謂的「感性」論述，在處理市場失靈的問題時，以「撙節」做為預設答案。[3]

自由主義經濟學是在「國家」的刺激反應下逐漸發展的。但它所謂的「國家」並不是我們今天熟悉的樣子——（通常是）代議民主體制，很喜歡花大錢——而是朕即國家，由元首做為象徵，那些狠毒成性、喜怒無常，完全不能讓人信賴的君王也許眼皮一抬就剝奪你的財產。所以「國家」是個大家都要避開的玩意兒，能繞過就繞過，躲不掉的話就該對它加以限制，讓它變得最小，但最重要的是，千萬不要信任它。而市場正好相反，就自由主義思想的智識和制度考量來說，市場是君王政治橫徵暴斂慘酷剝削的解藥。❶[4]在那種狀況下，價格和商人假如可以

❶蘇格蘭啟蒙運動的領導者斯圖亞特（James Steuart）爵士對於市場如何防制君主野心曾指出：「那些自以為在社會中高高在上政治家非常驚訝地看著……發現自己在私有財富的襯映下黯然失色……他們想要掠奪財富卻抓不著。」

自由運作，國家（請注意，不是「王國」）財富必然倍數增長。

但是自由主義認為「國家與市場相對立」，以為排除國家後，市場就會自然形成的觀點，一開始就是個誤解。如同博蘭尼（Karl Polanyi）在二次大戰結束所說的，「市場」的發展和運作並不是自然發生的。[5]讓人民成為領工資的勞工、保護土地私有制，甚至是引進資本和維護貨幣形式等等，無一不與政治息息相關，牽涉到法院、監督管理、司法、官僚組織等配合運作。❷[6]事實上，商人階層取得國家控制權，正是早期資本主義的明確特徵。[7]除了英、美兩國有部分例外（前者是因為它是第一個轉型為資本主義，後者則是因為地理上孤懸在外），從一八七〇年代的德國，一直到今天的中國，國家與市場一貫就是共生共存，相互扶持。[8]但是自由主義經濟思想對這些事實大都仍是忽略無視，現代的自由主義者不管碰上什麼問題，也不管時空因素合不合適，只要那條反政府神經被碰觸到，就要高喊「限縮政府」支出當作預設答案。

到了二十世紀開始的時候，「限縮政府」已經成為資本主義世界統治階層唯一可以接受的答案。但這個答案卻在一九三〇年代遭到嚴重打擊，當時實施撙節政策並不能讓經濟復甦，反而是之後三十年中政府不但不萎縮反而更為擴大，而經濟也跟著大有起色。但是自由主義者反政府、反國家的神經痛從來就沒消退過，所以最近的危機讓那些陳年老套又全部回來了。正如赫希曼（Albert Hirschman）觀察指出，不管實況是怎麼相反，那套說詞幾乎三百年不變，我們當然要感到懷疑。[9]本書第四和第五章就以赫希曼的懷疑精神，深入撙節儉約的歷史淵源與流變，探索統治階層和學院派至今對之仍執迷不悟的答案。然後我們在第六章要從實務面做個檢視，探查施行撙節政策的重要實例，做為這項研究的結束。

在第四章裡，我們要先研究撙節前史，探究自由主義經濟思想發展之初，並未出現撙節主張的情況，然後再進入二十世紀初期到中期經濟思潮的變化，撙節儉約在此期間何以成為明確的政策。十七世紀以來不曾出現撙節政策，一貫說法是認為欠缺實現條件，那種開支浩繁，需要限縮、裁減的大型國家要到二十世紀才出現。實則撙節觀念是自由主義經濟思想對於國家本質及其在經濟生活中應該扮演什麼角色的思考衍生，這些「感性」思考一直是自由主義經濟思想的核心之一。❸

對此，第四章將檢視自由主義經濟學早期三位非常重要思想家的作品：洛克、休謨和亞當斯密的作品。我們會從洛克對私有財產形成的觀點及其衍生的國家理論開始，接著再檢視休謨和亞當斯密的作品，根據休謨對金錢和商人、亞當密斯對經濟成長與稅收的看法，顯示他們兩人對於政府及其債務的觀點大有問題。這三位早期自由主義者對於撙節的思考都有相同的傾向，這是自由主義思想對國家看法的問題，他們既不能忍受國家，實際上又不能缺少，但也不想為它花錢。

❷ 盧梭的名言：「有一個人最早圈地，宣稱『這塊地是我的』，然後發現其他人也很單純地就相信了，這正是人民社會的真正形成。」

❸ 這個主題本身就足夠寫一本書來討論，我在此所談的是遠自十七世迄今，我認為這些感性思考的主要貢獻。稍後挑出的段落，都是我從一九九七年以來教授經濟思想史課程「政治經濟學經典」所使用的教材。這些早期經濟思想的選文摘自兩本非常優秀的書籍：Hirschman, *The Passions and the Interests* (1977) and Murphy, *The Genesis of Macroeconomics* (2009).

為了把市場當作是國家的解藥，自由主義者勉強同意國家對市場之設立與保護是必要的。我們從洛克和休謨的主張中看到，自由主義者一方面對國家始終抱持否定的態度，只希望它維持最小角色和最少作用，另一方面卻又承認國家的必要性，但又擔心要為它付出什麼代價，這個看法可推亞當斯密為代表。這兩種觀點之間的緊張——既無法忍受政府，又不能缺少它——引發大家對政府要怎麼花錢維持運作的關切。到了一九二〇年代，國家演變成足夠龐大的預算實體，有足夠開支可供裁減後，這層對政府運作資金的關切才進一步在經濟思想上形成明確的「撙節」學說。

在簡單扼要地介紹十九世紀及二十世紀初的思想先驅後，我們要檢視這段期間形成的兩個重要的撙節學說：「清算主義」（liquidationism），在美國也稱為「銀行家學說」（the Banker's doctrine）；以及英國的「財政部觀點」（Treasury view）。我認為新自由主義者現在運用到政策的那些想法，就是從洛克、休謨和亞當斯密等古典自由主義擷取出來的。然後我要討論這些想法激起的回應，其中最重要的是凱因斯的反駁和熊彼得奇特的廢除論。[10] 到了一九四二年似乎大勢底定，撙節儉約被當作不利經濟而被迫退休。但事實證明，說它退休還是太早了點。

撙節的今日論爭

在第五章裡我們要繼續深入，首先介紹在凱因斯批駁後，撙節思考在兩個地方找到棲身之所：秩序自由主義的原鄉，德國；還有奧地利，不是指那個國家，而是那門經濟學派。前者顯示，這仍然是德國特有的經濟組織方式，而且最後還成為歐元的設計原則。後者則一貫是個非主流派，至少是在一九八〇年代之前，此後知識界的氣氛才普遍轉向新自由主義。奧地利學派在美國也形成了撙節思想的歇腳處，我們在討論過兩個學派之後，會再檢視撙節思想如何造成一九八〇年代新自由主義的演變。然後，我們要討論新自由主義轉向如何影響經濟政策造成全球緊縮，特別是國際貨幣基金會以「華盛頓共識」（the Washington consensus）為代表的撙節看法，成為一九八〇和九〇年代盛行的經濟發展政策。

至少到了最近這場危機之前，撙節仍然是發展中國家的政策主軸。這些想法也不是憑空出現，都有其先驅和鼓吹者。[11]第五章的最後，我們會將注意力轉向義大利和美國大學的一小群經濟學家，他們在一九八〇及九〇年代開始發展出「擴張型撙節」的概念，最終成為一套嚴肅的理論基礎。對於這些想法的檢視，我們要特別注意他們在秩序自由主義中的脈落，以及最近才出現的嚴峻批駁。

第六章會從理論轉向實務層面，詳細介紹一九三〇年代迄今重要的撙節案例。我們的分析會證實，儘管撙節的特殊形式結合大規模勞資協議以限制工資上漲，偶而的確可以發揮功效，促進經濟擴張，然而在這方面的失敗案例其實遠超過成功者。而且就其成功促進經濟擴張的條件來看，跟現在我們生活的這個世界也極不相稱。因此，本章第一部分將以三十幾年來的案例進行分析，讓大家明白撙節其實是個非常危險的觀念。這些案例是一九二〇及三〇年代中，美國、英國、瑞典、德國、日本和法國等試圖透過撙節來調整國家財政，卻無法促進經濟恢復成長，直到後來改弦易轍採取擴張型手段才順利如願。

本章第二部分要介紹一九八〇年代成功案例，現今主張的擴張型撙節就是藉此招搖，不但不認為撙節危險，還四處喧嚷大有好處。經由愛爾蘭、丹麥、澳洲等案例的研究，我們會發現這幾個都不是太完美的範例，其中或有經濟確實是擴張復甦，但並不完全拜裁減預算的撙節所賜，而是另有成因。最後，我們要來探究現在被撙節支持者視為「新希望」的「REBLL」聯盟——羅馬尼亞（R）、愛沙尼亞（E）、保加利亞（B）、立陶宛（L）、拉脫維亞（L）。我會仔細研究這些案例，讓各位明白這些都不算是成功的案例，或者其中經驗並無法移用至已開發國家。

傅利曼（Milton Friedman）曾說：「只要真正碰上危機或發現到有危機，才會產生真正的改變。而屆時我們會採取什麼行動，也是根據身邊的想法。」[12] 接下來的三章（四、五、六章），我要解釋過去四個世紀以來，何以撙節觀念以多種不同形式徘徊在我們身邊。它雖然三番數次地捲土重來，偶而發展得甚為巧妙精緻，效能卻也沒有跟著時間的推移而有所提升。但這也不妨礙它對自由主義者施展無窮的魅力，只要一碰上危機就被重新召喚。

第四章
危險觀念的思想史（一六九二—一九四二年）

第一部分：撙節儉約的古典淵源

洛克：「人類接受對土地的不平等占有」

洛克是英國最著名的哲學家之一，他在十七世紀英國內戰之後的作品，著重討論文明政府的適切基礎。洛克著作絕非浮泛空想，而是對新興商人階級從英國貴族精英逐漸奪取權力的必要政治宣傳。他是一六八八年光榮革命後民權運動的一部分，讓一些像洛克這樣的人民從英王那裡取得政治權力。

洛克除了對國家的公民權力和王權之限制進行哲學思考外，他在經濟思想上也是個革命分子。他的經濟思考是以個人財產權利的合法管轄條件做為基礎，如果沒有洛克做為先驅，也就沒有後來的經濟自由主義，國家與市場的區分無以成立，也沒有我們今天熟知的資本主義。洛克在他的《政府論第二講》（*Second Treatise of Government*，一六九〇年）中描述自己的願景，為了創造出脫離國家掌控的理想市場，洛克必須進行底下幾項探索：接納收入與財富的不平等；合法的土地私有化；解釋勞動市場的出現；以及讓「金錢」這個產物脫離政治層面，以上種種才有可能。基本上而言，洛克的自由主義是一種經濟自由主義，讓個人據以對抗國家。而撙節儉約的思想史就從這裡開始。

洛克對市場的想像

洛克一開始是懷疑「上帝既將世界給予人類共有」，祂是否會同意財富累積所造成的不平等，如果不加以限制的話。[1] 答案就在洛克對財產的概念。洛克認為，我們每個人都擁有財產，這個財產包括我們自身，而財產之所以重要是因為它可以用我們的勞力來換取。也就是說，當我們對某物進行勞動，例如在土地上耕作，我們的勞力讓這塊土地成為我們所擁有。洛克主張：「只要他使任何東西脫離自然狀態……摻進他的勞動……就會讓它成為他的財產。」[2] 現在，你也許會以為其他人可能反對某人如此占有原本為大家共有的土地。但洛克強調說：「取得這塊或那塊（土地），並不取決於所有共有人的同意」因為「（大家）都還有足夠而且一樣好的土地」。[3]

以無限供應的假設匆匆解決分配問題後，洛克主張私有財產的唯一限制在於物品的腐敗，你拿的東西要是多到用不完，那麼上帝是不會高興的。[4] 但幸運的是，時間和習俗提供我們一種工具叫「金錢」，讓我們得以克服物品腐敗的問題，我們可以用金錢來儲存價值，在必要時才拿它去交換消耗品。❶[5] 而金錢也便於創造出勞動市場，現在你可以找人在你的財產上工作，透過金錢來進行自由交易，讓他們把勞動成果轉讓給你。因此洛克總結說：「人們已經同意對於土地可以有不平均和不相等的占有。他們通過默許和自願的同意找到一種方法，使一個人完全可以占有其產量超過他個人消費量的更多土地，那個方法就是以剩餘產品交換可以窖藏而不致損害任何人的金銀。」[6]

正因為上帝忽略了物品會腐敗，反而因禍得福地讓不受限制的不平等財產又被大自然回收。在一個飽經戰亂、弒君、叛變的環境中抱持這種看法，好像是有點冷血。但這也讓洛克得以主張土地、勞動和資本市場的創立是必然，因此也是好的，這在當時像他那個階級的人來說，這些事情都跟政治息息相關。因此他的下一步是保護這些市場的新機構，以免才剛出現的資本主義受到剋星的干擾：國家。

洛克想像的國家

洛克對政府深懷疑慮，甚且主張人民有權反抗政府，但這只在私有財產權利受到侵害時才顯得合理。洛克認為，立法權「僅限有利於社會公眾」，除非取得公民同意，否則政府不得干預個人私務，尤其是與個人財產相關者。❷例如對於徵稅，洛克說：「向人民徵課賦稅……卻未

---

❶ 洛克還寫道：「大家因此使用金錢，這是眾人得以儲存而不會腐敗的耐久物品。」

❷ 至於「同意」是人民直接行使，或由議會代表間接代行，洛克並未明言。不管怎樣，那些被代表的人都是財產持有者。洛克不是主張全民直選的民主分子，正如美國是民主國家，仍是自由主義的「共和」政體。

取得人民同意……就是侵犯財產的基本規定。」[7]如此一來，立法者「對人民即是處於戰爭狀態」，此一「叛亂罪責」責任在政府而不是人民，政府將因此喪失統治權。[8]

請記住，提出這些主張是在十七世紀的英格蘭，當時的公共債務即是國王的債務，而神授君權讓英王得以順理成章地占用任何人的任何財產。洛克為自己和同志爭取權益的說法是否確實可信，並不是重點。重點是他不惜代價地捍衛人民從政府那裡爭取到的利益，而且竭力鼓吹限縮政府的權力，希望從中榨取更多資源。讓政府的權力和應有作為限縮在最低限度，即是洛克對世人的遺贈，也是後來的自由主義者努力完成的。在這種最低限架構的設計下，政府除了保護私有財產之外，想多做點什麼事可就有困難了。不過就算是活動範圍如此狹小還是很花錢，所以政府也必須想辦法籌措資金。於是乎，那種衍生出撙節概念的自由主義的困境就出現啦，他們既不能忍受政府，又不能沒有它，也不想為它付錢。

休謨：「公共信貸會毀了國家」

在洛克狹窄的基礎上以其才智添磚加瓦的是蘇格蘭啟蒙運動雙巨頭：亞當斯密和休謨。我們先來談談休謨，他對政治經濟學貢獻良多。[9]指出貨幣刺激在短期內可以刺激經濟活動，但長期上必定造成通貨膨脹或消散無蹤，對可變因素毫無實質作用等探討，就是休謨文章〈論貨幣〉（On Money）的主題，這在當代總體經濟理論已成為標準論述，稱為「長期貨幣中立性」。休謨以「物價現金流動」（price-specie-flow）機制來解釋坎蒂隆（Richard Cantillon）提出的貿易差額，而「物價現金流動」後來就成為十九世紀金本位的運作機制。[10]不過我們對於休謨的興趣在於他一篇討論「公共信貸」（public credit）的文章，也就是我們說的政府債務。

跟洛克一樣，休謨也把金錢當作是一種工具：「只代表勞力和商品的……以供評等及估算之用。」[11]不過在休謨的說法中，金錢並非被動地解決物品會腐敗那個上帝計量的問題而已。有貿易的地方就會有金錢，於是洛克的商人階級成為萬事的中心，政府靠邊站。對休謨而言，商人才是貿易的催化劑，財富的創造者。根據休謨的說法，他們才是「最有用的人，在全國各地……擔任仲介」。[12]因此，「相當多的商品和勞務（生產）屬於商人所有，是必要且合理的，他們的功勞非常大」。[13]況且「律師和醫師並沒有任何生產活動」，只有商人可以「促進勤勞，同時也透過發揚節儉，讓社會上某些成員也能掌握那份勤勞」。[14]所謂的「社會上某些成員」，當然是指休謨那樣的商人階級。

這種由商人階級發動、催化貿易成長的幸福狀態，會有什麼威脅呢？那當然是政府的歲收要求，特別是以債務形式。對於政府債務，休謨直接了當地說它是件壞事，而且除了是件壞事之外什麼也不剩。休謨提出的理由今天聽來還是相當熟悉，因為赫希曼也已經事先通告過，這套說法在過去幾百年來並無多大修訂。

休謨絕不寄望於債務

休謨認為公共債務的基本問題在於它毫無限制，至少是在政府被利息壓垮之前。此外，舉債是再簡單不過了，它的成本不但不容易看到，甚且跨越世代不易察覺，所以政府都很喜歡借錢。正如休謨所言：「大臣最愛如此權宜之計，既得維持官威顯赫，對人民也無須賦斂過重……因此恣意舉債幾乎是每個政府必然的作法。」[15]如此一來，政府的舉債必須比它從別處賺取利息的速度還快，所以它要尋找現成的買家，也因此會吸光產業的資金。資金集中到政府債券，「使黃金、白銀從全國商務活動中消失……從而使得糧食和勞動非漲價不可。」[16]

當政府在國內舉債達到極限後，就會出售更多債券給外國人，導致外國人掌握「許多的我國的公債……使政府成為外人的附庸」。[17]事情要是變成這樣，照休謨所言在所難免，那麼自由也就毀了。當稅收都要拿去支付利息，也就毫無餘裕能夠吸收任何種類的金融衝擊。於是政府還會發行更多債券，並「對年金收入連續課稅」，到最後「政府把自己的各種歲收全部抵押出去，它必然要陷入暮氣沉沉、軟弱無能的境地」。[18]

這些話如果看起來很熟悉，是因為我們的確常常看到。並不是休謨的說詞與今日相呼應，而是我們現在的說法根本就是直接複製休謨。關於舉債在政治上比徵稅容易，各位只要看看歐洲北方國家對希臘和義大利預算政策的批評就明白啦。[19]關於政府債務排擠其他投資，各方對歐巴馬的刺激方案也有許多類似批評。[20]關於債務抬高物價，減損政府抵抗未來衝擊的能力，跟許多人批評美國量化寬鬆政策，擔心美元利率飆升，正是如出一轍。[21]關於害怕外國人擁有美國的憂慮，只要上網搜尋「China owns USA」就可得知，總共有兩千五百萬個搜尋結果，儘管這個陳述根本就是個錯誤，因為外國人持有的債權其實還不到美國債務的三分之一。[22]

儘管遭受這些大家熟悉的批評，我們也要記住，在休謨預測大英帝國會因為負債太多而崩潰的時候，英國卻稱霸世界一百年。要錯到這麼離譜可真是不容易，但是三百年後的今天，這套說詞仍然派上用場。事實似乎很少戰勝嚴密的自由主義意識形態，要說到自由主義意識形態的話，誰也比不上亞當斯密。

亞當斯密：「任何採取舉債措施的國家，都逐漸削弱國力」

與休謨同時代，甚至更出名的亞當斯密，也對公共債務感到憂心。[23]休謨和亞當斯密的差異在於休謨雖然指出問題何在，卻未能提供任何解決辦法，只是說國家會破產，國力衰弱也將不可免。但亞當斯密則更進一步地指出問題和解決方案，為了解決債務問題，我們應該厲行撙節開支，這套辦法也有人戲稱為蘇格蘭人的吝嗇節儉。

亞當斯密的經濟學跟莎士比亞很像，常常有人引用，但真正讀過的可不多。他對製針工廠勞工描述，還有引導自私行動達於公眾利益的「看不見的手」等說法，都是眾所皆知的。他對經濟的詳細說明讓人讚嘆，但卻較不為人知。亞當斯密把早期經濟學家零碎討論的主題，諸如：金錢的本質、經濟成長、資本與勞動的作用等等全部收攏在一起，加上自己匠心獨運，寫成了《國富論》（*The Wealth of Nations*）。[24]正如赫希曼觀察指出，這本書可不是學院派的空泛浮想，而是資本主義勝利之前的論證，非常成功的論證。[25]

不過我們在此是要找出亞當斯密對於政府和國債看法中一層特殊的感性，它會讓我們更加理解現代撙節思想，只是角度讓人相當驚訝：個人的節儉甚至吝嗇，會是資本主義成長的動力。這層感性要是被破壞掉，資本主義本身也就岌岌可危。要徹底理解亞當斯密對債務和節儉的看法，我們要先從他對銀行業務的說法開始，再往下探究儲蓄、投資和經濟成長，還有，或許是讓人最驚訝的，是關於不平等和階級政治問題造就政府的必要性，以及在財政上該如何維

持運作等議題。❸

亞當斯密鼓吹豐饒多產的節儉

亞當斯密認為，銀行業就是要求大家信任銀行家。要是客戶對銀行家的本票（這等於是他發行的紙幣）有信心，銀行家就可能放貸出比金庫黃金還要多的紙幣，也不必擔心客戶的提領。[26]這在今天稱為「部分準備銀行制度」（fractional reserve banking）。但亞當斯密跟休謨一樣，不認為金錢在長期上可以影響什麼實質變數，因此光是灌注紙幣到經濟體系裡也無法引導成長。❹如果這些紙幣都跟黃金一樣可靠，但發行量大到連經濟體系也吸收不了，那麼它們在國內可說是毫無作用。幸運的是，這些紙幣可以送到國外去，做為進口貨品之用。[27]

史密斯認為這可以進口兩種貨品：「被閒人消耗的商品，不再生產什麼」，或是「還必須再購買其他原料的貨品……和聘僱勤勞的人」。[28]「如果是第一種的話，會增長浪費……如果是第二種，可以促進產業。」[29]這是說，蘇格蘭人節儉的天性好像就是（產業）成長的關鍵。為什麼要那麼節儉，而且應該買投資財，而不是外國的葡萄酒呢？根據亞當斯密的說法，我們會這麼做是因為我們與生俱來的一種情操，「打從離開娘胎，到進入墳墓之前都不會捨棄」，它會導向經濟成長。[30]

亞當斯密認為儲蓄可以促進投資而不是消費，為什麼呢？因為國家財富就是全國總收入，扣除掉勞動再生產的支出（也就是工資）後剩下的就是利潤。利潤經由商家儲蓄再投資到經濟體系，也就是把這些儲蓄放貸給具備生產力的社會成員（或其他商人）進行投資。這個，就是我們今天所說的「供給面經濟學」（supply-side economics）。投資可以製造出消費品，也會驅動消費，但相反過來可不成，因為這些「（收入）的大部分當然是要用來振興實業」。[31]注意到包含在這種看法底下的蘇格蘭獨特心理，我們才會明白撙節儉約甚至到今天在道德上仍具備如此的力量。

亞當斯密認為儲蓄是做為投資之用，不該延遲或挪移他用，當然也不該存著當死錢，這裡是沒什麼好猶豫的。儲蓄就是如此好處多多，而且是自然而然的事，所以債務在他的理論中也就毫無作用。就如亞當斯密所說：「儉約是資本增長的直接原因，而非勤勞……不管再怎麼勤勞，要是不懂得節約儲蓄，資本絕對不會增加。」[32]所以節儉就是美德，而揮霍亂花錢是壞習慣：「要是這些人的奢侈揮霍不能被其他人的節儉所彌補，原該餵養勤勞人的麵包被懶惰閒人吃了……全國也將陷於匱乏。」[33]

能讓大家免於窮困，國家免於衰亡的是這樣的天性：人類天生就是節儉，而儲蓄可以導向投資。亞當斯密的資本主義就建立在多儲蓄、少花錢的天性上。對此見解，亞當斯密可是相當樂觀：儘管「有些人在收入完全沒增加的情況下也會大幅增加開支，但我們很肯定大家不會都那麼做……因為世間共有的節約原則……必定影響著……絕大多數的人。」[34]亞當斯密顯然沒料到二十一世紀的美國抵押貸款人或歐洲的綜合銀行業者，但他所看到和害怕的，是那種可能破

---

❸ 雖然部分評論者認為亞當斯密對銀行業頗有不滿，但在《國富論》部分論述中也不乏熱切的肯定。

❹ 這可能會引發通貨膨脹，不過這是另一回事。而且很奇怪的是，亞當斯密對此似乎不很注意。

壞儲蓄與投資天性的恐懼：來自信貸市場（即債務）提供的不正當金錢。總之，這個儲蓄天性要是轉為放貸給政府，「偉大的國家……會因為揮霍及管理失當……而陷於貧困」。[35]所以說，既然市場不會錯，那麼就是政府的錯。

亞當斯密（勉為其難）喚回國家……

亞當斯密完全同意，要是沒有國家，市場也不能存在。事實上，整本《國富論》都在說明政府的必要，它對外肩負國防，對內提供司法，甚至也要負責工人的培訓和教育。[78]最有趣的是，他對資本主義的政治作用也是直言不諱：「有財產的地方就有巨大的不平等」，諸如「寶貴而龐大的財產取得……就需要公民政府」。[79]公民政府「保障財產的安全，實際上就是保障富人抵抗窮人，保障有財產的人抵抗那些什麼都沒有的人。」[80]亞當斯密承認政府的角色，跟洛克的人民自願契約說相去甚遠，也更加接近自由主義者對政府欲拒還迎的矛盾：你既不想要有政府，又不能沒有它，但最糟的是你還要出錢維持，而這又可能破壞資本主義本身的運作。

承認需要國家之後，亞當斯密就要為政府運作找錢，於是徵稅也就有其必要。亞當斯密對徵稅一開始是認為應該「累進」，他說：「每個國家的國民都要捐獻……按照個人受到政府保護的收益為比例。」❺這大概就是認為富人有更多收益需要國家保障，所以就該負擔較多的稅。不過亞當斯密考察許多種不同形式的徵稅實務後，就不太看重累進稅，而是主張對奢侈品——民生所需之外的商品——課徵消費稅，才是政府最佳財源。❻[39]但是消費稅或許是最不累進的形式，那麼這怎麼會符合他主張的按比例呢？

從亞當斯密的觀察來看就相當合理：「下層民眾的總消費額……在任何國家都大於……中層……及上層民眾的消費額」。[40]因此若對奢侈品以外的任何東西課稅，「最後必定全部落在上層民眾」妨礙到他們的節約，從而降低經濟成長。[41]但亞當斯密設想的政府規模，光靠對非必需品課徵消費稅也不夠。那麼，政府的運作資金該從何而來呢？答案就是讓政府借錢，但亞當斯密可不喜歡這個答案。

亞當斯密認為債務問題在於國家不像商人，天生不會省錢。事實上，他很遺憾地發現，「（商人主導的）共和政體跟君主政府一樣，都很少懂得節約來累積財富」。[42]因此，商人間接背負著「當前的龐大債務，長期上甚至可能摧毀歐洲所有的偉大國家」。[43]跟休謨的說法一樣，因為「這些偉大的國家」有很多商人可以借許多錢給政府，而商人放貸給政府的利潤優渥，他們自然樂於放貸。這些得之容易的資金會同時讓商人階層和政府不曉得撙節儉約，也會讓政府不勤於徵課租收，正如休謨所言。❼結果，就會衍生更多債務。[44]到最後，債務達於上限，「徵稅只是為了支付借款的利息」。[45]當這個狀況到來時，整個商人階層都要拋售資財，逃離鄉土，放任國家破產，因為到時候政府唯一的選擇也只剩下賴債不還。[46]

---

❺但他又接著說徵稅不可反覆不定，而且要方便、低廉：Smith, *Wealth of Nations*, 498–499.

❻亞當斯密認為，來自土地的地租變化太大，對農產徵稅就像是對地主課徵隱形的稅，同樣的，對勞工課稅也像是在掩護對雇主徵稅。

❼關於這個主題，我們稍後會在熊彼得的著作中再次看到。

亞當斯密不能忍容政府借錢，並不只是它必將導致政府破產，他更擔心的是破產後果的分配效應。為了度過不可避免的政府債務破產，債務人必定會以貶值的硬幣來還債。[47]而放貸者當然都是「更可能為債權人而非債務人的有錢人」，結果他們的財富以及透過儲蓄提升投資的能力都會因為通貨膨脹的金融手段而遭到摧毀。結果是「閒散懶惰、奢侈浪費的債務人犧牲了節儉的債權人……使得資本轉向……只會摧毀資本的那些人」。[48]總之，透過政府債券而得到方便資金，會破壞成長與進步的動力：節儉。所以大家都該向政府債務說不，必須支持撙節儉約。

洛克、休謨、亞當斯密：以撙節儉約為預設手段

各位請注意，這些理論家都沒有直接對撙節儉約提出論證，讓我們更想知道為何沒有。洛克、休謨和亞當斯密都忙著為政府的設置和必須節制提出理由，但這些政府的開支也還沒大到足以施實裁減政策的地步，不過光是政府債務就讓他們深感不安。我們發現這種對政府債務的病態恐懼，正是撙節想法的源起，而這樣的恐懼就在經濟自由主義的中心位置。政府債務會腐蝕節儉的人，會讓商人決策錯亂，也會摧毀財富的累積。

洛克的自由主義主張不惜代價節制政府。休謨認為商人階層才有生產力，資金應該流向商人，不該流向政府。亞當斯密看到政府該扮演的角色，但對它的運作資金感到很為難，他希望維持政府運作的徵稅越少越好，但也明白欠缺財源支持的話，他所主張的資本主義在政治上也難以為繼。亞當斯密以節約（儲蓄）不浪費（消費）做為火車頭，而稅收要是不足以支應政府運作，勢必須舉債，但政府債務會破壞民眾節約儲蓄的天性，進而威脅到亞當斯密設想的整個

架構。休謨是已經告訴我們節制債務的經濟理由，這些理由甚至到今天都還被全盤照搬，連修改都不必。而亞當斯密則是把債務轉變成一幕道德劇，他是供我們反對債務的道德理由，時至今日聽來仍是義正辭嚴。

亞當斯密和休謨可不是不想繳稅才編造出這些理由來。比洛克的時代更早、更早之前，政府負債累積終至破產的情況已是一再出現。[49]而休謨和亞當斯密在他們的時代中也看過幾場還不起負債的大戲。亞當斯密本人即曾承受一家叫做亞爾銀行（Ayr Bank）破產的創傷，這家舉債失當的蘇格蘭銀行一度曾威脅到亞當斯密主要贊助者，伯克魯（Buccleuch）伯爵的財務能力。[50]休謨在其著作中也曾談到更早之前另一位蘇格蘭人，約翰・勞（John Law）的傑作，他發行一家大貿易公司的股票來為法國政府償還債務，而那家貿易公司又把另一家法國銀行當成財務靠山。到了一七二一年投資泡沫破滅時，法國政府就「又」破產了。[51]

但談到我們今天對於撙節儉約怎麼想的話，亞當斯密的道德訴求似乎就跟休謨的經濟理由一樣，我們看來都好熟悉。節約是美德，花錢就不太道德。國家如果會省錢是做好事，要是花錢就是在堆累禍階。在歐債危機中，我們既看到北方國家的儲蓄者，也看到南方國家的揮霍濫支，事實上要說一方借錢借太多，另一方卻沒有放貸過量，那也是不可能的事。同樣的，西方國家宣稱它們的債務問題跟亞洲國家儲蓄太多有關的說法，也爭取不到什麼同情。道德不會站在揮霍浪費那一邊。[52]在歐元區裡，經常帳盈餘的國家當然可以一直順差下去，卻又批評那些逆差國，彷彿大家都可以順差，卻不必有誰逆差似的。[53]而亞當斯密的儲蓄對抗債務、節儉對抗浪費的說法，最後又在德國總理梅克爾那裡獲得回響，她就準備拿史瓦本（Swabian）村姑農婦那一套價值觀來解決歐元區的麻煩，存錢儲蓄、節約儉省、少借錢，當作是成功解決難題的關鍵。[54]結果，三百年後還是老調重彈！在早期的經濟思想史中，我們今天熟知的撙節儉約雖然不曾化為積極的預算裁減和緊縮政策，但它所出現的條件，諸如儉省、節約、道德訴求和對政府負債會帶來的後果戒慎恐懼等等，都是從一開始就深深刻畫在經濟自由主義的化石紀錄上。

第二部分：撙節現身

成長的痛苦：當撙節儉約遇到現代國家

十九世紀的自由主義經濟學家繼續在洛克、休謨和亞當斯密的遺贈上添磚加瓦，但如此一來，他們對於政府的矛盾情結——既不能忍受、又不能沒有，也不想為它花錢——也一併師承甚至變本加厲。後來的自由主義者，如李嘉圖（David Ricardo）對政府的看法，是堅定地站在「不能忍受」那一邊。李嘉圖率先研究總體現象（包括土地、勞動和資本），那些個別成員在其中的利益只是此消彼長的零和遊戲。在李嘉圖的構思中，競爭激烈的經濟體系中有許許多多的小企業，誰先進入市場就能攫取豐厚利潤，等到更多人加入，而技術擴散到整個產業中，利潤就變得稀薄。在利潤變薄之後，資本和勞力會退出原有市場，重新尋找新的獲利機會，於是整個投資循環再次運轉。

就李嘉圖看來，政府是毫無正面作用。事實上，市場在進行調整時難免紛擾，但這時候應該要避免的就是政府干預做緩衝。李嘉圖認為，就算「勞工狀況極慘」，政府也不該介入提供補償。[55]嘗試「改善窮人的狀況……並不會讓窮人變富……而是會讓富人變窮」。[56]所以，政府該做的是教導窮人領悟「獨立的價值」，而不是貿然干預市場的分配。[57]政府應該保障財產的分界，但不能改變財產的分配。李嘉圖的口吻是十足的洛克腔。

儘管李嘉圖提出告誡，政府的角色在整個十九世紀中持續變化。十九世紀風起雲湧的民族主義活動，使得各國政府形態更加脫離亞當斯密的設想，漸向積極作為靠攏。[58]此外，大獲成功的資本主義帶來的各種社會運動，要求代議政治權利、經濟補償、社會福利等，這些事情都要政府花錢，因而威脅到私人財產。[59]面對十九世紀新變化，努力處理相關問題的經濟自由主義者，例如彌爾（John Stuart Mill）的立論，則是偏向「不能沒有政府」那一邊。

彌爾最著名的哲學論文《論自由》（*On Liberty*）試圖在個人權利保障和遭受群眾侵犯之間找出一條路，而他的《政治經濟學原理》（*Principles of Political Economy*）則對政府的合法作為，甚至包括政府債務等議題上畫出更為明確的界限。彌爾並不重彈休謨和亞當斯密「債務必然削弱國力」的老調，而是主張只要政府借貸沒有造成利率高揚，即使透過徵稅是比較好的作法，但政府發行債券也是可以接受的。[60]就跟休謨和亞當斯密一樣，我們再次看到自由主義對政府角色看法分歧，一邊是完全反對，另一邊是在有限的條件下給予支持。

在自由主義的這一邊，我們看到洛克和休謨否定政府的作用，亞當斯密承認它的存在，而李嘉圖更是把市場與政府站在對立面的傳統發揚光大。彌爾的著作則向我們展示了十九世紀自由主義的另一面，對於政府角色的擴展及其歲入要求做出適應的努力。像李嘉圖和彌爾這樣對政府角色看法分歧的狀況，既非空前也不絕後，在經濟自由主義陣營中至今仍時有所聞。而李嘉圖和彌爾的分歧，讓十九世紀末、二十世紀初的自由主義思想走向兩條很不一樣的道路。一邊是通向英國的新興自由主義（New Liberalism）運動，超脫李嘉圖和彌爾設定的範疇，而逐漸贊同政府的干涉。另一條路則是通往奧地利，讓自由主義轉為基本教義派。

新興自由主義與新自由主義

當英國自由黨精英基本上都站在彌爾那邊而背棄李嘉圖時，英國新興自由主義應運而生。[61]對於政府角色的擴展，他們主張國家要擔任資本主義的保護者，並在階級衝突時有所見及大眾追求民主的初期階段中也是進行社會改革的工具。總之是說，如果把個人的積極作為視為首要，而且要維持自由市場諸多機構，那麼李嘉圖所說自然而不可避免的貧窮和不平等，自是不可忍受。而且英國新興自由主義者也不再把政府看做是必要之惡，他們對於政府的支持也不是為避免引發革命而做出的不得已舉動，而是承認政府對維持及改善資本主義制度負有責任。

英國自由主義這個轉向在長期上帶來劇烈變化。在退休金、失業保險和產業督管的強化等政策上，全球在二十世紀初期都陸續跟進。二十年後這個運動的繼承者，是一九三〇、四〇年代的社會、經濟的偉大改革者，諸如馬歇爾（T. H. Marshall）、凱因斯和畢佛里吉（William Beveridge）。他們輪流推動新興自由主義更加向前，為福利國家奠定完整基礎。

如果新興自由主義可以說是「彌爾的修正」，以務實態度來適應現代經濟的複雜性質，那麼奧地利經濟學派可稱為「李嘉圖的拒絕」，是對現代經濟的基本教義派反應。[62]奧地利學派經濟學家認為，對於自由主義最好的護衛，不是透過更多的重分配和政府管理，而該是讓政府完全撤出經濟體系。借用今日常見的用語，奧地利學派才是正宗的「新」（neo）自由主義者。我會在第五章更深入討論奧地利學派的想法，現在先簡單述說，奧地學派從兩條戰線對政府干涉展開反擊。

首先，他們質疑新興自由主義宣稱不受管制的自由市場將危及資本主義的說法，認為市場具備長期進化的結構，不是政府干預可以改變或預測的。因此，干預不管是在何時、何地都有害無益。此外，政府干預不但造成市場扭曲、投資誤導，更是信用放貸大起大落的源頭。除非受到干擾，不然市場會維持穩定。資本主義絕非天生動盪，那是政府造成的。其次，奧地利學派經濟學家從沒拋下對政府「巨靈」（Leviathan）的恐懼，更當它是自由主義價值的終極敵人。具體而言，他們指責說一旦允許政府干預，它們一定會印鈔票來資助自己的行動。英國新興自由主義者認為增加開支可以改善景氣衰退，但奧地利學派認為衰退正是干預主義者「狂歡」之後必須經歷的痛苦。簡單來說，當新興自由主義者及其二十世紀中期的繼承人擁抱政府和干預時，奧地利學派如海耶克、米塞斯（Ludwig Von Mises）和熊彼得等完全否定那些想法。

凱因斯曾經指出：

> 經濟學家和政治哲學家們的思想，不論它們在對的時候還是在錯的時候，都比一般所設想的要更有力量。的確，世界就是由另外那一小撮人在統治。講求實際的人自認為他們不受任何學理的影響，可是他們經常是某個已故經濟學家的俘虜。[63]

對此，今天關於撙節儉約的思想也不例外。現在對於撙節思想的爭辯，基本上仍然不脫八十年前在上個世紀中期的新興自由主義繼承人和奧地利學派所定下的範疇。現在我們要利用凱因斯和熊彼得的著作來追蹤撙節思想在大蕭條和兩次大戰之間的表現。在第五章，我們會從凱因斯主義盛行、戰後福利國家興起，而撙節消聲匿跡的漫長寒冬說起，回到過去的奧地利學派，中途繞道德國。

美式撙節：清算主義

描述美國撙節思想最著名的一段話，大概是胡佛（Herbert Hoover）總統的財政部長梅隆（Andrew Mellon）對一九二〇年代末、三〇年代初金融危機的看法：「清算勞工、清算股市、清算農民，也清算房地產。」[64] 結果會是：「可以清除（經濟）體系內的腐敗墮落……大家的生活……會更道德……更有進取心的人取代那些沒能力的，才能夠振衰起弊。」[65] 亞當斯密彷彿在波托馬克河（the Potomac）畔復活了。不過道德高調唱歸唱，胡佛政府根本也沒照著梅隆的「清算」路線走。

在一九三〇年之前的美國，看來幾乎就是完全放任的自由經濟體系。一九一二年的謝爾曼法案（Sherman acts）雖說旨在管制壟斷和破產的信託公司，要求政府深度介入，而胡佛總統上任後也強力推動多項干預以緩和失業問題。[66] 但是這些干預措施，要麼是企業自願接受管制，政府其實沒什麼強制力量，或者有些管制只是為了提升競爭力，限制企業的規模，讓市場運作「更加」完美。所以，自由主義的兩派人馬當時都在美國出現了，一方是適應政府的干預，肯定其功能；一方是主張限縮政府權責，讓市場地盤得以擴張。

這時期美國經濟學家的觀點傾向於後者，並不把蕭條、不景氣看做是可以改善、治癒的事情。他們認為這是資本主義的天性，是一種規律的週期表現，它的發生本在預料之中。這個基本看法是從「現代經濟循環理論」中擷取出來的，而該論述的全貌又近似於前述奧地利學派。[67]對於這個理論的表述，一九二三年美國總統柯立芝（Coolidge）召開的失業問題研討會中發布的一篇報告說得特別清楚，當時胡佛也在柯立芝政府中擔任商務部長。這篇由美國哥倫比亞大學經濟學家米契爾（Wesley Mitchell）領頭署名的報告指出：「不景氣時期在一段時間後會創造出有利於商業活動增加的確切條件……而景氣時期又在商業平衡體系中蓄積壓力和緊張，最終又會破壞維持景氣繁榮的條件。」[68]

十年後有一本權威著作詳細闡述這些「確切條件」，這次是哈佛大學經濟學家的集結作品。[69]在這本書的作者中，熊彼得是從奧地利流亡到美國的學者，本身也是奧利地經濟學派，如海耶克、米塞斯等人學說的追隨者，主張資本主義不管任何時候都有明確的「資本結構」，就像之前所說的長期自我進化，是一種生產性資產的特殊組合，能在特定循環週期中衍生投資。在資本主義制度下，投資趨於蓬勃之際，必然會出現投資「太多」的情況，同時「錯誤投資」也太多。[70]從一九二九年股市泡沫破滅後的大崩盤和前一個世紀鐵路投資熱潮與崩潰都可以看出，這樣的觀點並不只是直覺感應而已。不過這個直觀看法會成為真實歷史，則是源自其中的成長概念。

呼應休謨和亞當斯密賦予商人的角色，熊彼得分析景氣蕭條，研究該怎麼對付它時把企業家置於立論中心。熊彼得認為企業家進行投資，儘管其中很多人失敗了，但資本主義正因為這些失敗而前進發展。我們就是需要這些投資失敗，否則資本主義就不會進化。投資失敗的清算過程會創造成下一波投資與創新的原料。所以政府從中進行干預，不管是透過通貨膨脹或其他任何手段，都會造成兩個問題。首先是妨礙必要的清算過程，對企業提供便宜資金，只是讓結帳的日子更慢到來。❽[71] 其次是會破壞企業家仰賴的價格信號，他們就難以判斷該投資哪個部門。所以儘管政府實施干預是為了提振景氣，結果投資反而減少。

因此，清算主義主張景氣必定會衰退，而且政府干預也一定會有料想不及的後果，考慮到這些狀況，你就不該多做什麼讓事情搞得更糟。如此思考的結果就是撙節儉約成為復甦的基本條件，讓經濟體系自行清洗並裁減政府支出。撙節的過程可能相當痛苦，但這是不可避免的，因為這個催吐過程關乎資本主義探索與投資的本質。所以說，別無選擇。

因此，胡佛政府並不積極尋找撙節的替代方案，而只是採用自願形式的政策，讓勞動和資本導向新用途的調整變得平順、和緩一些。這些政策一向被視為只是在既定的景氣循環下提供一些幫助，而不是想要扭轉循環才施以補償。對於目的在挽救衰退的補救措施，熊彼得警告說：必將「導致比前一個不景氣更為嚴重的崩潰」。[72]

在美國人肯定奧地利學派的主張，承認景氣循環無可避免、企業家才是提振經濟的主心軸，而投資失敗自有其重要性時，美國經濟學界也同時強調「財政健全」（sound finance）的需求。[73]「銀行業對此當然叫好，這種想法堅稱唯有政府透過撙節宣示不干預景氣自行調整，才能夠恢復商業信心，這可說是從側翼強化奧地利學派的主張。雖然對於失業狀況也可施以暫時緩解，但此時國家要扮演的角色就是平衡預算，甚至在必要時即使是在衰退期間也要加稅，如此才得以提振投資信心。胡佛總統就在最後任期的一九三二年，在金融艱困的時候宣示不干預的決心。其結果是美國史上最嚴重的經濟蕭條。

現在回顧這些想法，可說都很熟悉，這是因為八十年後的今日這些說法又被重新端上桌，就像休謨和亞當斯密一再地回鍋。認為當前危機是過去不當投資所引發，特別是在房地產方面的說法，很難說是不對。但從這裡再延伸說是房利美和房地美造成全球危機，可就不然。[74]對歐債危機的救難三巨頭，國際貨幣基金會、歐盟和歐洲央行，以及美國財政改革派如辛普森－鮑爾斯委員會（Simpson-Bowles Commission）而言，在經濟衰退中不惜增稅以平衡預算可是名門正派的作法。[75]為了經濟復甦，必須先「恢復商業信心」，這正是目前英國撙節政策的核心論述，儘管至今仍是毫無成效。而美國人當時宣揚這種想法，也跟現在一樣絕不孤單。事實上，早在一九二〇年代就帶有明顯的英國腔調。

英國腔調的撙節儉約：財政部觀點

儘管在新興自由主義的影響下，英國政府在二十世紀開頭二十年的干預擴大到退休金、失業保險等諸多管制措施，英國對於一九二〇及三〇年代的金融危機反應仍是堅持自由主義式的撙節作風。一九二九年英國發布經濟白皮書「失業解決方案備忘錄」可說是英式撙節的代表。[76]

---

❽ 熊彼得說：「任何人工刺激所帶來的復甦……都會讓蕭條作用無法完全發揮，並留下一些未經處理的失調殘餘。」

但跟往常一樣，計畫總是趕不上變化。

在這份政策文件中所謂「財政部觀點」，又是那些我們早都知道的古典自由主義說法老調重彈。十九世紀盛行的金本位制，讓各國貨幣供給依據黃金儲備進行增減，有助於順差國和逆差國進行國際調整，英國是十九世紀全球最大經濟體，在金本位方面更是占有宗家地位，它一向堅定支持自由貿易、資本自由流動（這對做為國際金融中心的倫敦金融區非常重要）、勞動自由（所以也沒有管制），並主張自由主義下權責有限的政府組織。[77] 儘管自由主義式的有限政府已然快速成長，在過去二十年中獲得許多新權責，它的支出仍然只有第一次世界大戰前夕的一二％而已。[78]

更重要的是，財政部官員還沒適應規模更大且干預更多的政府。正如與凱因斯同時代的羅賓遜（Joan Robinson）所說：「一九一四年之前五十年的知名經濟學家……都在宣傳一種主義……自由放任主義……它所需要的就是自由貿易和平衡預算……這些原則到了一九一四年仍是主流派。」[79] 到了一九二〇年代中期，戰後衰退已經轉成全面蕭條，上述原則漸受抨擊造成經濟惡化，而財政部觀點就是對現狀的辯護。它一開始是財政部對於提議透過臨時公共工程方案以紓緩失業的回應。財政部觀點的論述邏輯，完全就是我們看過的休謨和亞當斯密宣稱「排擠」效應那一套，此外也照搬寬鬆貨幣和債務的危險。

英國財政部呼應休謨和亞當斯密的說法，指稱政府為了借錢供應支出，必定要提供優於他人的條件。政府為了臨時的紓解而增加債務，卻「排擠」民間資金流向，降低整體投資，對於經濟景氣的全面改善毫無作用。保守黨財政大臣鮑德溫（Stanley Baldwin）在一九二二年表示：

「因為政府措施而吸走資金，就是從商業界吸走資金，因此政府借錢可能壓抑商業並惡化失業狀況。」[80]不過這種看法也不只限於英國財政部，甚至像凱因斯這樣的大學者也有同樣論調，他在一九二四年時曾指出：「政府舉債籌集資金，這本身也不能做什麼……要是因此轉移了財貨生產的營運資金，甚至是有害的。」[81]

到了一九二五年邱吉爾（Winston Churchill）決定恢復已中斷十一年的金本位制，凱因斯據此提出批評時，英國經濟精英一面倒的看法才開始分裂。[82]邱吉爾拉高英鎊匯價，認為這對倫敦金融區大有好處，而且外國人也會比較喜愛持有英鎊，但對英國出口卻是非常不利。結果原本就夠糟的失業狀況更是雪上加霜，經濟活動也大幅減緩。凱因斯早就說過會發生這種狀況，事實也確如所料，讓邱吉爾和英國財政部後悔莫及。

凱因斯和英國財政部的衝突更為激烈是在一九二九年，各位如果曉得此時的凱因斯正是財政部顧問，即可想見這個狀況有多麼怪異。凱因斯和韓德森（Hubert Henderson）一起發表一本宣傳小冊「勞合喬治辦得到嗎？」公開質疑自由黨政客勞合喬治（David Lloyd George）之前發布，引發眾多討論的政論小冊「我們能夠克服失業問題」。凱因斯在評論勞合喬治建議時，「首次勾勒出……儲蓄與投資的關係」。[83]他認為要是「投資在預期因素下自由波動」，光是儲蓄也不能拉動投資，那麼收入和就業即將根據事後的儲蓄水準進行調整。❾[84]所以，政府應該在

❾這是說，如果因為投資人對未來不夠確定而妨礙了投資，那麼收入和就業即會向下調整。

企業對未來不夠確定而心存觀望之際，由政府先花錢來「填補空隙，率先點火」。

這種觀點意味著供給面因素並不足以推動經濟來達成充分就業，對英國財政部是個十足的挑戰。因此財政部正式發布「失業解決方案備忘錄」做為回應，同時邱吉爾也在一九二九年的預算演說中更為公開地回應說：「要是政府在資金市場上借錢，成為企業界的競爭者，不但會占用原本提供於私人企業的資源，在這個過程所有需要資金的人都要面對資金價格上漲。」[85] 這正是政府債務排擠投資的標準說法。

不過「失業解決方案備忘錄」實際上是更進一步，辯稱任何補償政策就算是資金來源沒有問題，也注定都會失敗。英國財政部如今堅持：「為公共工程而增加政府借貸會抬升利率，要是儲蓄被吸引到優質證券，那麼這個借貸不會造成通膨，但原本會流向本國產業或國外的資金也就此轉向。」[86] 於是除了原來的排擠效應和儲蓄轉移到不具生產力的債券之外，又添加了利率升高的說法。

但財政部觀點不只是迎戰凱因斯和勞合喬治，同時也迎合正統的商業界看法，如果商業界認為公共工程只是在浪費時間，企業或許會把資金轉移到國外，那麼政府開支的任何效果也將會被抵消。[87] 所以除了剛才說到的投資排擠、利率升高之外，李嘉圖等價理論主張理性投資人的預期會抵消政策效果的說法，也一併被加進來一起對抗敵營。其實過去跟凱因斯合作的韓德森是英國政府經濟顧問委員會的秘書，在一九三〇年代正是如此主張，並接著表示政府開支無論在何時何地，都會對全國商業信心帶來不利影響。[88] 如同珍威所言：「（撙節）想法的制約力量至今猶存。政府本該採取行動以免除外來的金融和政治挑戰，但因為害怕失去信心而多所節制。」[89]

財政部接下來的說法是，增加政府開支沒效果是因為它的刺激作用會吸引進口。進口增加會讓貿易差額惡化，削弱英國企業的競爭力，長期而言不但無法紓緩不景氣甚至將帶來更糟糕的影響。[90]我們在此看到的說法，又是呼應熊彼得擔心清算過程受到限制，資本結構無法自行調整改善，經濟就不會復甦。[91]所以政府的雄心抱負和行動一定都要加以節制。

然而隨著時間過去，經濟自由主義者中承認政府正面效益那一派逐漸影響了財政部觀點。到了一九三五年，儘管英國財政部仍主張「公共工程做為失業補救根本徒勞」，但政府還是會在特定地區增加支出以維持「復甦動力」。[92]事實上到了一九三七年，英國財政部已樂於提案，為必要的公共工程提撥預備金，以備經濟衰退惡化時馬上釋放出來，做為對抗景氣循環的措施。[93]不過就算是經濟已經深陷蕭條，舉債支出引發通膨的憂慮以及清償累積債務的呼籲，還是大幅限制了增加開支的吸引力。[94]事實證明，英國的撙節思想跟它的美國表弟一樣，都不考慮到經濟的現實狀況。它也許是承認政府有其必要，但跟亞當斯密一樣，並不想為它付錢。

一九三〇年代風格英美撙節政策的末日：凱因斯與熊彼得

我們在第六章討論撙節「自然史」時，才會談到一九三〇年代的事。所以我在此只想說，各國雖然在一九一八至一九三八年的二十年間堅持撙節想法，對於經濟復甦卻毫無助益。相較而言，那些放棄金本位和專注於擴大內需的國家，其經濟復甦程度都強於採用金本位，只知道撙節開支，想要以緊縮方式來導正航向的國家，而且復甦速度也快得多。[95]比方說，美國在一九三四年至一九三五年的全美產業振興法案（National Industrial Recovery Act, NIRA）期間，就以產業集中和企業聯盟等方式來對抗景氣衰退，做了一次實驗。之後的羅斯福（Franklin Roosevelt）總統雖然原本應該致力於平衡預算，但他在「新政」（New Deal）的掩護下「率先點火」，經濟果然就開始復甦。[96]瑞典的情況也大概是如此。[97]但英、法兩國則是反其道而行，堅持撙節開支，結果大蕭條在這兩國也持續到第二次世界大戰開打。⑩[98]

凱因斯的反撙節主張

一九四〇年代在浩繁戰費的背景下，倡議支出、反對撙節的言論躍上台前，而支持緊縮者退居幕後。駁斥撙節最負盛名的就是凱因斯著作《就業、利息與貨幣通論》（*The General Theory of Employment, Interest and Money*，簡稱為：凱因斯《通論》）。[99]但凱因斯這本書其實只是觀念轉向的結果，羅賓遜（Joan Robinson）簡單扼要地說道：「在凱因斯還沒解釋清楚失業何以發生，希特勒就已經知道怎麼解決了。」[100]但凱因斯和其他許多人同時出現的新想法很重要，這些想法跟過去的說明書很不一樣，它們不但能解釋景氣衰退，也能在同一框架下說明平常狀況。撙節派對於復甦的預期往往難以服眾，一等二十年還敢說是「指日可待」。清算過程畢竟是曠費時日，而且也跟梅隆部長「指日可待」的預期相差甚遠，更有能力的人才和便宜資金遲遲不到位，經濟也就難以提振。凱因斯《通論》就能夠解釋這些人才都躲到哪裡去，還有他們為何遲遲不現身。

總之，凱因斯戳破了自由主義者忽略的勞工和投資市場的「合成謬誤」，正是因此才導致資源長時間難以妥適就業。首先他發現，儘管工人願意減薪，委曲求全來保住工作，但工人如果都減薪的話，社會整體的消費和物價也會跟著走低，於是實質工資雖然增加（工資減去物價），但工人在「調整後」卻變得更窮，就像是失業一樣。[101]其次，凱因斯認為在對未來不確定的狀況下，投資人不保留現金而貿然出手也甚為不合理。投資人如果面面相覷，都在等待別人先發動，那麼大家都只會捏著現金不願率先投資。[102]於是大家的自利行動，帶來的卻是所有人都想避免的景氣蕭條。亞當斯密那隻看不見的手大概是關節炎發作，而撙節政策讓它痛上加痛。

凱因斯表明，儲蓄和投資的決定會暫時分開，儲蓄不見得代表會投資。儲蓄也很可能只是造成囤積和減少消費。這時政府角色就是進去拉抬物價，讓投資有利可圖，讓投資人改變預期，於此僱用工人才會是個合理決定，經濟也才能掙脫泥沼。因此不是儲蓄導向投資，而是經由工人薪資進行消費，最後才能拉動投資。這就是我們今天說的需求面經濟學。

這些想法都不僅是新興自由主義世界觀的補充，更是《通論》適用範圍更廣泛的超越。⓫[103]在凱因斯描述的世界中，經濟成長並非來自商人的儲蓄和節儉，亞當斯密和休謨視為英雄的供給面投資階層，其實只是需求面後頭的狗尾巴，跟著千百萬平民大眾的決定搖呀搖。正如凱因斯所言：「消費是經濟活動唯一的目標和對象，此事至為明顯。」[104]消費經由它對物價的影響來

⓾ 雖然有些作者認為英國大蕭條在一九三四年可說已經結束，但那次的復甦主要還是集中在倫敦，其他地區在之後的十年內仍是民生凋敝，失業嚴重。

⓫ 也有人認為凱因斯《通論》是以統計知識論為基礎。

拉動投資，也因此是消費影響了投資期望，而不是其他因素。商業信心只是經濟成長的結果，不是原因。

但如果是這樣的話，被推翻的可不只是亞當斯密的世界，做為人類本性、基本道德和政策的撙節儉約也一起被顛覆了。政府與市場之間的角力，「既不可忍受又不能缺少，但也不想為它付錢」的問題，讓大家一碰上景氣衰退就以撙節政策為預設答案，如今也在有利於政府的論述中解決了。在這個倡議開支和舉債的世界中，尤其是由政府來花錢和借錢，都變成好政策。而原本是一項美德的個人儲蓄，如今已陷入節儉的矛盾：要是大家都存錢（這正是撙節的定義），那麼經濟因為需求減弱而走疲，大家都會跟著一起倒楣。於是在自由主義者的眼中，撙節儉約在凱因斯之後就被送上財政揮霍的祭壇上做犧牲了。但是歷經二十年的失敗後，撙節的重要護衛者也早就無話可說、無詞可辯，甚至像約瑟夫．熊彼得這樣的大師也噤聲不語。

熊彼得的撤退

羅斯福總統提出「經濟復甦計畫」（The Economics of the Recovery Program），熊彼得曾加以抨擊，以經濟成長理論背書梅隆的清算主義，強調企業家在其中扮演的重要角色並為撙節儉約辯護，但十二年之後熊彼得在學術上已是形單影隻。到了一九四六年的時候，全世界都照著凱因斯路線走，而不是熊彼得。他可以跟許多人一樣見風轉舵，但身為真正的經濟自由主義者，在政治上也屬於保守派的熊彼得並未因此輕易動搖。他甚至還說：「那個停滯理論……由已故凱因斯閣下首倡」實在「令人非常驚奇……不只是讓人笑掉大牙而已」。[105] 可是這些可笑的想法似乎可以解釋景氣何以衰退，提出的解決辦法又比他倡導的撙節論調強得多，他對此又有什麼回應呢？

熊彼得對經濟大蕭條和撙節政策矯治失敗的回應，就是他在一九四二年出版的煌煌巨著《資本主義、社會主義與民主》（*Capitalism, Socialism and Democracy*）。⓬[106]他說撙節政策之所以失敗，是因為兩個機制相互牽制：大型企業集團盛行，以及支持創業活動的冒險文化崩潰，中小企業經理及企業家多有改變。儘管一九三四年熊彼得寫下這些分析時，大蕭條已經醞釀了十年之久，但它若只是景氣循環的正常下降，經過撙節良劑的調養後，也該在一九三五年或一九三六年恢復元氣。但是到了一九四二年時，熊彼得仍然高唱原調，想法也都沒變：他只是把時間幅度再拉長一點，然後又添加了幾個和音。

熊彼得的《資本主義、社會主義與民主》認為所謂的「大蕭條」既不大，也不很鬱悶，只是一段比較明顯又高度政治化的技術與組織調整過渡期，是「因為新商品與方法失衡衝擊而一再發生的『衰退』」之一。[107]他認為我們都知道這一點，是因為正確看待資本主義的話，它就是

⓬ 我在此討論集中於熊彼得一九四二年這本書，而不是他在一九三九年出版的兩卷本著作集《景氣循環論：資本主義過程的理論、歷史與統計分析》（*Business Cycles: A Theoretical, Historical, and Statistical Analysis of the Capitalist Process*〔London: McGraw Hill, 1939〕），因為《景氣循環論》主要是早年作品的重述，不是對當代經濟發展的回應。其實他也只說了一句話而已：「經濟機能要恢復過來，似乎真的需要外力協助，也許是靠政府行動或是一些有利的機會或事件。」但至少是有這麼一句話。感謝珍威的提醒，讓我注意到《景氣循環論》的這一段。

一個不斷變化的系統，而適應變化乃尋常之事：「在資本主義社會中，經濟進步就代表著動盪和混亂。」[108]因此要判斷資本主義，不能只看短期。事實上，「我們必須從它的長期表現來判斷，看它在幾十年甚至幾世紀的發展。」[109]因此若是對這種動盪施以補償，或只就眼前狀況來行動，不僅會妨礙企業家創造性破壞的過程，妨礙資本主義中軸樞紐的運作，也會因為撙節清洗的不完全，必定衍生出更多不當投資，在經濟體系中囤積更多麻煩。

《資本主義、社會主義與民主》以更長篇幅和更細緻的方式重新闡釋熊彼得之前的信念。圍繞他的周遭一切可說都變了，只有熊彼得不變。事實上，《資本主義、社會主義與民主》沒對自由主義提出雄辯，也沒直接跟凱因斯及其學說對戰，而是針對馬克思和官僚文化長篇大論，解釋資本主義何以必定會被社會主義所取代。他的說法很值得在此重複，因為它顯示出英美撙節思想在一九四〇年代中期走入死胡同。撙節思想並未正面迎戰，而是撤退回到道德的屏幕之下，帶著一份「世紀末」必將到來的確然。

除了把那些動盪混亂視為正常之外，熊彼得也專注於資本主義產業結構的變化和大財團的興起，認為這些正是撙節政策無法幫助經濟復甦的原因。在他的長期進化論的說法中，生產和創新軌跡都已發生大規模變化，結果資本主義中的中小企業、創業家和完全競爭「不但是不可能，甚至是每況愈下」，正逐漸被取代。[110]在他的說法中，官僚化和體制變革的主要推動者造就經濟演化，攫取企業家手中的創新，轉交給大財團的專家和經理人。企業變成巨大的官僚組織，以非常大的規模在運作，對環境變化的適應漸趨遲緩。簡單說，這些大財團變得越來越像政府，也越來越依賴政府。於是乎，寡頭壟斷和政府干預攜手並進。

對熊彼得而言，這個大規模變化更重要的意義在於，它正是一記文化喪鐘。過去「伽利略（Galileo）那種頑強粗壯的個人主義，才是促發資產階級興起的個人主義」[111]如今這種個人主義蓬勃發展的可能已經被技術和官僚一起抹煞。他感嘆說：「資本主義過程合理化行為和觀念，因為如此才趕走我們心中的……形上學信仰」因此「經濟進步趨於脫離人身和自動化」。[112]大財團接管生產，但企業家的收入並沒有被取代，他畢竟還能持有這些財團的股票。但是他的社會功能就變成是多餘的，而「證券交易所變成聖杯的可憐替代品」。[113]這也許是帶來了物質上的進步，帶來更多消費和凱因斯認為重要的事物，但對熊彼得來說，卻是個道德真空的未來。這樣的未來會招引一些怨恨資本主義，但本身毫無作為的左傾知識分子煽惑下層民眾的妒恨，也會安適於不斷上升的生活水準，無法再忍受市場的混亂。因此像過去幾十年來的失序和混亂，對這些無能又被寵壞的民眾已是太過，他們當然無法接受這種必要的調整。[114]

至於那些過去志得意滿的投資階級，他們也現在只曉得關心消費，這有一部分要拜新近流行的理論所賜，其結果是資產階級家庭單位和亞當斯密說的節儉天性都蕩然無存。熊彼得說：「資產階級主要是為投資而工作……資產階級為資本的累積而鬥爭，不是為了消費水準，並試圖抵抗政府。」[115]拜官僚主義和技術的雙重力量所賜，現在資產階級已經放棄這場鬥爭：「該說的都說了，說做的也都做過了，它（資產階級）現在已經不管了。」[116]等到沒人關心資本主義的去向，其結果就是社會主義到來。

要是熊彼得讓你聯想起安蘭德（Ayn Rand）的小說人物高爾特（John Galt），其實他真的很像，都是從同一匹保守布料上剪裁下來的。而且在《阿特拉斯聳聳肩》（*Atlas Shrugged*）的最後，高爾特的長篇大論也是從強力辯護經濟自由主義開始，而以軟弱撤退做收。在凱因斯觀點漸占上風之際，像熊彼得這樣的保守派也能夠有所選擇：承認自己的錯誤（或者至少也該接納這些比過去更符合實況的新觀念）；或是顧左右而言他。熊彼得就選了後者，所以他說到儲蓄節約之蕩然、家庭美德的終結，還有官僚主義的勝利。他個人的撤退，正代表著撙節思想做為嚴肅學術論述，在英美國家經濟主流思潮中的退卻。反撙節派似乎是贏得了勝利。但這場勝利並不完整。撙節思想還存活在不受凱因斯閣下影響的世界：說德語的世界。奧地利學派經濟學家將繼續做為全球撙節思想的學術大本營，我們也很快就會看到，德國秩序自由主義者也會把他們的國家當作是撙節大顯身手的基地。

第五章
危險觀念的思想史（一九四二—二〇一二年）

第一部分：撙節思想以歐洲為家，也在美國暫時歇腳

歡迎來到德國：Erst Sparen, Dann Kaufen！❶

熊彼得對經濟思想的長久貢獻之一，就是他提出會橫掃整個經濟體系的「創造性破壞」概念。[I] 運用技術的創業活動造成產業界四分五裂，各種組織體不斷創新，還有嚴酷的商業競爭，企業界的興衰起落，長期上造成景氣循環。就此而言，我們很難想像有哪個經濟體比德國更不符合熊彼得的說法。比方說，我們看到現在還留存至今的德國大企業，都是在什麼古老年代創設的：一八六五年的巴斯夫（BASF，化工）、一八四六年的克魯伯（Krups，家用電器）、一八九一年及一八一一年的蒂森克虜伯（ThyssenKrupp，金屬製品）、一九〇一年及一九二六年的戴

❶「先儲蓄、後購物！」是非常具備秩序自由主義兼奧地利學派風格的口號，我家冰箱上貼著一張一九五二年的德國明信片，上頭就印著這句話。

姆勒／賓士（Daimler/Mercedes Benz，汽車）、一八四七年的西門子（Siemens，工程），這只是其中一些而已。

這些公司歷經兩次世界大戰、盟軍占領、東西德分裂、冷戰對峙，全國又再度統一等諸多考驗，更別提這些大財團在景氣循環中多次的起起落落。不同於熊彼得眼中的創業家和富於競爭力的小企業，這些企業大都是一開始就跟政府和銀行有著千絲萬縷，在後來的工業國家中可說是典型的複雜關係，才可能存活至今。這些企業都是不斷求新求變，利用專業工程師和科學家一步一腳地改善產品線。[2]在這些大企業裡，百年來也沒看到哪個聲威顯赫的企業家。在此其中有許多的創造，但沒什麼破壞，至少在德國企業界是如此。那麼，德國怎麼會變成奧利地－美國思想家如熊彼得等人撙節論調的避風港呢？答案就在德國一群叫做秩序自由主義的經濟思想家對撙節的看法，他們怎麼處理政府與自由主義思想之間的平常關係，以及在這個過程中影響到戰後德國經濟的演變。我們之前就提過秩序自由主義，還有德國在凱因斯寒冬中成為撙節派堡壘並做為歐洲多種撙節樣式的基本款。現在就來介紹它在其中扮演了什麼角色。

光看它的名稱，就知道秩序自由主義是一種獨特形式的自由主義。它沒有英美傳統自由主義者那個「三不」問題。跟凱因斯為英國新興自由主義者解決撙節問題一樣，秩序自由主義者也以超越之姿解決了德國的政府問題，只是方式完全不同。秩序自由主義者認為政府對於設立市場有效運作的結構條件，打從一開始就是必要的。不過他們樂於接納的政府，並不是英國新興自由主義主張的那種專注於需求面、扮演總體經濟管理者的政府。秩序自由主義主張的政府是法規制定者，透過一些廣泛經濟機制和制度的發展，讓商業競爭得以進行，並協助市場進行調整。

從歷史上看，德語世界在十九世紀中雖然有許多自由主義的代表人物，自由主義在德國從不曾像它在英美世界中成為經濟和社會理念的主流派，究其原因有三：首先，德國自由派必須處理保守「文明批判」（Zivilizationskritik）的質疑，認為深厚淵博的德國文化怎麼會跟膚淺的西方（尤其是英國）自由主義文明擺在一起，顯示德國對此類問題的反應與他國迥然不同。[3]第二，一八七三年德國股市大崩盤，所謂的「創辦人危機」（Gründerkrise），讓自由主義經濟理論的可靠性受到重創。第三，爆發創辦人危機以後，德國政府對經濟的干預就變得越來越多，更加速排擠自由主義意識形態的訴求，讓反對自由主義的干預派思想家如李斯特（Friedrich List）等有大顯身手的空間。一八九〇年代之後世局快速進展，自由主義在二戰之後的德國顯得相當新奇，再加上因應經濟所需的政府角色重新調整，才讓德國在戰後成為撙節思想的避風港，後來又成為當代的放送器。

「遲到」的重要性

要探索德國與自由主義和財政撙節的歷史關係，必須先了解資本主義國家成立的條件。說到政府和市場的關係，我們常常忘記，英國和美國的情況其實是例外而非通則。前者優勢在於資本家根本沒有對手，才能讓政府維持小規模的有限發展，而後者則是遠隔重洋且有廣大內陸可資開發。[4]其餘那些後來才出現的工業國家，都是在許多不同且更為競爭的條件下發展出來的。這個差別很重要，因為進入全球經濟體系時的情況，對於政府類型會產生很大的影響，就後來那些工業國來說，基本上政府規模就是變得比較大而且更傾向於干預。

我們現在說到喜愛干預市場的後期工業化國家，大概都會想到東亞各國。[5]但是儘管法國人從孚日廣場（Place des Vosges）到動產信貸銀行（Crédit Mobilier Bank）屢做嘗試，發達國家的原型其實是德國。在十九世紀後半期，德國（於一八七一年成立）為了追趕英國，表現得就像個經紀人一樣，在很多狀況下幾乎就像個保險經紀人，四處追逐工業、商業和農業利益。[6]

後來發展的工業國都要面臨規模問題。為了追趕已經工業化的國家，後發展國的政府必須跳進來承擔很大的投資風險，因為要跟那些已工業化國家競爭所需要的資本規模，已經不是任何私人企業家所負擔得起，由此可知德國企業那樣的規模、結構甚至是長壽的特徵是怎麼來的。為了發揮如此作用，德國政府，不管是古早的威廉皇朝、法西斯或後來的民主體制，在經濟事務上都比自由主義國家更愛扮演指導和協調的角色。在德國工業化的過程中至關緊要的是政府要發揮抑制消費、提振儲蓄的功能，以確保國家可以提供龐大資金進行大規模的工業化投資，讓這樣的政策施展沒有阻礙，更為順利。❷所以，才會有「先儲蓄、後購物」的口號，強調儲蓄和投資為先、消費為後，如此的節約儉省想必亞當斯密都會拍手鼓掌，而撙節觀念也因此在一九三〇年代秩序自由主義成形之前，就已經深入德國的經濟思想之中。

秩序自由主義的起源

秩序自由主義是在佛萊堡（Freiburg）經濟學派創始人歐伊肯（Walter Eucken）、包姆（Franz Böhm）和格羅斯曼－都特（Hans Grossmann-Doerth）的庇護下，於一九三〇年代成形。

當時他們的眼中釘是民間經濟中的卡特爾（cartel）即企業聯合組織，而不是政府。佛萊堡自由主義者認為，一九二〇年代德國經濟的基本問題是「法律制度無法防止私人經濟力量的發生和濫用」。[7]應該關切和注意的，是操持在個人手上的權力，不是國家的。個人需要國家的保護，這是必然的，但認為政府不是應該擔心的唯一威脅，正標示著佛萊堡學派跟「不能忍受政府」的英美自由主義大不相同。而佛萊堡學派的重要貢獻就是從這個觀察出發，著眼於資本主義的結構形式。

歐伊肯尤其認為，資本主義並不是像亞當斯密認為的個人隨意而散亂地組成，其中有兩股確實不相容的結構序列，他稱之為「交易經濟」（transaction economy）和「集中管理經濟」（centrally administered economy）。[8]儘管本質上互不相容，但在真實的經濟體中這兩種元素都需要，因此問題來了。尤其是在議會涉入其中之後，行政序列也可能被交易序列中最有力量的人把持，所以他們才會害怕企業卡特爾和私人力量。因此，讓這兩種序列組合運作的最優策略，是讓後者（政府）來服務前者（市場），設置並增強其運作條件。[9]歐伊肯定義政府在經濟中應該扮演的角色是：「第一原則：政府的政策應著重解散經濟權力團體，或限制其運作……第二原則：政府的政治經濟活動應著眼於經濟管理，而不是對經濟過程的指導。」[10]佛萊堡學派認為，這兩個原則應該透過「經濟憲法」（economic constitution）來落實，據包姆指出，這是「關

❷ 全世界第一個福利國家，就是十九世紀由俾斯麥（Otto von Bismark）主政的德國。

乎社會與經濟合作過程的本質（德文：Art）和形式的綜合決定（Gesantentscheidung）。」[11]或者是以歐伊肯較為樸實的說法：「關於國家經濟生活要如何建構的公眾決定。」[12]

法學家格柏（David Gerber）指出，這些見解「主張經濟效率是取決於它跟政治與法律制度的關係……完全改變了古典自由主義的核心理念。」[13]儘管早期的秩序自由主義者在納粹期間也主張強大的政府，讓它做為這種秩序的推動者，但是這個觀點隨著時間和環境也轉變成：經濟政策不能聽從強大國家的命令，尤其是可能被占領的國家。[14]佛萊堡學派認為，政府只須強大到可以提供「秩序」就夠了，再根據「秩序政策」設定法律架構，同時管理企業及政府的行動，如此形成的經濟憲法對任何成功經濟體都非常重要。[15]秩序政策因此透過經濟憲法的間接管理，同時節制執法的政府，和在國家之中成長的企業。

但是，這個經濟憲法並不是什麼可以明白寫在紙上的條文。秩序自由主義者認為光從理論推導和政府片面設定，並不能產生恰當的經濟憲法。它必須受到其適用社會的成員的積極支持，而且至關緊要的是這些成員相互間都有責任使之履行，以該憲法規定的條款行事。[16]簡單說，就是每個人都要遵守規則，如此才能維持這些規則並賦予其正當性。❸

要做到這樣，如凱因斯所主張的設定投資條件或透過貨幣刺激來調控物價水準，都不是適當的政府政策。相反的，應該以政治上獨立自主的中央銀行做為經濟憲法的制度核心，據以限制私人力量及提供維護競爭的政策。需要一家注意商業壟斷的機構來確保整體經濟符合「競爭」的無上法則，而獨立的貨幣主管則是維持物價穩定的支撐作用。這兩個機構都是獨立於國會，並且不必直接到會備詢。

促進成長的是競爭而非消費

在努力維持物價穩定的同時，秩序自由主義者透過打擊產業集中化和卡特爾聯合壟斷，以強化德國企業競爭力和產品吸引力來創造經濟成長。因此這些機構的政策目標是「鼓勵競爭」而非「妨礙競爭」，靠競爭來提升產品質量，就能為自己創造出需求，這正是現代供給面經濟學的賽伊定律（Say's law）。❹在這樣的制度條件下，快速成長的利益會流向社會中所有成員。❺[17]如同瓦勤（Christian Watrin）指出，秩序自由主義者都認為「自由主義憲政國家除非是自願淪為頻施干預的國家……否則當以競爭制度的施行與維護為首要目標之一」。❻[18]

我們稍後就詳細說明這些新機構及其做為設立藍圖的相關理念，如何在戰後經歷基督教民主黨內短暫的鬥爭，讓原本君父式的俾斯麥福利國家轉變為穆勒－阿馬克（Alfred Müller-Armack）說的「社會市場經濟」，成為「足以滿足大眾正義感的法治制度」，在公民了解其益處的同時，也跟經濟憲法維繫合一。[19]就如普塔克（Ralf Ptak）觀察指出，儘管他們很擔心福

❸ 各位要是在此發現它與歐元區的瓦解相呼應的話，那的確沒錯。

❹ 粗略地說，供給會自己創造需求。

❺ 對於競爭是促進或妨礙競爭，我們可以拿兩組現代商業界的對手企業來做比較，一組是BMW和賓士汽車在產品上屢爭高下，讓兩家公司的產品及銷售都更好；另一組則是蘋果與三星之間的專利戰就是妨礙競爭，其糾紛無涉於提升產品的品質，只是想把對手趕出市場。

❻ 或像秩序自由主義領袖之一的洛卜克（Wilhelm Ropke）指出：「要是欠缺識斷英明的道德與法律架構，也不對競爭條件定期監督，真正公平的競爭制度就不能平順運作。」

利補償，秩序自由主義者熱烈認同「工人階級的穩定和安全，是確保市場經濟必要的先決條件」。[20]其結果是，秩序自由主義者雖然不想讓經濟憲法和福利國家綁在一起，但環境和政治因素決定了一切：市場經濟也要變成社會市場經濟。

建立秩序

秩序自由主義的主張會成為戰後德國經濟政策的指導說明書，幾乎可說是早就注定好的。首先，德國人在戰後是又累又餓，而且整個國家的資本存量銳減。因為害怕引發政治動盪，戰後當局必須加快經濟發展，而執政者不論是左派或右派，都跟他們統治的人民一樣懷疑「大政府」計畫可以帶來成長。其次，在納粹時代可說是出淤泥而不染的佛萊堡學派，到戰後大概也算是完好無缺，而他們是不怯於大聲叫賣自己的經濟成長計畫。其成員雖有幾人被捕，有些像是洛卜克那樣的重要領袖被迫流亡海外，但是配備有利經濟成長新想法的學派核心分子於當時的德國中，正可謂在正確的時間剛好就站在正確的位置上。秩序自由主義者也獲得當時重要報紙《法蘭克福彙報》與盟軍占領當局的支持，至少在盟軍占領結束懲罰階段以後是如此。❼

再其次，德國在歷史上屬於開發較遲的工業國，一向注重出口導向的製造業，所以經濟精英們在戰後也自然以重建出口產能和恢復出口市場，做為經濟快速成長的手段。秩序自由主義者也許因為害怕卡特爾壟斷而鼓勵保護中小企業，但他們對大企業本身也不擔心，特別是那些能夠創造出口導向成長的大企業。不過出口導向成長需要嚴格的成本競爭策略，這又必須透過消費限制和強硬對抗通貨膨脹的立場，對工資施以控管。這就讓貨幣當局的權力凌駕於財政機構，而控管通脹就成為確保競爭力的輔助性金融手段。[21]

最後，戰後的德國政黨制度一團糟，中間黨派尤其是基督教民主聯盟一直在尋找一套符合其（主要是）天主教徒成員利益的新理念。❽憑著它向社會整體的訴求、對私人與公共權力同樣不信任，還有多少有點勉強地——但在當時條件下是必要的——接受透過家庭來進行的福利國家重分配，秩序自由主義在基督教民主聯盟中找到支持群眾和一展抱負的機會。

格柏認為是因為之前的成功，後來也就順利。當秩序自由主義同路人及占領期間德國實質上的經濟部長路艾哈德（Ludwig Erhard）在一九四八年廢除配給和物價控管，卻沒讓德國經濟摔下懸崖，至少在初期階段，也讓秩序自由主義的理念更具聲望。[22]但是在一開始的景氣繁榮後，德國經濟因韓戰危機遭到重創。盟軍代表對失業率上升甚表憂慮，因此施壓秩序自由主義者考慮以更積極的勞動市場措施解決失業人數急速增加的問題，讓基督教民主聯盟中的社會主義天主教派得以推動更加緊密的福利政策和經濟政策，在秩序和秩序自由主義衝動的對立中鞏固福利國家的地位。❾[23]

---

❼正如格柏指出，在一九四七年成立的政府顧問委員會中，秩序自由主義者囊括一半以上的席位：Garber, "Constitutionalizing the Economy," 59. 還有，西德雇主協會「Die Waage」在一九五二至一九六五年間總共花費超過一千一百萬德國馬克宣揚秩序自由主義的理念：Ptak, "Neoliberalism," 122.

❽比較少人注意的到是，一九四五年兩德分裂後，德國的新教徒三分之二都在德意志民主共和國（German Democratic Republic，即東德）境內，因此德國天主教徒突然成為規模更可觀的少數族群。這項觀察要感謝希恩（Joseph Hien）。

這個融合讓穆勒－阿馬克的「社會市場經濟」取得制度形式。在這面旗幟下，基督教民主聯盟在一九六六年之前的每一場大選都獲勝，而這段期間即被稱為「德國的經濟奇蹟」，其中在一九五〇年到一九六〇年間工資購買力成長了七三%，與此同時通貨膨脹回落，等於實質工資更為增加。[24]說是奇蹟還真是沒錯，當時儘管有一千二百萬人流離失所，亟待安置，而且國家也分裂成兩半，但一九五〇年代的失業率平均為八%，物價也維持穩定。[10][25]

凱因斯在德國遭到排擠

德國的「社會市場經濟」（Socialmarktwirtschaft）及其背後的秩序自由主義理念都非常成功，如同艾倫（Christopher Allen）指出，德國經濟學家就「很少認真考慮凱因斯主義做為（政策）選擇」，他們一說到凱因斯主義即認為天生招致通膨。[26]所以社會民主黨在一九六六年上台，對步履蹣跚的經濟成長率施予凱因斯措施，卻發現不管是官僚體系本身或學術界對他的接受度都很低。就學術理論來說，凱因斯在德國確實遭到「排擠」，而貨幣當局，「極為獨立的德國央行……對赤字融資施以嚴格的貨幣限制」，也等於是在實務上排擠凱因斯主義。[27]這也沒什麼好讓人驚訝的，因為佛萊堡的秩序自由主義者原本就預期貨幣當局就該扮演這樣的角色：「強而有力的中央銀行施以護衛，以防行政當局濫用權力」。[28]就秩序自由主義來看，開支就是濫用，而中央銀行正是為了制止濫用而設。

總之，德國戰後的經濟繁榮，其核心帶有一種特殊類型的撙節儉約理念。德國即稟持又信奉支持政府的自由主義，並對之施以改造，與此同時也改造了撙節理念。事實上，秩序自由主義、秩序政策和其他種種規則，都恰恰意味著卓越的經濟治理就是不要亂花錢。在這些規則所建立的架構中，經濟繁榮必定是透過促進競爭來達成，因此到現在仍是儲蓄和投資的供給面為上，並不是需求面和消費。秩序自由主義也許是現代化的自由主義，但它的經濟學在許多方面仍是古典的亞當斯密和休謨。

在較晚發展、出口導向經濟，需要拚命儲蓄以趕上英國的背景下，說「先儲蓄、後購物」就很合理囉。但正如我們在第三章所言，這是相當明顯地忽略事實，也就是某國擁有出超時，必定有他國正在入超。不可能大家都有入超、都在儲蓄。必定有某些人在花錢買東西，不然那些出口貨的需求從何而來。因此當那些以撙節理念為基礎的原則移殖到歐盟憲政架構，還有以德國的政策回應金融危機時，某種不同類型的「合成謬誤」就又出現了。要是德國那些強調規則、義務、強勢貨幣當局和弱勢議會，也不願花錢對蕭條提供補償等論調聽來很熟悉的話，那的確不意外。這本來就是歐盟的基本設計嘛。而德國對危機的回應還有危機本身，也都是源自相同的秩序自由主義說明書。

---

❾ 普塔克說艾哈德是「秩序自由主義主流中的熱心參與者」，佛里德里希則說他是「德國和歐洲政治中新自由主義信念的代言人」。

❿ 事實上這一切之所以可能，是因為總體經濟條件有利到讓人吃驚的程度，諸如布列頓森林（Bretton Woods）國際貨幣體系，還有德國在冷戰中的戰略地位重要，因此美國接受低估的馬克匯率等因素，都應該獲得承認。但這些都很少有人談到，尤其是德國的執政者。

秩序自由主義的歐洲

當歐洲各國在一九七〇年代末陷於停滯之際，德國是歐洲主要國家中受創最淺、復甦最快的。[29] 它當時得以承受通膨壓力的能耐成為歐洲各國的學習模範：第一、各國在一九八〇和九〇年代透過匯價盯住德國馬克，但沒成功；第二、透過將秩序自由主義原則納入歐洲央行法規及歐盟委員會鼓勵競爭的政策；第三、通過以規範為基礎的方法來管理歐元計畫。從馬斯垂特條約的收斂標準到「穩定暨成長協定」推動新的財政協定，凡此都是要為經濟訂定憲法，其核心就是規則和秩序。[30]

比方說，以競爭力為核心當作是經濟成長的關鍵，正是歐盟不斷重現的主題。先前二十年來歐洲共同體在每個時代中都提出增強競爭的指令，從電信、電力開發到銀行的融資批發市場的開放，都烙有相同的秩序自由主義印記。而一向只擔心周邊國家失去競爭力，因此只強調大幅降低工資和成本的需要，對順差國引發金融危機的作用幾乎是無視，凡此也都指向經濟管理與秩序自由主義深度契合。不管怎麼說，錯的都不是儲蓄的人。同樣的，最近德國倡議債務剎車（Schuldenbremse）法規要求歐盟所有國家一體遵行，不管各國的景氣循環為何，也不管各國在歐盟結構中占有什麼位置，以為簽訂財政協定、訂定新規則就能解決金融危機，可以說就是一種更為嚴厲的秩序要求，只是換個名稱而已。

要是各國違反規則，只能施以嚴格撙節政策才能讓它們回到規範之內，對於那些不能遵守規則的國家則自動施以制裁。這裡面沒有什麼合成謬誤，只分好政策或壞政策。就秩序自由主義觀點來看，因為政府都想奪取資源，因此不能信賴它們會遵行必要的撙節，所以我們才要訂定規則和獨立的貨幣機構，確保各國切實遵守秩序規範，於是歐洲央行就出現了。如此，也唯有如此，經濟才會恢復成長。以希臘和義大利在二〇一一年的情況而言，要是這意味著民選政府要垮台，那就讓它垮吧。

歐洲秩序自由主義化之後，最了不起的是它竟然也學會了英、美國家那一套所謂的「華盛頓共識」（Washington Consensus），認為所有發展中國家如果想要致富，就一定要照著英、美的自由主義說明書按表操課。對此我們稍後會再深入討論。從後期的發展中國家，諸如東亞各國來看，主張「先自由化，經濟才能隨之發展」的英美理念，「華盛頓共識」有兩個基本問題：首先，誤解了發展原因，諸如經濟發展的成果、穩定的財政、低通貨膨脹、成本競爭力等等；其次，以自由主義做為經濟發展路徑，只對最早的開發國家才有意義，因為你根本沒有競爭者，例如十八世紀英國和十九世紀的美國。[31]但在當代世界中，經濟發展幾乎都是要由政府帶頭才行。

在德國追趕英國的過程中，從許多方面來看，德國剛好是第一個證明經濟發展要由政府帶頭的國家。不過後來的德國也跟英、美一樣，忘了自己的發展也是時空背景下的產物，它之所以能夠發展成為以出口為導向的工業國，正是因為當時沒有其他國家做相同的事情罷了。[32]可是現在的德國和歐盟卻希望大家都跟德國看齊，這又是一個不可能發揮效果的合成謬誤。沃夫（Martin Wolf）說得好：「大家都應該要有經常帳盈餘嗎？如果是的話，要跟誰？火星人嗎？要是大家真的都能有儲蓄餘額，那麼全球除了陷於永遠的蕭條之外，還有其他結果嗎？」[33]由於歐盟和歐元從設立之初，德國想法就滲入其中，因此現在歐洲會由德國帶領。這也是為什麼關於危機的辯論，德國人能夠成功扭轉議題，導向自己的方向，唯一真正相信他們那套說法的人，只怕也只有他們自己。若說美國人的預設是凱因斯學派，那麼德國人的預設就是秩序自由主義吧。畢竟說到貨幣時，信心才是最重要的。

總之，德國透過社會市場經濟和戰後經濟奇蹟，讓撙節理念歷經艱苦考驗終於獲得肯定。「先儲蓄、後購物」的觀念要求大家厲行撙節、切勿浪費，除了可以加速市場調整的政策之外，絕不支持任何補償措施。毫無疑問地，歐盟諸多制度中也都留有這些印記。一個鼓吹提升產品競爭力，透過競爭來創造成長和順差的經濟聯盟是絕對不會贊同印鈔票以提升需求的淺薄作法，這樣的經濟聯盟裡也不會有凱因斯學派生存的空間。在這樣的世界中，景氣蕭條才是厲行撙節的好時機，不是擴張繁榮的時候。

這一切都讓我們注意到秩序自由主義者的表兄弟，奧地利學派經濟學家推展撙節論述更加向前所發揮的作用。若說秩序自由主義的影響力主要在歐洲，那麼奧地利學派的影響力則是在美國。奧地利學派的理念長久以來就在美國扎根，例如熊彼得對一九三〇年代問題的診斷。[11] 34 在當前危機中，他們的學說再度廣受矚目，因為他們談到一些凱因斯學派很少注意到的事情（閔斯基〔Hyman Minsky〕除外），所以他們可以給我們一大套厲行撙節的理由。

撙節在美國的避風港：奧地利學派

十九世紀末受到德國以政領商帶來經濟大起飛的啟發，奧匈帝國也熱烈討論政府在經濟發展中應該扮演什麼角色，而奧地利學派經濟學就在此時誕生。學派的關鍵人物是蒙格（Carl Menger），他是最早的「邊際經濟學家」（marginalist economist）之一，認為經濟價值不是產品成本的函數，而是主觀效用和相對價格的問題。而更讓我們注意到的是，他也是反對政府涉入資本主義的死硬派。蒙格先是跟德國的歷史派經濟學者展開「方法論的辯論」（Methodenstreit），才讓德國人把他跟他的同伴稱為「奧地利學派」。到了蒙格的學生輩，他們稟遵教誨，對於自由主義國家越來越多的干預措施大表質疑。

這些理論學家以米塞斯、海耶克和流亡美國的熊彼得最為出色，他們認為自由市場自有長期的進化結構，政府貿然施以干預只會造成損害。奧地利學派恪守「不能容忍政府」的傳統，堅決否認政府在經濟中可以扮演什麼正面或必要角色。他們排拆當時越來越趨於數學化的經濟學，認為經濟會進化、會在失衡中進行調整，動力則來自在不確定中採取行動的企業家，因此他們比較喜歡歷史分析而不是微分學。也因為如此，奧地利學派逐漸跟時代脫節。

例如，一九二〇年代米塞斯和海耶克都捲入當時的「社會主義計畫大辯論」，要證明政府主持的中央計畫經濟之不可行。但米塞斯的論述流於意識形態，因此他越是堅持己見，其他的經濟學家就越不當他是回事。同時間的海耶克在一九三一年被看法相近的羅賓斯（Lionel

---

11 熊彼得在奧地利出生、受教育，以奧地利學派的理念建立自己的職業生涯。但是儘管如此，他並不總是被視為奧地利學派的成員。我認為他在美國而且是在哈佛大學，實際上就是奧地利（學派）的大使。正如辛普森（David Simpson）所言，熊彼得和奧地利學派之間只有技術性上的細微差異，並沒有多大差別。

Robins）找去倫敦經濟學院教書，他原本可以藉此喘口氣的，卻發現自己一踏上英國就碰上麻煩。羅賓遜（Joan Robinson）回憶說，海耶克到劍橋不久發表演說時，被卡恩（R. F. Kahn）問說：「我要是明天出去買了件新大衣，會造成失業增加嗎？」海耶克回答說：「是啊。但……這需要很長的數學論證才能解釋為什麼。」[35] 到了一九四四年，海耶克在半退休之際發表巨著《通往奴役之路》（*The Road to Serfdom*）談及社會主義的危險，卻也一樣受到冷落。海耶克之前討論景氣循環的傑作《價格與生產》（*Prices and Production*），跟熊彼得一九三九年的《景氣循環論》一樣都不受世人青睞。

奧地利學派在歐洲先受冷落又遭挫敗，但在美國卻活了下來，近一個世紀以來幾番起落。儘管二次大戰之後遭到凱因斯學派的嚴厲挑戰和打擊，奧地利學派的理念在美國卻從未斷根。一九七〇年代海耶克獲頒諾貝爾經濟學獎，而且又被拉出來替雷根的供給面經濟學做辯護，讓奧利地學派短暫回鍋又復沉寂，直到最近的金融危機爆發，他們才又走到幕前。為什麼又出現呢？答案就在於他們對銀行的某些看法。

景氣興衰的奧地利指南

儘管凱因斯那本巨著的名稱是「就業、利息與貨幣」通論，戰後經濟學卻一直不太注意貨幣。到了一九七〇年「貨幣主義」（Monetarism，又稱「貨幣學派」）的觀點才逐漸獲得注意，稍後我們談到其他議題時，也會先探討這個觀點。不過在一九三〇年代時大多數經濟學家對於貨幣的看法，幾乎跟兩百年前的休謨一樣，認為它在短期上具備刺激效果，長期則屬中立，且有造成通膨的可能。⑫貨幣，有時又說是「既不能改變偏好，也不能改變可能性」。以「信用」為形式的貨幣，只是某甲沒花掉的錢轉給某乙使用，而某甲可據以收取利息和本金。說得更簡單一點，某乙的債務就是某甲的收益。它其實只是現有資產的重分配而已，此外別無亮點。而信用體系也只是複製經濟的基本條件。

這種觀點對二〇〇〇年代的主流經濟學家想必甚合胃口，他們談到「景氣循環的消滅」，在中央銀行的優秀政策下，過去起起落落的景氣振盪已被馴服，全球沉浸在「大緩和」（Great Moderation）之中。[36]然後，就在這個「大緩合」緩到一半的時候，當然，世界就爆炸了，正如奧地利學派所料。而且大家雖然都知道這次爆炸好像是跟資產泡沫和銀行有點關係，但剛開始的時候也沒幾個人可以說清楚銀行是怎麼引發危機的。此時候奧地利學派翩然歸來。他們在一九三〇年代的論述似乎正可用來描述二〇〇八年的金融危機。但是它的後續和解決問題的主張，卻又是另一回事了。

信用緊縮與崩潰的海耶克／米塞斯模型

海耶克和米塞斯在一九二〇年代寫文章，注意到相當明顯的事實：銀行是利用授信擴張在賺錢。儘管銀行大概都希望審慎授信，但是為了跟積極活躍的對手競爭，也想要搶占更大市

⑫請記住，在凱因斯主義世界中，花錢刺激經濟，並不是錢本身在發揮作用，其關鍵在於物價抬升夠多即可改變投資人對經濟的預期，進而影響就業和消費。

場，各家銀行都有超額授信的誘因（在當時就是超出行內的黃金儲備）。此外，因為中央銀行擁有許多資金可做為整個金融體系的防護網，因此更加鼓勵銀行大膽向前衝。這兩個力量刺激銀行授信超過「真正的」存款額，也使得貸款利率得以降低。

銀行授信擴張，企業家知道實質資金成本已經降低，他們就敢利用便宜的融資，來進行先前無利可圖的計畫。即使企業家可能懷疑這是人為刺激所致，但誰都不想看到競爭對手領先搶占市場，所以他們也會趕快拿錢進場。蔚為風氣後，將導致借貸擴張，而儲蓄意願減弱。在自由市場中一向精明、勤儉又謹慎的企業家，如今在市場提供巨額廉價資金的誘惑下變成魯莽大膽，有錢就借的傻蛋。

在適當誘因下，企業家僱用更多的人、買進更多的原料，也推升了物價和工資。典型的短期貨幣刺激政策的效果開始展現，物價隨之上揚，尤其是資產價格，也刺激出更多借貸。但表層底下的經濟實質其實還是沒變，於是乎更多貨幣追逐較少的商品，通貨膨脹就來啦。意識到自己的錯誤後，銀行放貸開始出現損失，但它們會使盡一切方法不要認賠。它們更加擴張授信，進一步降低利率，應該解決的問題儘可能延後。

從奧地利學派的角度來看，這正是完全錯誤的舉動，因為擴張授信只會讓信用泡沫越來越大，而且便宜資金泛濫也會妨礙資金流向真正需要的地方。這種措施會讓通貨持續膨脹，實質幣值下跌，所以各種不良投資的報酬必須要再提升，否則資產負債表馬上就會崩潰。了解到這一點，並且因為通膨不斷升溫，銀行開始提高利率，但在此同時它的籌資能力也正在降低。這個時候，整個體系為了維持泡沫繼續膨脹的信用需求也加快了。[13]最後，大家終於明白眼前的資產上漲只是貨幣膨脹，並不是實質的資產價值上揚，泡沫於是破裂，市場開始恐慌，大家開始拋售資產，資產負債表崩潰，整個經濟摔進泥坑。

這時候撙節就要派上用場了。正如米塞斯所言：資金一旦開始「逃向真正有價值的資產」，大家就會了解到「危機和隨之而來的蕭條期，正是過去授信擴張造成不當投資所引發的高潮」。[37] 所以「經濟體系必須消化這些虧損……應該要做的……就是縮減消費」。[38] 已經被揮霍掉的儲蓄必須重建，這表示消費要更為節制。在復甦的過程中，銀行必須認列自己的虧損，也就是要撙節。但最不能做的，就是提供援助為銀行或消費者紓困。現在問題起因於授信擴張超過「實質儲蓄」使得利率降低，這正是對市場的一種干預，而受到干預攪亂的市場畢竟無法用更多干預來解決。

干預（理當）不智

事實上，對政府而言最糟糕的事情就是涉入其中。在信用短缺時以資金灌注市場，讓利率保持低廉，或者刻意刺激經濟，冀求順利脫離循環，都只會讓景氣衰退更為延滯。此外，干預還會造成一些或許是更加兇險的病變，據米塞斯所言，可能造成投資人的資本罷工。

金融體系陷於危急，（主要）有四種方式進行調整：通貨膨脹、通貨緊縮、貶值和破產。⑭

---

⑬ 貸款利率會低於資產價格上漲的報酬率，等到利率開始趕上來，資產報酬率就必須變得更高才行。

⑭ 其實還有一個「金融抑制」（financial repression），我們在結論時會談到。

根據奧地利學派的看法，應該要做的是通貨緊縮，讓它去壓低工資和物價，讓經濟面回歸到實質價值，但它也會帶來失業和動盪，都是政府不喜歡的。因此，若再撇開同樣會造成失穩的宣告破產，政府就比較傾向於採取貶值的手段，如果自己有匯率可貶，或者經由通貨膨脹，把債務人（多數）的成本轉嫁給債權人（少數）。

那麼，根據奧地利學派的說法，很多企業在經濟衰退之際還是坐擁龐大現金，對此我們也不必太驚訝。經濟刺激派說這是對於未來不確定或需求低迷的反應所導致，但剛好相反，這背後其實是個合乎理性的看法，認為政府將採取機會各半的膨脹或貶值措施，利用投資人階級來脫困。企業可能坐擁大筆現金卻不投資，凱因斯要各位相信那不是資本家的錯。不過正好相反，因為政府的膨脹或貶值等同於偷偷摸摸的徵收，因此投資人對此風險加以防備也是合理的。於此，害怕政府奪走財產的恐懼又來囉。然而「大眾對危機的看法完全正確……那是銀行政策造成的結果」。[39] 所以奧地利學派說，我們就應該放手讓銀行倒閉，才能重新啟動整個金融體系。

後來的奧地利學派理論家又在這個基本架構上添磚加瓦，例如哈伯勒（Gottfried Harberler）等人強調工會在設定工資應該扮演的角色，迫使中央銀行透過商業銀行體系擴大信用，以滿足勞工對工資的超額需求。[40] 而羅斯巴德（Murray Rothbard）則強調銀行體系對民眾恣意勒索敲詐時，中央銀行應該扮演信用灌注者的終極角色。[41] 儘管立論各異，但基本模式都沒變，說的是景氣循環興衰全是銀行造成的，政府不管是經由央行貨幣政策或財政上的刺激政策，都只會讓事況變得更糟糕。面對景氣低迷，唯有撙節才是正確且唯一可行的反應，其他都是胡鬧。

美國的奧地利口音：奧地利學派的優缺點

這次金融危機之後，這些論調在美國引發共鳴也沒有什麼好驚訝的。畢竟早在一九二〇年代，熊彼得就曾經大肆宣揚，只是中間一度沉寂而已。況且要描述二〇〇七至二〇〇八到底出了什麼事，那些想法還真的挺符合實況。銀行、債務的危險、過高的融資槓桿、資產膨脹、儲蓄崩潰，這些真的都有。「不要幫助它們脫困」的訊息也引導出十分強烈的美國民粹看法。[42]同時，「不干預／讓其自生自滅」的論調也在共和黨右派引發強烈共鳴，金融界中那些還沒到「大到不能倒」的諸多成員，特別是避險基金更是支持。[43]那麼，除了少數幾個重要的高調人物，像是貝克（Glenn Beck）、希夫（Peter Schiff）、保羅（Ron Paul）以及（年輕時的）葛林斯潘（Alan Greenspan）以外，為什麼即使是在美國，也很難找到主流經濟學家公開接受奧地利學派的景氣循環理論呢？要知道為什麼，我們必須先看看奧地利學派怎麼解釋資產負債表的資產和負債。

在資產（理論）方面，我們會發現中央銀行以長時間提供便宜資金來吹大資產泡沫的行動，還有抱持知識傲慢，自稱馴服景氣循環，結果造成「大緩和」當面爆破等，對二〇〇〇年代的狀況都不能說是不合理的描述。那種資產泡沫的通貨膨脹和通貨緊縮，都能用奧利地學派的基本模型如實描述。對於債務，說它不是簡單的重分配（你的債務是我的收益），因為其中的資融槓桿才是重點，而且債務融資的報酬是不對稱的，特別是在經濟狀況不佳的時候，這些也都是準確而重要的描述。不過等到我們開始討論負債（政策）方面才會發現問題。

首先，做為「不能忍受政府」的自由主義者最後堡壘，奧地利學派儘管哀嘆「撙節」之必要，卻找不出有什麼替代辦法。「什麼都不做」，讓經濟「自行痊癒」是他們對政府政策的主要建議。在歐元區裡我們最近就看到類似提議，但我們也看到癒合狀況並不太好。其實我們也應該還記得，這種情形之前就發生過。這些想法在一九二〇、三〇年代中在許多國家做為政策的解釋和施作方針，這在第六章會談到，總之在那個時候也都沒效。其實凱因斯已經論證過，經濟體系橫遭震盪之後，是無法「自然地」回歸充分就業的均衡。它可能長時間停滯在距離充分就業非常遙遠的彼端爬不回來。[44]奧地利學派解釋說，景氣衰退造成就業狀況持續低迷，經濟無法自行痊癒，是因為工會阻礙了市場調整工資。但是這種說法，比方說在美國，根本不可信，因為美國工人接受工會保護的比例連八分之一都不到。[45]況且，在景氣循環影響下失業率更高的國家，如德國和瑞典，工人加入工會的比例反而都比較高。

第二，如果唯一能做的就是要求政府完全撤出經濟事務之外，怎麼辦到這事又不致造成現代經濟和政體的改朝換代、重新洗牌，大概誰也不知道應該怎麼辦吧。同樣的，要金融機構根據「實質儲蓄」，不承作「人為授信」，即是要廢除銀行的部分準備制（fractional reserve banking）——銀行放款額度超逾準備金數倍即靠此——那麼連證券化商品、汽車貸款、助學貸款、抵押貸款等等也都不用做了。這對福利是否改善或在政治上能否實現，實在都看不出來。

第三，不必是凱因斯學派也知道經濟不一定會自行痊癒。美國大蕭條時期的貨幣經濟學家費雪（Irving Fisher）就曾經非常失望地分析說，因為一種稱為「債務緊縮」（debt deflation）的現象，蕭條其實不會「自我修正」。[46]簡單地說，當經濟趨於緊縮，債務增加而收入減少，還清債務更加困難，經濟景氣也就更糟，連帶消費也趨於萎縮，整個經濟更為低迷，使得必須償還的債務又變得更大。

第四，政府一定要進行干預以阻止市場進行調整固然不恰當，像「葛林斯潘對策」或愛爾蘭救援銀行就是好例子，但主張絕對不要干預也是預設市場具備知識，如同奧地利學派自己說能在不受干擾的情況下恢復充分就業，也是不可能達到的。奧地利學派說市場在不受干預的狀況下，其配置會達到最佳，這既違反事實也不可能證實。要是那些企業家會因為短期利率降低就上當變傻瓜，就沒有理由認為他們會比政府的愚弄高明多少，能夠一開始就對資金配置做出更好的選擇。[47]

第五，要解釋企業界現在為何坐擁巨資也不願投資，我們也不一定要接受高爾特（John Galt）所謂對抗通膨的資本罷工。簡單來說，在景氣衰退期間內做投資就是不合常理的舉動，不管那些資金是多麼便宜，你也不知道是否撈得回本。最後，資產膨脹既是危機的症狀，也能說是個原因。但更基本的原因，如同我們在第二章說過，是資產負債表上過大的融資槓桿、影子銀行體系（附買回市場）的脆弱，以及複雜的衍生性商品結構等因素交互作用而成，而這些也都是金融創業上搞出來好把戲。所以，也不像熊彼得所言，任何創業和創新都是好的。

總之，儘管奧地利學派的理論在某些方面的確有見地，尤其是對信貸週期循環和債務過多很危險等，但是奧地利學派據此分析的政策建議——「儘快厲行最大撙節」——就我們所知經濟在景氣衰退後的實際運作狀況來看，實在是沒什麼道理。既不干預又不補償，不但不會鼓勵「自行痊癒」，只是造成永遠撙節的政治趨向而已，如今的歐洲正在發現這一點。這些主張在政治上會吸引某些人，特別是那些反對政府的保守派，它在理論上或有共鳴，但實務上卻是個炸彈。

總結我們至今的討論，德國以秩序自由主義做為戰後撙節理念的基地，遵照的是後期開發國家主張高儲蓄、高技術及出口導向經濟的說明書。如果你確實是比較晚開發，且具備高儲蓄、高技術及出口導向型經濟的話，這份說明書的確很合適。但若非如此，正如現在歐元區周邊國家一樣，你會發現那只是通往持續撙節的單行道而已。奧地利學派為美國提供了一個歇腳處，安置與此相關甚至更為嚴厲的自由主義主張。秩序自由主義者超越了「不能忍受政府又不能缺少它」的問題，把政府轉變為有利經濟發展的架構，但奧地利學派卻叫我們完全取消政府作為，才能在景氣興衰循環中自行拯救。[15]

秩序自由主義和奧地利學派的自由主義思想在這次危機中雙雙嶄露頭角，但危機本身並不會自動產生這些想法，做為明顯而獨特的適當反應。我們在第三章的第一部分曾談過這些思想轉變的短期政治背景。接下來我們要檢視這些想法在長期上如何成為可能，以說明它為什麼現在又會被接受。要了解這一部分的撙節思想史，必須從一九七〇及八〇年代新自由主義概念進入經濟學領域說起，經過國際貨幣基金會在九〇年代的政策加持，最後導致二〇〇〇年代諸多支持撙節理念的主流經濟學家的工作成果。

第二部分：撙節推動者

全球排擠凱因斯：貨幣學派、公共選擇和民主的危險

儘管它們以德國為大本營，在美國也有歇腳處，但這些無疑只是小範圍流傳的理念卻在這次危機躍上全球大舞台，是因為廣泛的意識形態和制度改變，才讓撙節理念從過去像是早被捨棄的古老宗教一般，又一點一滴地爬回來，如今儼然成為經濟學的常識。我們在第二章討論效率市場和投資人合理預期時，談到一些這種想法，我們也注意到危機的爆發戳破大家對這些想法的信心。但有這些想法的也不只是金融市場。它們其實是全球經濟及其政策在思想上變化的一部分，而此思想變化即在一九七〇年代粉碎了凱因斯主義說明書。就是這種新自由主義理念的興起，讓撙節再度回鍋，成為景氣衰退時期大家認為應該要有的共識。要是抹掉這些思想史上的化石紀錄，這些在一九六〇年代只受戰後殘破及孤立國家的政府垂青的想法，也不可能一躍成為當代範例。[48]

這裡的關鍵是所謂的貨幣學派和「公共選擇」（public choice）經濟學家的想法。讓這些想法聚攏在一起並展現出強大的政治力量，是因為這兩派人馬都把政府視為通膨加壓器，而不是經濟震盪的吸收者。因為他們是如此理解，所以政府要是「多做」也就多錯，很危險。總之，

⓯ 索馬利亞現在就是這種完全無政府經濟的光榮榜樣。真是祝它好運啊。

古典自由主義者以撙節為預設，奧地利學派和秩序自由主義者是蓄意標舉撙節，到了後來的新自由主義（Neoliberlism）則把撙節當成獨一無二的選擇，其他政策必定失敗。把這些因素綜合起來，撙節又成為僅存的選項。

新自由主義：米爾頓的貨幣學派

貨幣學派是在一九六〇及七〇年代發展出來的概念，代表學者是美國的傅利曼（Milton Friedman）和英國的閔福德（Patrick Minford）。[49]貨幣學派有兩大基本主張，第一個先清除戰場，第二個才更實際地談到政府的毛病。首先是說，大蕭條肇因於美國聯邦儲備局的短視，在當時採取降低貨幣供給的政策。這個觀點跟凱因斯學派剛好相反，既不認為起因於消費低迷，也不是貨幣收入水準降低所致。[50]這種說法質疑凱因斯學派所說的貨幣與收入之間的因果關係。第二個主張是傅利曼認為，因為政府搞反了因果關係，所以總想採取什麼辦法去刺激經濟達到充分就業，但如此一來只會造成通貨膨脹，這個主張現在看來更重要，因為它在一個世代之後成為撙節的推動者。

我們在第二章曾談到凱因斯說明書的沒落，而傅利曼的說法是，如果政府擴大貨幣供給以增加就業，雇主也會提升產量回應價格上揚。這時候失業率會下降，又反過來抬升工資。到目前為止，都跟凱因斯學派說法一樣。不過接下來就不是囉，因為傅利曼假設失業都是自願的，並不是因為需求不足才被迫失業，這一點非常重要。我們是根據現行的工資水準，來決定是要參與勞動，還是偷懶不工作。在米爾頓的世界中沒有需求不足造成的失業。換句話說，現在有二五％的西班牙人沒工作，是他們在現行工資水準下自己選擇不工作（根據米爾頓的假設），寧可閒著過日子。

唯有短期消費增加，失業率才會下降，因為工資明顯比以前高，所以勞工不再閒散，願意回去工作了。但工資只是名目工資增加，實質工資卻沒上漲（名目工資減去物價膨脹），所以勞工所得其實都沒變。工資是漲了，但物價也漲了，所以扯平。發現這一點之後，這些才剛就業、自願就業的工人，也許是要求加薪以彌補物價上漲，那麼他們的老闆也要調升售價——通貨膨脹——不然工人們就不願再繼續工作，就業水準也就再度回到傅利曼所說的「自然失業率」。但不管怎樣，這個過程所產生的通貨膨脹上揚，會慢慢吃掉他們的生活水準。勞動市場回復「自然失業率」，重新達到均衡，但預期心理作祟，通貨膨脹仍然繼續升高。就貨幣學派來看，通貨膨脹升高但失業卻沒改善，凱因斯學派就不準了嘛。

傅利曼的貨幣學派強力抨擊戰後經濟說明書裡一個重要概念，菲利普斯曲線，我們之前在第二章也談過。[51]關鍵在於，他認為在失業方面有個「自然失業率」，驚人地回歸到古典經濟學，強調市場在均衡工資水準自行調整，認為就業人數是由供給面的結構因素和工會的角鬥程度所決定。正如布里尼（Michael Bleaney）觀察指出，接受米爾頓的貨幣理論，「就不必擔心有效需求不足的情況……我們又回到完整的古典（學派）世界裡……會自動達到充分就業」。[52]

的確，貨幣學派有許多論點只是貨幣數量理論的重述，可以直接追溯到休謨。其力量在於提供自由主義者對總體經濟不同於凱因斯學派的思考，把貨幣視為最迫切的中心問題。貨幣學派的興起，不但在一九七〇年代通膨肆虐之際讓凱因斯說書明魅力蕩然，四十年後助長了撙節論述的氣燄。貨幣學派提供一套新論述，指責政府在衰退期提供補償的干預措施只會帶來通貨膨脹，連帶將原屬邊緣的撙節和秩序自由主義那套概念送進主流論述之中。

等到貨幣學派再結合我們第三章談過的理性預期和效率市場等概念，把市場視為永遠都有效率而政府則是爛泥糊不上牆，也就當代打通了撙節論述的經脈。但真正讓那扇門半開半闔，撙節理念蓄勢泛濫的，其實是自由主義那個長久以來的老問題「不能忍受政府」，這個主張時時刻刻都在等待機會，不但要誤導國家政策，也總想推翻政府在經濟上扮演的角色。

新自由主義：「民主」本身就是個問題

公共選擇理論大概是跟貨幣學派同時出現，也一樣對於政府在經濟上的作為展開全面批判。諸如史蒂格勒（George Stigler）、奈斯坎南（William Niskanen）和布坎南（James Buchanan）等以總體經濟學的分析工具詳加檢視政治和政策，指稱政府不但會吃垮自己，而且也會吃垮整個經濟。

他們的切入點是假設政府內部代理人的作為，跟其他種類的代理人沒什麼兩樣，都是在自身條件下想盡辦法攫取最大收益。公共選擇學派沒看到政客為了改善大眾生活，會在變幻莫測的景氣循環中不偏不倚地調控經濟，而是察覺到一種政治化的經濟週期，景氣興衰竟與選舉週期步調相當，經濟調控變成民選官員獲取選票的傀儡。這種說法和貨幣學派相結合，對於經濟政策適切與否的解讀，就產生了新的——「neo」——自由主義觀點。

這個道理說來是既簡單又很一般。傅利曼認為失業率有它的自然水準，政客也無法隨自己高興在菲利普斯曲線上，安安穩穩地挑選相互消長的就業和通膨均衡點。事實上，如同先前所敘述，是剛好相反，政府一旦逕行干預以阻止景氣低迷，預期心理作祟，通貨膨脹率隨之升高，但長期失業率卻維持不變。到目前為止，是傅利曼的說法。現在換維吉尼亞學派進來攪和了。[16]

高通膨在政治上難以為繼，所以政府會採取緊縮措施讓失業率回降到自然水準。不幸的是，這樣並不能消除經濟體系中的通膨壓力，反而因為預期心理再次作祟導致通膨率又再攀向新高。同時失業率也上升了，而且新的選舉又快到來，所以政客必須進行再膨脹搞熱景氣，以確保自身連任。結果就是在一波又一波的繁榮和衰退循環中，產生越來越大的通貨膨脹壓力。換句話說，這是選舉在決定經濟政策的內容，而不是經濟決定政治。

所以民主政府干預經濟的必然結果就是通貨膨脹。正如市場經紀人要爭取最高的獎金，政客們也想攫取最多的選票，通貨膨脹也就成了必然的結果。跟那隻爭取最大私利、創造公益的隱形之手不同，這隻攫取選票的賊手只會帶來社會混亂和通貨膨脹，其他好事一概沒有。正如布坎南和華格納（Richard Wagner）等公共選擇理論學者指稱，政府誘發的「通貨膨脹破壞預期，創造不確定性，增強不公不義的感覺，造成疏離。還促成一種短視近利的行為反應，昨天所訂的計畫似乎全成了鬧劇，貪圖眼前的『快活！享受！』倒成了合理反應。」[53]

---

⑯ 公共選擇理論經常被叫做政治經濟學的維吉尼亞學派。

同樣的，傅利曼也認為政府誘發通貨膨脹，「謹慎行為變成魯莽，而『魯莽』反倒成了『謹慎』。社會發展兩極化，彼此針鋒相對，政治頻現不安與騷動。正當需要強力作為的時候，政府的治理能力卻也降低了。」[54]由於民主體制有此特殊病症，要怎麼維護自由主義經濟免受民主的破壞呢？廢除民主也許有效，但大家可能不太喜歡。那麼退一步，最好的辦法就是設立一個能夠推翻通膨決策的機構。幸運的是，感謝秩序自由主義者所賜，這樣的機構已經有了，不然新自由主義者還得自己發明一個：獨立的中央銀行。

中央銀行的獨立超然才是解決之道

在凱因斯學派盛行的時候，各國央行幾乎都是政府的附屬。也就是說，央行只是國庫的金融代理人，隨著政客指令起舞，他們說要開支票，央行就替他們開支票。不過我們之前也說過，唯一的例外大概就是德國央行，它只有一個目標：穩定物價，但德國央行之所以能夠維持超然獨立，有其後進發展國家的背景，還有德國同樣特殊的秩序自由主義說明書。其他國家的央行則是表面上獨立，但政治上實難擺脫牽絆，像美國的聯儲會同時肩負兩個使命，既要對抗通貨膨脹又要提振就業，新自由主義者認為這正是問題所在。

這個說法是實質經濟循環學派（Real Business Cycle school）的經濟學家普雷斯考（Edward Prescott）和基德蘭（Finn Kydland）一起提出。[55]他們認為，就算政客不是徹頭徹尾的工具主義者，也不是對國家一點都不關心，既使他們真的有心把事做好，民主體制的決策過程裡仍然有著「時間不一致」的大問題。所謂時間不一致，就好比有人要戒菸卻說：「真的，再抽一根我就戒。」政客的時間不一致在於他們或許真心誠意地想要解決某些問題，例如減少負債或降低通膨，但碰上經濟受到驚嚇或者選舉將近時，迫於形勢或另有企圖，他們也只好食言，於是通貨膨脹就來了。正是因此，政客們往往短視近利，只圖眼前。

但要是政客對於已經決定的政策未能「信守承諾」，選民和市場人士就要對政府政策打折扣，採取其他作為來抵消影響，於是讓經濟情勢更加不穩定，不確定性也大幅增加。基德蘭和普雷斯考認為，解決問題的關鍵就在於央行必須不受政客牽制，就像德國央行一樣，只盡心維持物價穩定就好。這就牽涉到一些體制上的改革，讓央行得以迴避大眾監督，而央行官員也必須比中間選民更為保守一些，不會被民粹主義挾持，也不會受到罷免或彈劾等威脅。

如是改革讓政府一開始就不想利用擴大開支對抗經濟循環，因為政客都知道央行官員既是政治上的保守派，本身也受到制度保障，必當恪遵職守，堅定把穩物價。[56]政客們做不到的，就由央行透過如此方式來「信守承諾」，於是決策出自獨立超然的保守派央行官員，而非東搖西擺的民選官員，因為央行官員不必討好選民，所以必要時也不怕端出苦口良藥。當然有些金融界的選民是通膨越低就越有利，但這又是另一回事了。[57]

撙節與新自由主義：政策空間大開放

一整個世代的政策制定者、政客和經濟學家接受這些想法，都把這些當作常識，使得凱因斯學派那套「開支對抗景氣」的補償主張，早在這次危機爆發前很久就只剩下零星殘地可供施展，反而幫撙節儉約捲土重來爭取到偌大的政策空間。要是大家都認為補償政策只會造成通貨膨脹，那幹嘛要補償呢？要是我們認為刺激只會刺激出通膨，而政客只為自己的連任著想，誰還會奢望經濟刺激會有什麼效果？

在這些想法出現之前，撙節儉約只是景氣政策制定者和古代經濟顧問的老派沉思，但現在可是獲得了非常自由主義的堅實理論基礎。不過要是談到證據基礎是否也一樣確切不移，那就完全是另一回事了。[58]且不提這些理論的實踐條件範圍非常狹窄，而且其實也很缺乏實證根據，最重要是這套理論在政策上的雄辯，留給政府的選項變得非常少。[59]

但是，這些新自由主義的「新」思想，還是在一九七〇和八〇年代的工業國家掀起經濟政策制定的變革，到了九〇年代時，央行獨立超然地位的要求，甚至像是什麼狂熱似地傳遍全球，其中發燒到頭暈的就是歐洲，而實施歐元和設立歐洲央行更是燒到最高點。[60]歐洲央行在一九九九年正式運作後，可以說是全球最獨立的中央銀行，其施政目標只有一個：對抗通膨！就算是在通貨緊縮的時代也絲毫不放鬆，到目前為止可說是成效卓越。

調控貨幣供給以對抗通膨做為政策訴求的貨幣學派，後來因為現代世界對於貨幣的定義丕變而走向沒落，但這個原因其實可以上溯到一九八〇年代。然而此學派關於自然失業率的假設，對於反對擴大開支和提供補償的主張仍然非常重要。要是花錢讓失業率降到自然水準以下只會引發通膨，又何必花這個冤枉錢呢？要是失業源自「結構性」因素，而不是因為缺乏需求，那麼擴大支出也不會有什麼結果，所以我們就不要白忙了。[61]事實上，失業的「自然率」在不同國家、不同時間的差異實在太大，因此很難歸納成結構性因素，其可信度之低根本也不是工會盛行與否所影響。[62]

同樣的，就目前歐洲橫禍自招的狀況下，還說失業是自願的，簡直就是在傷口上撒鹽。真實生活中的勞工有固定工時的工作，靠著固定工資付帳單、養家活口。說勞工會衡量實質工資水準，在勞動和偷閒之間任意轉換，如果收入不符預期就怠工或寧可無限期地放無薪假，就好比我們把經濟大蕭條當作是幾百萬人突然意外地一起放長得嚇死人的無薪假一樣。這種想法或許可說是獨創而奇特，但對問題可沒什麼幫助。

公共選擇理論就像個萬事通用的小玩意一樣，不僅能幫助民主社會中的選民、政客和銀行家進行制度變革，也像是丹尼特（Daniel Dennett）在著作《達爾文的危險思想》（*Darwin's Dangerous Idea*）中所說的「萬能酸劑」（universal acid），任何接觸到的東西都會被它腐蝕，轉變成一種「代理／競租」（principal-agent/rent-seeking）的問題。[63]你以為組成貨幣同盟的國家，就會團結起來相互支援嗎？不要這麼天真啊。道德風險總是會有的。擔心自己看不出未來會怎樣嗎？別擔心，明訂規則就會讓未來符合你的期望。那些國家叫你花錢透過轉移支付來補償它們的失業，你會害怕那些揮霍無度的政府因此毫無長進，不想想改革經濟狀況嗎？你說得沒錯，他們的確不想改進，只想剝削你的納稅人。所以他們的政府應該換掉，換成你可以信任的。歡迎大家光臨歐洲！

在公共選擇論述的覆蓋下，那套道德風險的邏輯深深嵌入核心之中，並在各種可能情境中發揮影響，也因此破壞了整個能夠產生信賴的機制，包括擴散互惠（diffuse reciprocity）、互助基準等等，因此碰上天真的弱點，就是設定更多規則和更嚴厲的制裁，而這些作為正好讓信任的可能蕩然無存。當社會資本（social capital）不敵道德風險的顧慮，決策者自然把彼此間的互動都當作是代理問題（agency problem），也就是其中一方必然想占另一方的便宜，因此唯一想得到的辦法就是儘量消除制度上的模糊地帶，訂立更嚴格的規則，白紙黑字寫下契約、協定，最近歐元區的改革看來就是如此。問題是，經濟學家所說的道德風險，也就是正常人說的信任。你沒辦法光消除道德風險，卻不會破壞產生信任的機制。在規則上欠缺一定程度的模糊空間，又沒有互惠基準，信任就無由產生。歐盟在政治上是建立在彼此的信任上，並非仰賴消除道德風險而成，所以才行得通。但是貨幣同盟卻是反其道而行，而一個經濟體系要運作，尤其是全歐一體的貨幣同盟經濟體，要是沒有信任做為基礎，又要怎麼運作呢？德文中「債務」和「罪行」都是「Schuld」，而英文中「信用」（credit）這個字則來自於義大利文的「信仰」（credere）。從根本上來說，貨幣、罪行和信任都是基準，不能當成規則。但亞當斯密的自利說和秩序自由主義的規則也只能讓我們走這麼遠而已。

從這個角度來看，民主本身也同樣不是目的，因為它不過就是個造成通膨的病症，唯有靠規則——而非自由裁量——才能拯救我們。那麼，更換歐元區裡的一、兩個政府就是必要的事了。至於那些政策，或者說要各國都把降低通膨當成是第一要務是否可行，尤其是那些不想問選民就強行推展做為政策者是否合理適用，這個問題其實是相當明顯。[64]

凱因斯主義就是被這些主張一起趕出已開發國家，而且趁這次危機又把支持撙節的論述送回來。至於在開發中國家，則是更早之前就拜華盛頓共識所賜，有某種類型的新自由主義把撙節理念當作核心要務的現成政策。那套後來在歐洲周邊國家儘情宣洩的政策，就先在全球開發中國家首次上路試跑，準備挑戰美洲社會福利國家。奇怪的是，儘管毫無成效卻無損其魅力。

國外試行撙節：華盛頓共識與國際貨幣基金會的貨幣模型

「華盛頓共識」（Washington Consensus）是由發展經濟學家威廉森（John Williamson）在一九八九年擬定的清單，開列十項「一定要做」的政策。其完整內容包括：財政紀律、重新安排公共開支優先順序、稅制改革、利率自由化、（維持）匯率的競爭優勢、開放貿易及外來直接投資（FDI）、民營化和解除管制等，目的是要把握住「發展經濟學中……以前被屏棄一旁的想法」。[65]

那些都是一九六〇、七〇年代老派的拉丁美洲發展經濟學者提倡的想法，他們擅長鼓吹產業政策和其他由國家主導的產業發展計畫。到了八〇年代後期，那些主張在拉丁美洲債務危機觸礁沉沒，其構想基本上也都過時了。不過威廉森還是從這些「被經濟合作暨發展組織國家認為長期適切的想法」擷取一些出來，做為新政策的點子。[66] 於是這些在經濟發展中被視為應該有用卻無效的點子，就被拿來跟工業國秩序自由主義的反政府新點子擺在一起。

威廉森曾多次表示這份政策清單並不是要讓「大家都能接受新自由主義」⓱[67]，但這份清單仍然很清楚地把握到我們現在稱之為撙節政策的一些基本特質。此外，這份在一九八九年所謂「歷史的終結」（end of history）時刻擬出的清單，要是把匯率和外國直接投資等項目拿掉，也

⓱「財政紀律」顯然是清單上輩分最高的。

很難看出它真能反映出經濟合作暨發展組織成員國在此期間的實際作法。我們從經合發組織中挑出幾個國家，比方說法國、義大利和斯堪地納維亞國家等，到了一九九九年之前也不曾大力推展過那些政策，更別提早在一九八九年的時候。**而經合發組織以外，經濟成效更為亮眼的發展中國家，如韓國、台灣和後來的中國，曾採行這些政策者甚至更少。**[18][68]個別國家或許曾經推展過其中幾項政策，但也一樣是由英、美帶頭，認為其他國家也都應該一體適用，這種將自身經驗化為共識，強調「富有國家都會這麼做」的想法，其實是有點超過。

不管怎麼說，那些對威廉森主張照單全收且樂於施行的國家，都跟設立在華府的國際組織有關，特別是國際貨幣基金會和世界銀行（World Bank）。那些想法是在拉丁美洲國家債務危機之後，為解決當時拉美慢性通膨問題量身訂做，但是，後來卻很快成為一九九〇年代各國經濟發展或轉型（從共產主義轉為資本體制）的經濟說明書。

布列頓森林機構脫胎換骨

這些「布列頓森林機構」（因為它們都是在一九四四年的布列頓森林會議後成立，主旨在重塑二次戰後的全球經濟）到了一九八〇年代開始碰到困難[69]，尤其是國際貨幣基金會在喪失原本功能之後，只得拚命尋找新使命。布列頓森林會議固定美元與黃金的兌換率，再據以約定各國貨幣和美元的匯率，從一九四〇至七〇年代全球都採用這種固定匯率制，而國際貨幣基金會的設立就是為那些匯率出現重大變化的國家提供應急資金。等到一九七一年美元停止兌換黃金，布列頓森林體系崩潰，全球主要貨幣匯率開始彼此浮動，國際貨幣基金會就沒事好做了。

不過大型官僚機構不會因為任務完成或消失就停止，美國的「一毛錢運動」（March of Dimes）就是個好例子，它們會自己找到新任務。[70]於是國際貨幣基金會就成為會員國政策「強力監督」的提供者，以增加全球經濟的透明度，至少就已開發國家而言。至於對發展中國家來說，國際貨幣基金會是執行「結構調整計畫」的金融警察，而那套結構調整計畫其實就是華盛頓共識付諸實行。[71]

羅德里克（Dani Rodrik）就指出，在這段期間國際貨幣基金會的工作受到世界銀行協助和支持，致力於「被約翰．威廉森編入知名華盛頓共識」的三大目標「穩定、民營化和自由化」。[72]結果這套政策從亞塞拜然到尚比亞全部一體適用，其目的是要讓「財政赤字、通貨膨脹和關稅都降到最低，而民營化及金融自由化達於最高」。[73]換句話說，就是發展經濟版的「擴張型財政撙節」，但結果呢，大致說來，都很糟。

羅德里克更指出，經過十年的調整後，這些「調整後」的國家如果以國內生產總值的損失來算，大都還沒回到調整前的水準，而國內生產總值之減少主要就是拜那些政策所賜。成功案例是少之又少，而且屢見逆轉。到了二〇〇〇年代中，拉丁美洲諸國的經濟狀況確實是大有改善，但此時改革步伐大幅放緩，之後有些國家呈現停滯甚至開始倒退。關於國際貨幣基金會和世銀在拉丁美洲的改革，最近有項調查顯示，該地區的改革指數於一九九〇年代危機之後，在

⑱ 韓國在一九八六年加入經濟合作暨發展組織。而威廉森後來也不再說這些想法取自於經合發組織國家的實際作法，而是「來自經濟核心的確切實證歸納」。

二○○○年代基本上只是持平。[74]當資本帳開放、取消資本流入管制——這是除了華盛頓共識的檢查清單外，國際貨幣基金會特別要求加入的一項——還有銀行體系自由化以後，帶來的經濟成長有限，大型金融危機卻發生了不少。[75]其中以拉丁美洲為最，一九八○年代債務危機的虧損在九○年代更形惡化。[76]那些政策不但沒有創造經濟成長，反而讓實施諸國的經濟更為萎縮，這狀況跟我們今天在歐洲所看到的一樣。⑲[77]如今歐洲周邊國家所實施的，也幾乎就是那套結構調整政策再經地區化，而根據過去的成果，預期這次也不會太成功，其實並不誇張。

隱藏版的國際貨幣基金會「財政部觀點」

有趣的是，讓國際貨幣基金會對於這些想法如此執著的原因，除了學術界對經濟概念的知識氛圍和一九九○年代經濟學高等教育趨勢大有不同之外，國際貨幣基金會四十年來用來衡量政策成效的貨幣模型，波拉克模型（Polak model）也是原因之一。[78]成立於一九四○年代末期的國際貨幣基金會，透過短期融資改善預算赤字來解決一些國家的國際收支失衡，國際貨幣基金會必須先搞清楚該國進出口、銀行信貸和外匯存底長期相互的影響，才能讓它提供的沖銷融資（國際貨幣基金會貸款）發揮最大效果。結果就是波拉克模型，它的基本假設是趨向撙節而抑制膨脹。

就像設定模型的波拉克（Jacques Polak）所言，國際貨幣基金會是要區分「流向民間部門的信貸（通常被鼓勵）和流向政府部門的信貸（通常被制止）」，「那些因為國際收支失衡而尋求國際貨幣基金會援助的國家，通常都是國內過度膨脹，通常也能透過財政緊縮來矯正」。[79]此時應該採取撙節政策，是因為「過度膨脹」會導致經常帳與財政赤字雙雙走高，而「排擠民間部門的投資」。[80]

總之，一九四〇年代成立的國際貨幣基金會，在凱因斯主義的表象之下，骨子裡卻是一套依照古典自由主義設定的模型，對於國家政府作為的看法可以說是跟一九二〇年代英國財政部同出一轍。[20][81]波拉克模型是國際貨幣基金會在實務操作上的唯一依靠，也因此早在華盛頓共識於一九九〇年代成為撙節的指導說明書之前，國際貨幣基金會就已經吸收其結論。戰後凱因斯主義核心中的自由主義矛盾，會在國際貨幣基金會上首度開花綻放，也沒什麼好驚訝的，因為基金會的管理高層畢竟都是各國央行及財政主管，其出身正是那些最可能保留自由主義「既不能忍受政府又不願為它花錢」想法的機構。[82]

有鑑於此，各位可能以為「撙節在全球開發中國家」成功有限的情況下，會促使它們反省這些政策。有那麼一陣子，的確是反省過。國際貨幣基金會的姊妹單位世界銀行，在二〇〇五曾發布一份報告，等於是承認前述華盛頓共識的改革清單幾乎是完全失敗。[83]但是一向呼應古典自由主義傳統的國際貨幣基金會，也在同一年發布評估報告，立論剛好相反，唯一承認的只是

---

⑲有研究顯示，實施國際貨幣基金會的計畫時及完成後，經濟成長更可能下降，而且社會不均狀況也會加劇。面對這種狀況，有些左派政府的國家，諸如巴西就放棄國際貨幣基金會所開予的條件，而採取比較不正統的政策組合。

⑳根據國際貨幣基金會官方史料記載，波拉克模型的反通膨趨向是來自於波拉克的尊師，丁伯根（Jan Tinbergen），他在凱因斯主義盛行之前的兩次世界大戰之間是荷蘭的央行官員。

執行失敗，對於改革內容仍是絲毫不疑。

博蘭尼（Karl Polanyi）之前談到某些計畫的說法，跟這次也很像：按照國際貨幣基金會的標準來看，華盛頓共識「讓人嘆為觀止的失敗……絲毫無損其權威性。事實上，那些不成功反而強化它的主張，認為碰上任何困難都是因為沒有完全遵照其原則所致」。[84] 所以我們再次看到，一談到撙節儉約時，光是事實還是難以駁倒一種大家認為是好的意識形態。而一個所謂好的意識形態要是欠缺事實來支持的話，也隨時能夠提供幾個不錯的模型，如法炮製「事實」。這一切搞到最後就是帶來了克魯曼，說的「撙節派」（Austerians）和現代撙節思潮達到最高峰的擴張型財政緊縮（expansionary fiscal contraction）理論。過去讓非洲和拉丁美洲刪減支出以促進經濟成長只是個序曲而已，現在才正要展開大合奏。

第三部分：實施撙節

你要是錯過晚餐，這裡還有一份免費午餐：擴張型撙節的義大利起源

據說「天下沒有白吃的午餐」這句名言是傅利曼說的（誤）。意思是說，經濟成長在某些方面總是要付出代價，這的確是真的。但是，一九八〇年代末到九〇年代初，各種公共選擇論述紛紛出籠，間接挑戰那句話，指稱政府要是放棄晚餐，就有可能得到各種免費午餐。也就是說，要是你削減支出，就能夠既減少債務又獲得經濟成長。然而當時國際貨幣基金會在開發中國家實施華盛頓共識經濟學，其實就已經證明這種擴張型的支出削減其實無效，但許多新論述卻因此應運而生，論證擴張型支出削減，至少在理論上，至少在已開發國家（經濟合作暨發展

組織會員國）裡，應該還是有效。

這個新狀況可以回溯到更早之前，而且是來自一個不同的方向，沿襲上個世紀中期義大利經濟學家埃諾迪（Luigi Einaudi）的研究。埃諾迪是米蘭博科尼大學（Bocconi University of Milan）一門公共財政經濟學派的創始人，他的學說揉合德國秩序自由主義和後來的公共選擇經濟學的思想。[85] 埃諾迪在一九二〇年代也曾是《經濟學人》雜誌的撰稿人，在他的專業領域也是聲名卓著的經濟學家，曾經擔任戰後義大利央行（Bank of Italy）首任總裁，並在一九四八至一九五五年榮任義大利總統。對於我們現在會以為削減支出可以促進經濟成長的想法，埃諾迪的經濟思想正是化石紀錄中的最後一個環節。[86]

埃諾迪的「經濟自由主義」（liberalismo economico）理想，是符合自由主義的經濟秩序，「能夠增進工作、儲蓄和競爭的天然誘因」。[87] 國家那些會導致通貨膨脹的作為，特別是誤入歧途的凱因斯措施都會讓那些天然誘因降低，因此應該不惜一切代價來避免。埃諾迪也跟德國秩序自由主義者一樣，希望政府的權力只大到足以擴展市場範圍，嚴禁壟斷以促進競爭，並創造「法律和政治環境使大家可以組織、發明和生產」。[88] 換句話說，他也講究秩序。不過埃諾迪在義大利可不只是個秩序主義者，甚至也不只是個經濟理論家而已，他在戰後屢任要職，極力鼓吹歐洲統一，尤其是透過單一市場和單一貨幣機制。

早在一九四〇年代埃諾迪就以秩序自由主義的明確觀點，主張歐洲進行貨幣同盟。這個他稱之為「歐洲聯邦」（European Federation）的未來組織是建立在龐大的單一市場上，企業界在其中將更難以壟斷市場或妨礙競爭。他認為這個單一市場應該使用單一貨幣，由獨立中央銀行予以監管，防制財政政策太過積極，如此一來通貨膨脹就不可能發生。就如埃諾迪所言，但說得有點奇怪：「要是歐洲聯邦把會員國印鈔票搞公共工程的可能性拿走，強迫它以稅收或自願貸款來支付，可就是功德圓滿。」[89]只是為了讓各國財政不要那麼神通廣大，埃諾迪也主張應該由憲法明訂禁止財政赤字，比梅克爾的相同訴求還早了六十年。

埃諾迪今天對我們如此重要，並不只是他的知識遺產對於歐洲的思考，儘管這是一股來自義大利的力量，以秩序自由主義的觀點來推動歐洲聯盟，而是因為他在米蘭博科尼大學創設的經濟學派，足足培養了兩代秩序自由主義觀點的經濟學家。現代撙節論述主要就是來自第二代博科尼學者，他們在全球經濟學專業領域中都成為很有影響力的人，特別是亞列西納（Alberto Alesina）、嘉瓦齊（Francesco Giavazzi）、阿達娜（Silvia Ardagna）、塔貝里尼（Guido Tabellini）和佩羅蒂（Roberto Perotti）。亞列西納和他的同伴在定義現代撙節理念並為之進行政策辯護上，其重要性是不容低估的。埃諾迪的遺產就是透過這些人的努力，深深嵌入義大利秩序自由主義的核心，而且跟休謨和亞當斯密一樣，對於國家、政府及其管理債務的能力抱著深切的不信任。[21]而當代撙節的最終論述，就是在這兩代之中模塑而成。

民主造成債務和通貨膨脹

在一九八〇年代末到九〇年代初，歐洲有許多研究論文，特別是來從埃諾迪的博科尼學院，開始集中討論政府造成預算赤字及債務及其因此受到的限制和束縛。這些早期文獻都是重要的敲門磚，為日後危機期間的擴張型撙節論述打開大門。

關於這一系列的討論，第一篇重要論文是亞列西納和塔貝里尼的〈民主體制中財政赤字與政府債務實證論〉（A Positive Theory of Fiscal Deficits and Government Debt in a Democracy.）[90]，這兩位學者以政府債務轉挪黨派目的策略使用為模型，預告日後公共支出方面「餓死巨獸」（starve the beast）的理論。[91]這篇論文不再像早期公共選擇論述想要表現民主體制如何帶來通膨，而是以分析表明政黨輪替造成「民主國家的赤字傾向」[92]，指控政府會導致多於必要的債務。

亞列西納和塔貝里尼的基本想法是，要是各競爭黨派都同意水準一樣但內涵不同的公共開支，那麼執政黨可能輸掉下次選舉，所以它會訴諸預算赤字才對。執政黨要趁著權柄在手時釋放更多有利自己的公共利益，至於帳單，也就是留下更多債務給下一個上台執政的黨派。這麼搞的話，還可以綁住對方手腳。但是到了下一次選舉，受到束縛的執政黨也會依樣畫葫蘆，結果國家債務就在政黨輪替中一直膨脹。

培森（Torsten Persson）和史文森（Lars E. O. Svensson）有篇論文更進一步追問類似問題：「要是現任政府知道繼任者會受到繼承債務的束縛，它會訴諸財政赤字嗎？」[93]答案當然是會，幹嘛不呢？由於政客偏好的時間不一致，「公共債務（水準）就成了會變化的政府因素，等於

㉑我們也要注意到博科尼學者的影響力遠遠超出學術界。例如，歐盟支持的現任義大利總理蒙蒂（Mario Monti）就是博科尼學院前任董事長兼校長。義大利現任經濟發展部長帕塞拉（Corrado Passera）也是從博科尼畢業，經濟及財政部長格里利（Vittorio Grilli）也是。這項觀察要感謝羅莫雷蒂（Lorenzo Moretti）。

是現任政府控制未來政府的工具」。[94]這個互相搞來搞去的故事，簡單地說就是保守黨會徵收較少的稅，留下更多債務，因此任何自由黨政府上台都會受到束縛。結果從保守黨觀點來看，其開支水準仍然不算是最好的，但至少比放任那些揮霍無度的自由主義者亂搞來得好。㉒

這些研究之所以重要，是因為它們把國債水準視為選舉競爭的結果，而不是來自景氣循環。也因此自由主義對政府涉足經濟的不信任傳統再次抬頭。不過國債水準是否真是由此機制衍生，仍然沒有定論，就如培森及史文森所言：「要找到明確的經驗證據來支持這個理論可能……不太容易。」[95]問題雖然還是沒解決，但研究已經轉到新方向，如今不再數落政府導致通膨、債務的「壞事」，而是研究政府要怎麼做「好事」，例如提振經濟成長，然而有鑑於它會引發通膨和債務的傾向，那麼主題就成為如何透過裁減政府支出來提振經濟成長。

裁減支出促進繁榮——又來了

關於「擴張型財政強化」最權威論述是嘉瓦齊和帕加諾（Marco Pagano）的〈嚴格的財政緊縮能否擴張經濟？兩個歐洲小國的故事〉（Can Severe Fiscal Contractions be Expansionary? Tales of Two Small European Countries）。㉓[96]對這個問題的答案呢，還是說「可以」。這篇論文很有趣地傾向秩序自由主義，因為靈感是來自一九八一年夏季的德國經濟顧問委員會報告：裁減開支，改善預期，即可刺激經濟成長。[97]嘉瓦齊和帕加諾秉承意旨，向前衝。

嘉瓦齊和帕加諾的論述是以海維希（Hellwig）和紐曼（Neumann）的一篇論文為基礎，表示德國在一九八〇年代中期就曾出現這種預期心理的影響。具體而言，要是「採取措施，永久縮減政府在國內生產總值所占的比例……連帶降低未來徵稅……而對預期心理造成間接影響」的話，這種預期心理的變化所帶來的擴張效應會大於裁減預算所造成的緊縮。受到這個「德國觀點」的啟發，嘉瓦齊和帕加諾開始尋找類似例證，果然找到兩個：丹麥和愛爾蘭。[98]一九八〇年代初期西歐各國大都經歷嚴重經濟衰退，而較晚陷入衰退的丹麥和愛爾蘭採取削減開支的措施，成功地擴張景氣，而愛爾蘭尤其是「擴張型公共支出裁減最突出的例子」。[99]

丹麥在一九八二年大幅裁減預算後，景氣擴張了四年，愛爾蘭則是「在一九八七至一九八九年的穩定期出現類似結果」。[100]那麼，這兩國的情況為什麼「跟凱因斯主義預期財政緊縮的效應嚴重矛盾」呢？[101]嘉瓦齊和帕加諾推測說，因為「這兩個國家都裁減支出並增加課稅，伴隨著政治權力平衡的轉變，再輔以貨幣和匯率政策：匯率先貶值之後，兩國匯率都盯緊……德國馬克，引發劇烈的通貨緊縮，還有開放資本流動」。[102]

但是，這些看來跟預期心理好像關係不大。預算之外的新政策和發展造成利率陡降，帶來收入增加（償債減少的財富效應）的幅度大於公共開支緊縮對經濟的傷害。為了克服這個問題，嘉瓦齊和帕加諾以計量經濟學的方法加以爬梳，認為緊縮之後的景氣擴張不應歸因於財

㉒這個模型有個相當大的缺陷。因為保守黨現任政府要是花夠多的錢，把景氣搞上來，也讓自己勝選連任，那麼他們搞出偌大債務可就得自己承受了。有人可以喚起具備理性期待的選民來解決這個問題，但這麼一來也必須假設這些理性選民在保守黨政府還沒這麼做之前就明白底細，那麼這整個過程也無從開展。

㉓好巧，前者曾是博科尼學院的教授，而後者是埃諾迪經濟學暨金融學會（Einaudi Institute for Economics and Finance, EIEF）的會長。

富效應。他們發現丹麥「經濟景氣的不明因素跟公共支出裁減有關……這正是未來減稅的訊號」。[103]而愛爾蘭則受制於信貸市場，似乎並未出現這種情況，因此主要仍是財富效應。儘管如此，嘉瓦齊和帕加諾仍然「很想」（這是他們的用詞）說是「德國觀點」（預期心理所致）跟「愛爾蘭的穩定……可能很有關係」。[104]於是他們又反過來說是：「德國觀點擁有嚴肅的經驗關聯，果然有例可尋。」[105]精確地說，其中一個確實可說是例證，但另一個則是被計量經濟估算上重大預測錯誤「誘導」出來的結論。值得注意的是，在那十年裡，有十幾個經濟合作暨發展組織成員國一樣是裁減了支出，卻都沒有達到經濟成長的結果。

擴展撙節：博科尼學者論支出與徵稅

根據上述開頭的論文，亞列西納在一九九五年跟佩羅蒂一起發表重要論文繼續發揚光大，在丹麥和愛爾蘭之外尋找更多財政調整的例證，並解釋反例為什麼比較多的原因。[106]對於裁減支出造成傷害大於助益的疑雲，必須設法澄清。因此這篇採用嘉瓦齊和帕加諾研究框架的論文，更是大幅擴展了關注範疇和訴求。

亞列西納和佩羅蒂要問的是，當預算強化成為唯一出路時，哪種政策才能把錢用在刀口上：增稅（開源）或裁減支出（節流）。他們發現，「成功調整（占少數）大都依靠裁減轉移支出和政府部門的工資和就業」。[107]他們檢視二十個經濟合作暨發展組織成員國三十二年的資料，在「總債務占國內生產總值比例」有三年比原先「至少降低五個百分點」的極度財政緊縮（裁減預算）中尋找「成功調整」案例。[108]結果發現「十四個成功案例和三十八個不成功的……

成功調整幾乎都是因為裁減支出」。[109]因此，「福利國家真要進行財政調整……不免要裁減支出」。[110]

但是政客們都不必擔心支出裁減，因為根據經濟計量結果，裁減幅度「比七大工業國大一個百分點」的國家，其「商業投資占國內生產總值的比例也會上升一個百分點」，而且提高競爭力。[111]相較之下，增稅會將導致調整失敗。要是在支出方面處理得宜，「好消息是重大財政調整不會造成嚴重衰退」。[112]為了把愛爾蘭和丹麥的例子推而廣之，也為了掩飾反例、強調裁減支出才是創造成長的正道，亞列西納及其夥伴在新自由主義經濟學家間大肆為擴張型撙節奠基舖路，讓它看來像個「新常態」，而不是政策上的特例。

這些看起來，好像都是把凱因斯理論倒過來。裁減支出可以促進成長、減少債務；支出會導致通貨膨脹和更多債務。李嘉圖看到這個一定很高興。打從十九世紀初以後，自由主義還從沒這麼反政府過。而且還有更多驚喜呢。要是說嘉瓦齊和帕加諾給我們一篇權威研究，那麼十年後權威已經轉移到亞列西納和阿達娜在一九九八年發表的論文〈財政調整的故事〉（Tales of Fiscal Adjustment）。[113]

「別無選擇」也回來了

〈財政調整的故事〉匯整研究團隊的訴求，提煉出幾條簡單的政策教訓。據亞列西納和阿達娜所言，「成功而持久的擴張型財政調整大概有三個重要元素，必須結合：移轉支付、福利計畫和政府工資的支出裁減；某種形式的……工資調降；以及實施財政緊縮之前的即刻貶值」。[114]正如之前說過的，在景氣衰退時增稅只會讓狀況變得更糟。所以，一種新形式的「別無選擇」又回來啦，除了裁減支出之外別無他法。

這篇後來發表的論文同樣以預期心理機制為基礎，但表述更為具體。所以，在資金面未顯著受限時，「要是大家認為裁減支出會繼續下去，消費者即預期未來稅負降低，而一生的可支配所得都會增加」。這會讓他們現在的消費和投資增加，因為他們認為「原本預期的大幅增稅在未來並非必要」，如果碰上稅率高時更會產生這種預期心理。[115]在「財政緊張」期之後實施這種政策的效果會更好，因為裁減會持續下去的信號更為明確。所以，我們不但要裁減支出，更應該在痛苦的衰退期中厲行撙節，果斷施以裁減。㉔[116]

但這一次的研究案例更顯浩大，所謂顯著擴張型調整的條件是在兩年的時間內於循環調整後基礎財政收支（cyclically adjusted primary balance）達成二%的改善。㉕最後找到了五十一個案例，其中十九個成功，而有二十三個屬於擴張型。計量經濟學的結果證實了這個說法：在景氣衰退時裁減支出，才會讓錢花在刀口上，幾乎所有的緊縮性景氣擴張都是裁減開支的結果，如今「成功調整在調整期間及其後經歷了『壯觀』的投資熱潮」。[117]如果相反地採行財政寬鬆（擴張）政策，也會導致相反的結果。

為了凸顯這些成功案例的詳情，並仔細安排政策教訓，亞列西納和阿達娜選擇以下十個財政調整的案例：愛爾蘭（兩次）、澳大利亞、比利時、丹麥、加拿大、荷蘭、瑞典、希臘和義大利（兩次，但有一個成效有限）。這些案例都出自一九八〇年代中期至九〇年代中期。這些結果相當令人矚目，一部分是因為太謙虛了。在這十個案例中（在明確期間只選擇這幾個樣本，比較好處理），只有「兩個案例明白呈現擴張型：一九八七至八九年的愛爾蘭和澳大利亞」。㉖[118]而丹麥，則跟嘉瓦齊和帕加諾的研究相反，表現得「好壞參半」。值得注意的是，「加拿大、荷蘭、瑞典、愛爾蘭和希臘都沒看到擴張型財政的好處」。[119]比利時「有點不明確」，而義大利則言之尚早。[120]總之，若仔細檢視這十個案例就曉得，其中只有兩個支持論文中根據計量經濟檢驗提出的有力主張：裁減，而且只能是裁減支出，有利於經濟成長。

對於預期心理的強大效應，亞列西納和阿達娜也完全承認這些案例的證據「薄弱」，同時他們也都認為，除了預期因素之外，包括貨幣貶值、工資協議和其他幾個因素也都很重要。㉗[121]儘管大家都明白成效有限，但是當危機來襲，經濟陷於衰退，而凱因斯學派捲土重來，如我們在第三章談到在十二個月裡成為政策主導時，反對派又拿出〈財政調整的故事〉當作適當的指導說明書，竟然也成了。不過在政策圈最後奪魁的，同樣是那兩位學者在二〇〇九年發表的〈故事〉更新版，尤其是亞列西納在二〇一〇年四月於歐盟部長理事會經濟暨財政事務會議於

㉔ 但此時我們會想到俄羅斯的經濟「休克療法」、伊拉克戰爭「震懾行動」或其他類似手法的失敗案例。

㉕ 結構性赤字是指經濟發揮潛能時存在的赤字，它跟實際赤字的差異就在於景氣循環因素的影響，後者是在景氣狀況低於潛能水準時出現。這定義要感謝史帝夫．金賽拉。

㉖ 還記得在嘉瓦齊和帕加諾的論文中，丹麥是個成功例證，但愛爾蘭的數值則是好壞參半。

㉗ 作者的結論是：「針對支出的大規模財政調整，並伴隨工資節制和貶值，是有助於擴張的」。（斜體字是作者所加）

馬德里集會提交的版本。㉘[121] 據彭博新聞社（Bloomberg）指出，這是「亞列西納的一刻」。[122]

為凱因斯蓋棺

亞列西納和阿達娜〈財政政策大變革：租稅與開支〉（Large Changes in Fiscal Policy: Taxes versus Spending）就是〈財政調整的故事〉的更新擴充版。[123] 我們在第二部的導言也說過，在此很方便地引用傅利曼的話：經濟學家的（真正？）功能是「為現行政策開發替代方案，好好保留著，讓它們在政治上從不可行變為不可避免時，隨時都能派上用場」，而那個時刻通常就是危機出現的時候。[124] 亞列西納就是一直小心守護這些想法，等待這樣一個時機。正當歐元區危機真的開始升溫，〈大變革〉不僅談到財政強化和經濟成長，同時也在經濟遭到金融危機重創之際，檢討什麼政策才最能發揮財政刺激。各位大概也都猜得到答案，不過這篇論文的重點還是在於裁減支出帶來的擴張效應。

亞列西納和阿達娜一開始是指出，整個經濟合作暨發展組織國家的債務和赤字都增加很多，這大都是因為「對金融界的各種援救」所致。但對這方面，他們「沒什麼話要說」。[125] 他們真正想說的是，不管這個爛攤子是怎麼搞出來的，唯一出路只剩下裁減政府支出。跟之前一樣，他們認為「要穩定債務和避免經濟衰退，裁減支出比增稅還有效」。[126] 儘管之前論文中他們承認這種預期導向的擴張效應「證據薄弱」，現在卻又拿出這套說法強力放送，至於證據效力則絕口不提。

被視為理性預期的消費者，會以政府裁減支出的可靠訊號為根據，來估量自己一生的消費安排，把這些考量納入個人支出決策。照此而言，利率變化導致財富效應就不再是預期之外，就好比我們要是相信政府會裁減支出，債券殖利率溢價就會降低，因此消費者預期未來貸款成本會更便宜，所以他們現在就會開始花錢。[127]的確，如今預期心理會直接衝擊勞動市場，例如政府人事工資降低的支出裁減，不會導致凱因斯警告的衰退，而是會產生「更高利潤、更多投資和（更強的）競爭力」。[128]現在預期心理可說是滲入萬事萬物之中，結果都是它們說了算，要是政府做得更少，甚至是在衰退期間，預期心理也就變得更好。這就是為凱因斯蓋棺的最後釘子，因為它們在最為緊縮的狀況下也能創造出擴張。在這樣的世界中，衰退才是裁減支出的完美時機，而支出花錢不管是在何時何處，必定都是錯誤的政策。

為了幫預期導向的經濟擴張塑造新案例，亞列西納和阿達娜針對二十一個經濟合作暨發展組織成員會，從一九七〇至二〇〇七年的資料中抽選一百零七個正面及反面的調整案例來做說明。其中有九個國家總共二十六個時段符合擴張型財政調整的條件。也就是說，這些時段在三年的調整後債務變得比其他七五%觀測樣本的平均債務水準還低，但經濟成長率卻比較高。[129]這一次的計量經濟觀測對於預期效應的討論，跟之前看到的一樣，也沒有談到證據力是否足夠這件事。

裁減支出可以引導經濟擴張，而且「其於經濟的效應遠優於以增稅為基礎的措施」。[130]這一

㉘歐盟部長理事會經濟暨財政事務會議是為歐盟各國財長會議進行協調安排，同第三章討論的G20財長會議。

次亞列西納和阿達納甚至在論文中偷渡類似拉弗曲線（Laffer curve）的概念，指稱裁減政府支出（而非減稅）可以擴大稅收，因為「它們（徵稅）在擴張型調整中大幅下降」。[131]最重要的是，成功的調整會看到福利移轉支付減少，而不成功的調整則是福利移轉支付增加。由此可知福利國家之不可取，因為「福利津貼自動增加的問題要是不解決的話，公共財政就很難甚至不可能修復」。[132]這些觀點跟凱因斯學派剛好相反，政府支出會降低經濟成長，因為「經常支出占國內生產總值的比例每增加一個百分點，則經濟成長率會降低〇．七五個百分點」。㉙[133]

在十一年後的新論文中，〈故事〉裡那些細節、條件限制和某種曖昧模糊都不見了。現在可不只是兩個有效案例，而是二十六個「時段」。預期效應也不再「薄弱」，而是把所有狀況都歸因於預期心理，都透過預期機制在運作。這些概念也不只是像傅利曼所說的「在身邊」而已，就如我們在第三章談過的，當英、美凱因斯學派意外地捲土重來之際，這些論述突然出現在歐盟政策辯論中，成為德國及其盟友施以反擊的材料。

一年後的二〇一〇年四月，亞列西納把這篇論文加以濃縮後，在馬德里的歐盟部長會議上發表。他首先指出，現在的歐洲跟二次大戰後債台高築的情況不同，光是經濟成長也不足以打消歐元區的高額負債。而且，除了財政調整之外別無他法。令人高興的是，只要政策可信，且裁減規模大而果斷，「很多預算赤字劇烈縮減的措施都隨即或隨後刺激經濟持續成長，即使是很短的時間內」。[134]這又是因為預期未來會變好，因此現在就先變好，債券值利率下降可以創造出更多財富，也是預期效應所致。[135]在實際政策方面，徵稅不應該提高，福利津貼應該裁減。[136]有許多內容都是從之前論文擷取而出，關鍵是這次又添加了什麼。

透過這篇談到政府結構和決策的文章，亞列西納向參加會議的財長們保證，要是他們朝此進行，在衰退之際開始裁減預算，不但會讓狀況改善，也不會害他們失業。事實上裁減福利支出並非不公平也是必要的，因此大眾還會為他們的勇氣鼓掌。這樣的裁減支出是公平的，因為「那些指責財政調整帶來龐大社會成本的說法多屬誇大不實，況且常常是一些特殊團體為保障自身利益，未必是出自弱勢團體」。[137]這也是不可避免的，因為福利政策和移轉支付的問題已經大到不能不處理，而且為了讓經濟恢復成長、減少債務，就必須裁減政府支出。[138]請記住，增加課稅或開支只會帶來反效果。

據喬杜里（Anis Chowdhury）指出，亞列西納的分析後來被引入部長會議的最後公報裡，而且當時擔任歐洲央行總裁的特里謝參加英國財政部二〇一〇年緊急預算會議及同年與美國經濟顧問委員會進行討論時，也都引用這些說法。就如第三章所論述，二〇一〇年六月的歐洲央行《月報》（*Monthly Bulletin*）也幾乎是逐字引述亞列西納的報告，同時也直接引用嘉瓦齊和帕加諾那篇論文和其他主張裁減支出的資料。[139]

歡迎撙節光臨：只儲蓄，不花錢！

以上所述就是現代撙節思想的精髓，它的起因和特徵，產生時的政治背景，還有它的核心

㉙ 我想，在這種經濟模型裡，就像索洛（Robert Solow，美國經濟學家、諾貝爾經濟學獎得主）的疑問：為什麼政府花錢買台打字機就完全是浪費，而最糟糕的作家購買，只要他是屬於民間部門，就會帶來成長？

主張。其影響力一向驚人，不但在歐盟的經濟改革中被當作指導說明書，而且我們預期也會很快在美國開展，儘管歐巴馬在二〇一二年勝選連任。剩下來我們要問的唯一問題是，它真的有效嗎？以一九二〇和三〇年代的表現來看，答案是根本沒效，當時在歐洲是完全沒效，而其他地區則是在非常特定的條件下才偶見效果。這些例證我們很快就會看到。

最重要的是，那些條件幾乎都跟預期機制或裁減社會福利無關。在那些理想條件付諸闕如的情況下推行撙節政策，已經讓西班牙和希臘的經濟與政治狀況瀕臨崩潰邊緣，整個南歐千百萬人口因此陷於貧困。這些都不是「誇張不實」，而是事實。繼續實施撙節，最後很可能導致歐元區的解體，而其政治反衝恐怕也不是歐盟這種鬆散結盟承受得起。那些被當作是撙節的成功案例及施行後的好處，在稍後的討論中會看到，就像是結構調整的例證，不但少之又少，而且很可能就是錯的。

撙節的有效，就像凱因斯談到古典經濟學的效用，是「各種可能均衡狀態的一個極端的點」。[140]也就是說，或許只是幾十億個可能狀況中一個特例而已。他又說，「（古典理論）所假設特殊狀況的性質……不會剛好符合我們實際生活的經濟社會，因此其學適足以造成誤導，而我們要是拿它應用在經驗事實之上，結果恐怕也是很慘」。[141]我們在一九三〇年代所發現、所學到的，又再次被遺忘，而撙節思想之所以危險，或許最大原因就是這個遺忘。接著我們就來看看撙節的自然史，看看我們到底遺忘了什麼。

第六章

撙節的自然史（一九一四—二〇一二年）

導言：一九八〇年代及「REBLL」聯盟的歷史教訓

我們對撙節已經做過理論的探討，本章則要檢視實務。如果撙節的思想史看起來相當短暫，那麼對於政府支出真的開始揮霍無度，其實也就沒那麼多話好說，畢竟其自然史就更短了。回顧十八、十九世紀，全球經濟體歷經許多繁榮與衰退的循環，各國政府，尤其是那些採取金本位的國家都沒對衰退做過什麼補償。在那些古典自由主義者執政掌權的國家裡，其實也沒有什麼支出好裁減的，對決策者而言也沒有什麼民主體制上的迫切需要可回應。從十九世紀末到第一次世界大戰爆發前的「美好時代」都採取自由放任的政策，體制上也不是那麼民主。要到二十世紀初期，也就是第四、五章討論過的，政府規模才真正大到可以進行裁減，還有民主化的程度也深化到足以出現問題，讓撙節政策派上用場。

因此，我們分三條線來考察撙節的自然史。首先，要考察美國、英國、瑞典、德國、日本及法國在一九二〇、三〇年代採行及廢止金本位時的狀況，這些案例常常讓我們覺得撙節是非常危險的想法。這些案例都揭示出撙節政策力有不逮的局限，不是到最後難以推展，就是導致強加於上的那個社會受到破壞。這些自然史的案例都非常清楚地證明，經濟體一旦開始「衰退」是無法「自行痊癒」的。而撙節儘管適用失格，卻一而再、再而三地被送上檯面，其實根本就是無效。事實上，它的反覆應用只會讓狀況變得更糟，而不是更好，一定要等到國家、政府不再推行撙節政策，經濟才會開始復甦。[1]我們要探討的是何以至此，並從採行撙節政策的時段擷取經驗教訓，尤其是目前歐元區的狀況。

本章的第二部分有兩個目標。首先是針對嘉瓦齊、帕加諾及其他諸位標舉的正面案例，那些指明擴張型撙節的確有成效的人，因為它在一九三〇年代的丹麥、愛爾蘭、澳洲及瑞典諸國剛好創造出相反的例子。然後我要拿這些國家的經驗跟歐元區當前狀況做個對比，就算這些案例可以被當作有效，儘管就我們看來十分可疑，但使之有效的條件，在現今歐洲根本就是不存在，尤其是在「PIIGS」五國。因此擴張型撙節的論證頂多只能說是個特例，要當成通則是完全不恰當的。

最後的第二節則像是《星際大戰》（*Star Wars*）的大決戰時刻，我們要分析撙節派的「新希望」，包括：羅馬尼亞、保加利亞、愛沙尼亞、拉脫維亞和立陶宛等國，所謂的「REBLL」。「REBLL」五國最近都被國際貨幣基金會和歐盟引為範例，當作是撙節有效的證明，可以做為其他國家，也就是西歐和南歐國家仿效的典範。事實上這五國的案例什麼也證明不了。「REBLL」五國的施政條件及其經濟、政治的獨特結構，使這些案例的適用範圍甚至還比不上一九八〇年代的西歐國家。從某些方面來說，「REBLL」聯盟在危機來襲時的確維持匯率穩定

——藉由承受嚴重通貨緊縮、移民和失業——它們的經濟成長也確實反彈。但我們要問的是，這一切值得付出那個代價嗎？答案是否定的。撙節的自然史中的確是出現一些有效案例，儘管反例是要多得多。但這樣的有效案例確實不多，而且其中包含的經驗教訓也不足師法，最後再以《星際大戰》來做個比喻，事實就跟「REBLL」聯盟一樣，你的確可以排除萬難來炸掉「債務星球」，但這只會在非常特殊的條件下才辦得到，而且代價慘重。

第一部分：撙節思想何以危險

閃閃發亮的誘惑：金本位與撙節

今天大西洋兩岸許多看似明理的人，尤其是在美國這一邊，好像都認為要解決所有的任何經濟問題，都應該重新回到金本位。[1]這實在是非常奇怪，黃金不過就是沉甸甸的發亮礦物，除了曾經引發一八七〇年代及一九三〇年代兩次最嚴重的經濟大蕭條以外，別無其他值得特別注意的特點。對那些鼓吹回復金本位的人，我大概只能認為他們根本不懂金本位的真正歷史。基於這樣的假設，以及讓大家明白撙節為什麼會在一九二〇、三〇年代持續那麼久、造成那麼多

---

❶ 各位請注意，我現在並不是想證明凱因斯或其他的誰才「正確」，或別的刺激景氣的政策才能挽救當世。我在此只是想告訴大家，撙節政策並不是像它表面所說的那樣。而且要證明撙節是錯的，我也不須先證實凱因斯是對的。在本書裡，我的目標還沒那麼大。我當然也可以跟各位報告，凱因斯的確是對的，不過這寫在另一本書裡，請參見：Blyth, *Great Transformations*.

傷害，同時凸顯這段歷史對於現今歐元區的啟發，金本位的運作狀況就值得再次回顧。 2

金本位建立於十九世紀，原本是為了解決國際貿易特有的問題。這就是所謂「法定貨幣」的問題：當你把貨物賣給遠方的人（出口），你怎麼曉得他們付給你的鈔票（為進口貨付錢）不是一疊廢紙？[2]答案是，你真的不知道會不會只是廢紙，所以古代的國際貿易只能限制在可以信任的範圍內，或者雙方可以交換抵押品的程度。

金本位就是以黃金來替代信任，解決這個問題。這個辦法是說，各國貨幣都以固定幣值和黃金掛勾，因為傳統上黃金可以儲藏價值，既能跨國交易，也不會（輕易地）被各國政府變造。[3]所以，X單位的Y貨幣可以換算成Z數量的黃金，只要各國貨幣都能這樣「釘住」黃金，解決法定貨幣／信任的問題，對於國際貨際自然是大有助益。

因為每個國家的貨幣都以固定匯率釘住黃金，我們透過貿易賺取的國外貨幣，原則上都能到發行國的中央銀行要求兌換等值黃金。現在我們持有的那些外幣能夠以固定匯率兌換為黃金，其價值也就等同於等值的黃金。只要這個兌換的承諾可以保持下去，我們就不必擔心拿到的紙幣是否還有價值。[4]但要是有哪個採用金本位的國家決定超額發行貨幣——超過它所持有的黃金儲備——用以支付進口貨品，那些超額貨幣就會出現在出口國那邊。

收到外幣的國家要是不再信任它跟黃金之間的匯率，也許就會要求發行國兌換等值黃金，但這些超額貨幣可沒有足夠的黃金可資兌換。發行國的黃金儲備，有時也稱為「黃金準備」（gold cover）不足以應付兌換要求，就會引發大家的關注：原來發行國正在濫發貨幣，超額發行無力維持固定兌換率的貨幣。大家對該貨幣失去信心，進而引發拋售，兌換黃金的承諾無法持續，在這個過程中也會讓濫發貨幣的經濟體遭到重創。所以採行金本位，只要能夠保持對黃金的兌換能力，就可以提供外幣持有者一個「可靠」的訊號，表示該貨幣價值「穩定」。

但這還不是它最重要的功能，金本位還具備透過國內物價和工資的膨脹與緊縮，讓進、出口數額趨於均衡的國際貿易調節機制。比方說，現在某個採用金本位的國家，出口額大於進口額，因此黃金會從貿易對手國流進這個國家。黃金流入後，該國的貨幣供應會增加，使它發行更多本國貨幣。隨著經濟蓬勃發展後，工資和物價也會跟著上揚，但這會讓它的出口競爭力下降，而進口商品更加便宜。隨著時間推移，該國原本的貿易順差會轉變為貿易逆差，進口額大於出口額。黃金就會因為支付進口商品而流出。此時因為貨幣供給（與黃金掛鉤）降低，其國內物價和工資水準也跟著下降，如此一來該國的競爭力又會回升（出口貨變便宜），當出口增加而進口減少時，貿易也會自動達到平衡。

採用金本位的各國都能開放貿易和資金流動，信守可兌換黃金的承諾，並保持物價及工資浮動的彈性，就能讓金本位發揮調整功能，讓全球經濟從一國的進出口到整個世界為一體都能趨於平衡。這就是金本位為全球的經濟成長和貿易創造出來的條件，不必接受政府干預，也沒

---

❷ 因為是取得政府許可（或命令）始得印行。

❸ 所謂「傳統上」是指因為大家都認為它有價值，因此你也認為它有價值，這就是個傳統。

❹ 更具體地說，外幣持有人要是想換成當地流通貨幣，可到當地銀行進行兌換，但拿到的額數必須打點折扣（各位可以想想出國旅行之後的外匯買賣）。或者他們也可以拿著外幣到發行國兌換成等值黃金，再拿黃金回到本國兌換成等值本國貨幣。如此一來，價值就不會流失。

有通貨膨脹的危險。它會客觀而自動自發地自我調節，而人為因素的介入才是個問題。

我們不必是公共選擇理論家也看得出來要採用這種制度，如果不是個民主國家的話，國內的工資和物價會隨著外部價格進行調整。小型機具、馬鈴薯、鋼鐵和空氣幫浦都不必擔心供應價格，但勞工自然很關切，尤其是價格（工資）下跌的時候。因為其中的調整機制，物價和工資隨時都在膨脹和緊縮，這些經濟體系裡就有許多不確定因素，還有失業的情況。它同時也為國內貨幣機構創造條件，以保障黃金準備為要的貨幣當局會採行撙節政策，例如裁減開支、提高利率，以降低赤字，讓黃金不致外流以捍衛貨幣。那麼在金本位制度之下，全球各地的勞工，不管是工業或農業的勞工都開始聯合起來成立工會、加入政黨和社會運動，也就不足為奇，因為他們必須聯合起來才能抵抗市場的變幻莫測，還有本國政策的侵害。[5]

除了撙節政策的影響外，更糟的是全球黃金供給限制了經濟成長。要是貿易需求的增加比貨幣供給還快，而貨幣供給又受限於黃金供給，那麼利率會上升，而經濟就會陷於低迷。因此金本位制度裡有一種與生俱來的緊縮傾向。金本位可以解決通貨膨脹問題，卻是以通貨緊縮為代價。通貨緊縮可是特別要命，因為通貨一旦緊縮，大家最先想到的就是自保，例如工人願意減薪來保住工作，而整個經濟體中的總體效應就是造成消費減少，經濟體也隨之萎縮，於是大家就更可能失業。那些擁有巨額貿易或預算赤字的國家陷入衰退又碰上這種狀況可就嚴重了，因為它幾乎不可能自行走出困境，恢復成長，因為經濟衰退和通貨緊縮會互相惡化。尋求更多貸款，以更多債務來求取暫時的紓解對於長期並無助益，因為無法依靠成長來擺脫困局。

金本位對歐元區的兩個教訓

各位要是覺得這個聽起來跟歐元區很像的話，的確是沒錯。要是把「可兌換黃金」改成「歐元一體」，不就是一樣的制度嘛。因此金本位的基本問題，也會跟歐元區一樣。我們在第五章曾說到，要渡過金融危機（主要）有四個辦法：膨脹、緊縮、貶值和破產。❻但在金本位之下和歐元區裡的各國都不能進行膨脹和貶值，因為體制設計的基礎就在於不信任那些會濫發鈔票的政客，因此本來就排除掉這兩個選擇。所以對金本位或歐元區國家而言，只剩下破產——這是你想要避免的——和緊縮（撙節）兩條路好走。❼

堅守金本位就是向債權人保證，將會透過撙節來維持貨幣兌換黃金，因此工資也會隨著國際經濟情勢設定的價格向下調整。不幸的是，一旦政客必須回應承擔調整成本的大眾來爭取選票，「厲行撙節」的聲明長期下來就變得沒那麼可靠，也不像過去那樣獲得支持。就像艾亨格林（Barry Eichengreen）所說，到了一九二〇年代民主成了基本配備之後，「一旦就業和開支平衡的目標互相衝突時，到底哪個會占上風可就不清楚了」。[3]

到了歐元出現的時候，民主體制再加上五十年來的社會福利做為景氣起落的避震器，凡此

---

❺ 例如布萊恩（William Jennings Bryant）著名的「黃金十字架」演說（Cross of Gold speech），農業工人跟工業工人一樣，也想成立工會來控制工資。

❻ 其實有五種，還有「金融抑制」的特例。參見結論。

❼ 沒錯，這裡你也會想到歐元區的情況。

對於撙節政策也產生更多限制。但現在的歐元就需求緊縮和撙節，這仍然是歐元區進行調整的主要機制。現在的歐元或許不能兌換黃金，但它聲明償還政府債務的可信度就發揮了同樣的功能，像八十年前的黃金一樣，提供了外部約束。事實上甚至可以說歐元提供的約束力比金本位還大。金本位國家隨時都能跟黃金脫勾，一旦跟黃金脫勾，也不須發行新貨幣，但是「一勞永逸」的歐元制卻讓各國永遠放棄原有的貨幣。只要加入之後就難以回頭囉，也使得束縛又加上一層，事實上歐元就像是沒有黃金的金本位。

金本位時代對歐元區有兩個重要教訓。一九二〇年代各國一再祭出撙節政策，希望回復金本位制度，只是讓那個已經撐不住的制度再也回不去，到了一九三〇年代初金本位也就崩潰了。那些在一九三〇年以後還保留金本位，希望透過裁減支出來促進成長的國家，之後的情況都比放棄金本位的國家還慘，那些放棄者都以膨脹的手法振興經濟。[4] 從一九二〇至三〇年代的第一個撙節教訓是：不管你嘗試幾次，撙節根本無效。體會到這一點，我們才能談到金本位對歐元區的第二個教訓：民主國家不能實施金本位。因為選民投票支持的撙節就是那麼幾次，到最後它還是會崩潰。

這兩個重要教訓，就是歐元區在這次危機中遺忘的。如果它想繼續存活下去，就必須再記取這些教訓才行。想知道何以如此，我們必須先研究一下一九二〇及三〇年代中金本位是如何失靈，再個別檢視六個適應或擺脫其束縛的國家。

一九二〇及三〇年代的撙節與全球經濟

第一次世界大戰之後，美國比過去更顯強勢，而幾個主要交戰國家，包括法國、德國和英國等轉弱許多。這些歐洲國家都想重新啟動金本位，以恢復舊日繁華。至於如何做到這一點，就有兩個問題。首先是能否再次回到大戰之前的黃金平價水準，這必須厲行撙節，把國內物價壓到必要的水準；或者是以較低的平價水準為目標，這也比較能夠反映飽受戰亂摧殘的經濟實況。第二個問題則是更密切相關：戰後才剛民主化的人民對於補償政策的要求，會讓財政調整更加困難，這個狀況應該怎麼處置。這三國和其他幾個國家都選擇踏上艱難的道路，歷經撙節幾年的折磨才恢復金本位制度。德國恢復金本位是在一九二四年，英國一九二五年，法國一九二六年。等到它們恢復之後，我們會看到，情況卻變得更糟。

讓問題變得更困難的，是戰爭債務和賠款的問題。法國和英國都積欠美國數百萬美元。德國則在惡名昭彰的「凡爾賽條約」束縛下，必須賠償同盟國數十億元的「黃金馬克」。問題是，德國不想賠，美國和法國叫它一定要賠，而英國則是處在中間，它知道德國賠不起，但也無力阻止這一切。[5]

幸運的是，美國經濟在戰後恢復得非常好，因此解決辦法就自然出現了。美國擁有資金可供輸出，而黃金和短期資金（美元貸款）也確實流進歐洲，大家都在賭德國可以快速復甦。只要美國資金流入歐洲，德國經濟就會成長（或者至少是借來的成長）足以償還它對法國和英國的債務，然後也同樣拿這筆錢來償還美國，只要美國會再把資金送回去，這整套支付系統就能運作下去。正如卜洛克（Fred Block，美國社會學家、加州大學戴維斯分校教授）所言，諷刺得挺合理：「美國對這個問題的貢獻是……借給德國巨額資金，卻是用來支付賠款。」[6] 各位要是覺得這聽起來有點像源源不絕的歐洲周邊國家貸款，但因為這些國家原本就是債台高築，大概永遠也還不起，那麼你也沒猜錯。

這個體系在一九二三年德國惡性通貨膨脹之後還維持了四年，直到華爾街股市在一九二八年的大漲和一九二九年的崩盤，造成美國資金輸出放緩。❽[7] 股市狂漲讓美國聯儲會心生警覺，因此在一九二八年調升利率，想要冷卻國內需求，結果反而造成輸出歐洲的資金回流，紛紛擁進美國追逐更高利率，而此又意外地進一步推升股市行情。[8] 要是回來美國買投資信託的股票可以賺一五％，就算是放在銀行裡也能生出七％的利息，那幹嘛把錢放在德國呢？資金外逃讓德國經濟承受莫大壓力，因此德國政府實施越來越嚴格的撙節政策，尤其是在一九三〇至三一年布魯寧總理（Chancellor Brüning）的時代，這一段稍後我們會再談到。外部資金一被抽走——因為錢都跑回美國了——奧地利和德國的銀行開始出現擠兌，政府再祭出更為嚴厲的撙節措施吸引更多貸款（結果也沒多少），冀望阻止不可避免的破產。可是到最後還是一場悲劇，貸款枯竭，關稅上揚，貨幣貶值，戰後衰退惡化成「經濟大蕭條」。

對於撙節何以失敗，除了總體層面上的概述之外，個別國家的撙節政策在這場危機中如何表現，也最讓我們感興趣。要注意的重點是，雖然失敗案例不勝枚舉，跟一九八〇和九〇年代狀況一樣，但其中確有少數是以撙節成功地刺激擴張，這幾個時段都出現在第一次世界大戰剛結束的時候，而且那些國家，其中最主要的德國和美國，也都已經不實施金本位。因此，他們可以讓匯率貶值以調整國內成本，而不必強迫國內工資和價格緊縮。但它們在戰後的景氣繁榮期也一樣實施撙節政策。[9]

等到金本位恢復，遊戲就變了。任何實施撙節的，都只會讓情況變得更糟糕，而且我們還會看到，有些例子更是要命。而歐元區就跟金本位一樣，只是不跟黃金掛勾（既不能貶值、不能膨脹，也不能宣告破產），這一點可說是非常明顯，也非常重要。也就是說，要是那些採取金本位而且更傾向專制體制的國家採行撙節都不見效果，我們怎麼會指望今天更為民主的歐元區，甚至是美國，會出現不同的結果呢？

美國的撙節政策：一九二一至一九三七年

美國在第一次世界大戰之後並未陷入衰退，反而因為全球飽受戰亂驚嚇的經濟體，釋放受到壓抑的需求，以及貨幣供給大幅擴張，而經歷了一場景氣繁榮。但是這段景氣為時短暫，而此時的歐洲大陸經濟體正遭受顯著的通貨膨脹，有些國家的景氣甚至下降得很突兀。不過之後的美國，因為某個意料不到的原因，也沒有陷入衰退，歐洲的浮動匯率（大多數國家暫停金本

---

❽ 其中也造成影響的是，輔助德國戰費賠償的「楊格計畫」（Young Plan）在一九二九年取代原本的「道威斯計畫」（Dawes Plan），原本對商用貸款信用違約索賠優於戰費賠償的保障也一併廢除，因此商業資金（即來自美國）紛紛撤出德國。

❾ 我們討論的是德國和新東歐國家在一九二〇至二一年間實施的緊縮。也有人認為這時候的美國，也是個擴張型撙節的例子。

位）讓各國透過外部而非國內物價的緊縮來進行調整，因此很快扼止通貨膨脹而呈現復甦。[10]「咆哮的二十年代」（Roaring Twenties）在歐洲開始得跌跌撞撞，但在美國可不會，正是因為美國當時不採金本位。

但是農產價格下降、銀行業動盪加劇，讓美國經濟開始亮起紅燈。整個一九二〇年代中失業率慢慢上升，成為哈定（Harding）和胡佛政府的當務之急。我們在第四章曾說到，胡佛原本是哈定政府的商務部長，後來也擔任總統，他以限制公共工程和自願合作方案來處理失業問題。但這兩項政策對一九二四至二六年的經濟衰退都沒什麼幫助。事實上，一九二九年的聯邦支出才「占國民生產毛額的二・五％左右」，有此結果也就不足為奇。[11]而且那些政策到了一九二九年也更顯多餘，由於股市行情欣欣向榮，此時的失業率已經降到戰後最低。

儘管政府自我節制以平衡預算，並確保美元和黃金的兌換，但因為股市意外崩盤，一九二九年上任總統的胡佛仍然投入十五億美元搞公共工程。到一九三一年時，聯邦政府總支出比一九二九年多了三分之一。[12]儘管當時政府支出占國內生產總值的比例仍然相當小，但「稅收減少五〇％的時候，支出卻增加近六成」。[13]在此緊急時刻，胡佛認為撙節才是恢復「商業信心」、平衡預算的唯一正確方法。

英國在一九三一年決定放棄金本位，胡佛的緊縮政策更受不利衝擊。投資人以為美國也會步上英國後塵取消金本位制，因此對美元信心大為滑落，資金開始流出美國，刺激利率上揚，銀行倒閉家數大幅飆升。[14]正是在這種狀況下，胡佛下令增稅，為了「穩定財政」卻導致嚴重衰退。一九三一年十二月，胡佛增稅九億美元，打消赤字。胡佛的說法像是撙節的經典名言：

「我們揮霍無度是無法振興經濟的」。[15]然而此一儉約的代價是讓美國經濟陷入蕭條。到了一九三二年，美國失業率從一九三〇年的八％飆升為勞動力的二三％。[16]

後來的羅斯福政府採取類似企業聯盟的作法，從全美產業復興法案（National Industrial Recovery Act）、農業調整法案（Agricultural Adjustment Act）到社會安全法案（Social Security Act）和華格納法案（Wagner Act）關注提振消費，這漫長而迂迴的再膨脹道路，不是我們在此要討論的重點。[17]我們只須注意兩件事情。第一，美國在一九三三年放棄金本位後，馬上就可以透過美元貶值來膨脹經濟。由於美國的國內經濟規模比較大，內需擴大必定效果更明顯。第二，羅斯福政策增加政府支出和債務，結果是讓失業率在一九三六年降到一七％。然而福無雙至，一九三六年底經濟雖然好轉，預算卻又必須平衡，財政亟需穩定，所以美國在一九三七年進入第二回合的撙節。

因為復甦似乎已經步上正軌，羅斯福原本掛在嘴上的平衡預算也開始成為政策議題，一九三六年大選之後，他的財政部長摩根索（Henry Morgenthau）決定撥亂反正，就在新課社會安全稅（social security tax）的財政緊縮之後，又帶來一波貨幣緊縮。結果失業增加，導致一九三七至三八年為期短暫但來勢險峭的景氣衰退。這個衰退可說是撙節政策的完美自然實驗，因為緊縮是深思熟慮而為，而且是在景氣回升之際，但結果還是慘敗收場，使得權力天平從預算平衡派倒向擁護增加開支的一方。[18]

到了一九三七年十月，一向被當作前進方向的撙節儉約總算在羅斯福於電台上發表的爐邊談話遭到徹底否決。當時羅斯福認為問題出在購買力不足，因此提出新增三十五億美元支出案，其結論是：「我們一致同意……聯邦債務，不管是二十五億美元或四十億美元，只要美國能讓人民收入大幅增加，我們就還得起。」[19]但美國經濟一直到巨額的戰時支出才完全恢復，一九四四年失業率降至一・二%。對於我們的討論，我們只要知道美國每次實施撙節政策，經濟狀況就變得更糟，先是一九三一年，後來是一九三七年又試了一次。

保衛英鎊和財政部觀點：英式撙節，一九二一至一九三九年

我們在第四章曾提到英國歷經五年的撙節，把通貨膨脹趕出去以後，才在一九二五年恢復金本位制。撙節的目的是把物價壓回大戰之前的水準，讓英鎊兌換黃金的匯價回復過去水準，做為金本位制的基準。[20]然而就金融狀況來說，此時的英國已經大不如前，因此要恢復到戰前平價水準必定非常痛苦。然而就財政部和倫敦金融區來看，再苦也是必要的。

英國是十九世紀金本位的關鍵國家，也是當時最大的外資投資人，擁有許多海外債權，這都是以英鎊計價的海外資產。要是英國恢復金本位，但讓英鎊與黃金兌換率低於戰前水準，那麼那些海外資產等於是都貶值了。而且必定導致英鎊的嚴重賣壓，因為投資人一定會拋售英鎊，而倫敦金融區就要招致巨額損失。因此，當邱吉爾在一九二五年恢復金本位時，國內經濟是蓄意加以緊縮，以維持英鎊匯價，並且絕非巧合地保障了金融區的利益。

之後的英國繼續施行金本位，如同我們之前說過的，也繼續在財政部警覺的注視下厲行撙節政策，幾乎拒絕任何足以振興經濟的努力和提案。結果在財政部厲行撙節，又加上與黃金掛勾的緊縮效果，失業率從一九二九年的一・四%飆升到一九三二年的二二・一%，這表示還須

更嚴厲地撙節。[21]

厲行撙節造成出口和國內消費減少，此時維繫英國金融狀況於不墜的，剛好就是以海外英鎊資產的「隱形」利潤做彌補。所以力挺英鎊的選擇，也不光光是為了金融區而犧牲其他人。因為英鎊不貶值，銀行業就能賺錢，整個國家的帳目才能平衡（幾乎平衡）。不幸的是，一九二九年美國資金突然不再流入英國，這個資金逃逸的衝擊讓德國、奧地利和其他中歐國家吃足苦頭，現在英國的好日子也走到盡頭了。如今的英國正須引進外資來彌平赤字，結果資金反而流向美國。

當時英國失業率高達二二％，一九二六年爆發總罷工，社會動盪接踵而至，在這種時候英國還要依靠利率跟美國搶資金，可真是不容易啊。[22]而且失業率這麼高，失業福利支出也跟著增加，讓赤字更為嚴重。此時的英國已經陷於險惡之中，政府必須借錢應急，借錢就須撙節，撙節又造成必須貸款才能彌平赤字，到了一九三一年，英國的撙節政策已經變成惡性循環。

從一九二九年開始執政的工黨政府在國會中席次並未過半，除了撙節一路錯到底之外，其他什麼辦法也沒有，結果是惡化經濟有餘而解決赤字力有不逮。工黨政府因為裁減支出問題而垮台後，各黨派聯合的國民政府取而代之，制定足夠的減支、增稅政策，讓摩根財團願意借給英國兩億美元。只是這筆貸款太少也太晚了，難以發揮效果。此時的英國官方儲備幾已耗盡（黃金準備沒啦），再加上厲行撙節十年帶來高到破紀錄的失業率，最後一輪的撙節逼得英國不得不在一九三一年九月再次宣布脫離金本位。

儘管因為貶值效果，有些地區經濟順利復甦，全國失業率在一九三五年下降為一五・

五%，但一離開倫敦之後復甦力道就減弱許多，而且失業率也高得多，「一九三八年的實質產出幾乎不比一九一八年高」。[23]就像今天歐元區的情況一樣，雖然厲行撙節，英國在這段期間的債務不減反增，占國內生產總值比例從一九三〇年的一七〇%升高為一九三三年的一九〇%。[24]與黃金脫勾之後，英鎊匯價貶值，有利於出口恢復，但是財政部觀點仍然凌駕於經濟之上，復甦依舊停滯不前，有些地方失業率還是很高，直到最殘酷的刺激方式，重整軍備才創造出全面復甦的條件。那些仰賴利息過活的人最害怕的通貨膨脹從沒出現過，而撙節也從來沒幫助。

拋棄撙節：瑞典的教訓，一九二一至一九三八年

像瑞典那種仰賴出口的小國家，在戰後初期可說是個艱難時刻。正如倫伯格（Erik Lundberg）指出，「強勁的通貨緊縮，產出大幅下降（二五%的工業產量），失業率巨幅上揚，都被當作是一九一八至二〇年景氣擴張後不可避免的天然後果」。[25]沒有任何措施來緩和這些衝擊，撙節任其自生自滅。從一九二〇年秋季到一九二二年夏季，實際工資減少三成至三成五，其結果與自由主義者預期的剛好相反，失業狀況不但沒改善反而變得更糟糕。[26]執政的瑞典社會民主黨跟英國工黨一樣只會撙節，採納國內知名經濟學家如卡塞爾（Gustav Cassel）的建議，說為了改善衰退，「通貨緊縮、失業、物價和工資下降……都是必要的」。[27]

在堅持撙節之際，儘管通貨緊縮效應還在影響經濟，瑞典仍在一九二四年重新實施金本位，比英國還要早一年。結果，國內生產總值減少了大概三分之一，而失業率也上升三分之一。[28]因為重新跟黃金掛勾，再加上一九二〇年代後半期財政持續緊縮，使得一九二〇年代末期

儘管出口暢旺，失業率還是高達一二％左右。雖然（或者也許是「因為」）通貨緊縮嚴重，產業界動盪劇增，光是一九二八年就流失五百萬個工作日。等到美國資金外逃、中歐地區資金吃緊，再加上英國放棄金本位，使得瑞典再遭嚴重打擊，一九三一年的失業率逼近二五％。撙節政策讓瑞典在一九二〇年代創造出口盈餘，卻是以失業率一二％為代價。到了一九三〇年代撙節政策仍然持續，結果造成瑞典史上最嚴重的衰退，失業率又增加了一倍。就在這個時候，經濟的指導說明書開始有了變化，從一九二〇年代中期開始，由原本的撙節和金本位，邁向更為擴張的財政政策和更適應現況的貨幣政策。

瑞典社會民主黨在一九三二年勝選連任後放棄撙節，改採能夠給予「國家……跟以往完全不同的角色，以穩定高水準就業」。[29]這個全新的瑞典社會民主黨政府提撥九千三百萬瑞典克朗推動公共工程。然而最重要的是，瑞典政府的政策不再只是照顧勞工，維持物價穩定跟充分就業一樣重要，儘管金本位崩潰，仍然竭力抵抗貿易保護主義。[30]

到了一九三三年，瑞典政府下定決心搞好經濟，承諾以景氣循環的觀點來達成預算平衡，而不是汲汲計較財政年度的表現。一九三六年，根據前述承諾設立經濟委員會，以累計盈餘成立預算平衡基金來打消政府赤字。[31]對抗景氣循環的財政政策來到了。同時，還以課稅來鼓勵投資。[32]除了這些改革之外，還有推動勞動市場機構與產業集中化的政策，提升勞資團體在工資議定上的信任與合作。[33]

所有這些措施都有助於擴張政策，同時從供給和需求兩面下手，兼顧物價穩定。瑞典經濟學家梅德納（Rudolph Meidner）說這個時期的經濟政策，目標是「維護市場經濟，透過對抗循環的政策應對短視波動，並經由財政政策來抵消它的不利影響。以充分就業、經濟增長、公平分配國民收入和社會安全為號召。」[34]

令人驚訝的是，這樣的確有效。在聯合政府的率領下，農民、企業和勞工公平分擔和分享調整的成本與利益。[35]擺脫金本位並調整經濟運作的心態後，瑞典的撙節也畫下句點。瑞典的主要貿易夥伴，德國也一樣，在一九三三年之後採取非常不同的擴張政策而快速成長，於是瑞典的外部需求確實成長，之後的五十年都沒再實施撙節。

做為政策與黨的意識形態的撙節：德國，一九二三至一九三三年

致使德國當代心靈受創極深的惡性通貨膨脹，如第三章所言，並非什麼錯誤的凱因斯刺激措施造成的，而是德國政府深思熟慮的政策，主要是想癱瘓戰費賠償，特別是在法國占領魯爾區之後。據此而言，這個行動可說是相當成功。德國人知道要是把財政搞得井井有條，只是便宜了法國人，所以乾脆就讓財政整個垮掉。[36]里澤（Albrecht Ritschl）說得既簡單又清楚：「事實證明通貨膨脹對那些戰費債權人真是個強大的武器，至少是在短期之內。它讓德國隔絕於一九二〇至二一年的國際經濟衰退，改善它的出口地位，並刺激內部需求……它同時也利用了其他債權國，大都是一些中立國家，它們在承平時期累積的德國紙幣都貶值了……最重要的是，它癱瘓了戰費賠償轉移支付所必要的金融體系。」[37]

這個利用惡性通貨膨脹不賠款的政策，在國內造成馬克匯率大跌，製造商的訂價「開始參考匯率……近乎使用外幣來交易」，等於是放棄了馬克。[38]在這種情況下，馬克持有人當然拋售

馬克，使得赤字更為惡化。那麼中央銀行就得提高利率來吸引資金，或者以貨幣手段來解決問題，也就是說，印鈔票來充數。既然通膨怪物是刻意被放出來的，貨幣手段自然占了上風。[39]消極抵抗賠款加上馬克貶值再加上印鈔票彌補赤字，等於惡性通貨膨脹。當然更別說有什麼補償性質的財政刺激，這個奢望就死心吧。

此外，儘管現今認為惡性通貨膨脹是個無法控制的現象，但這個惡性通膨不只是刻意造成的，而且在重新發行馬克貨幣後也很快就平息下來，所有東西包括房地產價格也都在一年之內就穩定了下來。之後四年德國的經濟表現相當不錯，只要美國資金不斷流入。等到一九二九年美資斷源，德國政府隨即放棄一九二〇年代率先採用的景氣循環對抗政策，特別是在失業保險造成龐大赤字後，改採撙節手段。[40]當時的央行，德意志帝國銀行（Reichsbank）調高利率以鼓勵資金流入，但是美國聯儲會當時也調高美元利率，使得歐洲普偏陷於資金短缺，當然也包括德國。[41]那麼唯一會發生的事就是經濟更顯低迷。官方準備包括黃金準備均急劇減少。[42]

在政治情勢方面，社會民主黨（SPD）在一九二八年退出執政聯盟後，中心黨（Center Party）黨魁布魯寧（Heinrich Brüning）於一九三〇年三月被任命為總理。儘管不受國會支持，布魯寧照樣下令實施撙節，以大幅裁減預算為手段，導正財政大船。雖然布魯寧的政策是出自於聯合政府之手，社會民主黨的聲望卻因此更為低挫，因為他們對此也是束手無策，只能消極地支持撙節。在各黨派呼應撙節的時候，國家社會黨毫不意外地爭取到民心，於一九三〇年大選贏得一八．三%的選票，成為德國第二大政黨。畢竟，他們是唯一積極反對撙節的政黨。事實上，德國在一九三〇年代的撙節經驗竟是由左派堅定無情地實施，卻又由右派很快地廢棄，這可真是奇怪。

正如伯曼（Sheri Berman）非常精采的闡釋，這時候的德國社會民主黨在思想上是馬克思主義者，但實務規畫上卻是李嘉圖的信徒，也就是披著社會主義外衣的古典自由主義者。馬克思經濟學，除了他對獲利率和需求可能全面崩潰的看法外，跟李嘉圖可說不相上下，尤其是在德國社會民主黨那些「神學家」領袖的解讀下。透過這樣的觀點，經濟一旦陷於低迷，除了放任整個體系逕行崩潰之外，就沒什麼事可做了，直到社會主義奇蹟般地出現。

事實上對社會民主黨而言，良好的經濟政策應該是比他們反對的自由主義政策更符合正統。曾任國會副議長的社民黨員迪特曼（Wilhelm Dittmann）在黨內演說時就說得很實在：「我們希望目前狀況（危機）持續發展，也只能跟著這些趨勢展現出來的大方向走。」[43] 針對這個毫無作為的宿命論，德國工會開始鼓噪，對「經濟衰退全面發動凱因斯攻擊」，直接對嗆社民黨政策。[44] 這個訴求景氣再次擴張的政策是包括在所謂的「沃塔巴計畫」（WTB Plan；以制定者的姓氏縮寫命名）裡，工會竭力施壓，要求社民黨及政府採行。對此布魯寧視而不見，仍舊堅守撙節，而社民黨領袖們則因信念遭受冒犯，而決定加以摧毀。

社民黨最重要的經濟學家希法亭（Rudolph Hilferding）辯稱說，沃塔巴計畫不但不符合馬克斯主義，也「威脅到我們的基本綱領」。[45] 就如伯曼所說，做為優秀馬克思主義者的社民黨認為放手讓景氣循環自生自滅，才是唯一可能的政策，跟奧地利學派一樣認為干預只會拖延那些不可避免的調整，使狀況變得更糟糕。這正是標準的撙節思維，只是來自公認的民主左派。支持沃塔巴計畫的工會領袖納夫塔利（Fritz Naphtali）則認為，「這場危機所導致的購買力變化，是必須接受的調整手段」。[46]

一向沒有政策包袱的納粹才能吸收這些想法，在一九三二年七月大選前公布「當前經濟計畫」，其核心主張提出撙節的替代方案，跟沃塔巴計畫十分類似。光看這本小冊子的前三點就曉得它是如何跟撙節唱反調：第一「失業導致貧窮，就業創造繁榮」；第二「資本不能創造就業，就業可以創造資本」；還有第三「失業津貼造成經濟負擔，但創造就業可以振興經濟」。[47]此外，該方案還主張德國要盡快放棄金本位制。一九三二年七月大選結果，社會民主黨慘敗，納粹黨獲得三七・三%的選票。儘管隨後的十一月選舉得票率下降，納粹黨最後還是通過選舉取得政權，一九三三年獲得四三・九%的選票。

一九三二年德國失業率高達勞動力的三成，但一九三六年時又恢復完全就業。不過跟瑞典情況不同的是，勞工在納粹政府鎮壓下，實質工資並未增加，因為就業改善幾乎是來自軍備重整帶來的財政刺激。正如圖茲（Adam Tooze）指出，大力吹捧的工作創造計畫只是納粹宣傳上的餘興節目而已，真正讓經濟走向繁榮的原動力來自全面備戰。[48]就像凱因斯在一九四〇年抱憾指出：「要讓資本主義民主國家花那麼多錢來進行大規模實驗，證實我的主張似乎是不可能的事情，除非是在戰爭狀態下。」[49]然而，等到納粹政府停止撙節，拋棄金本位後（即使他們更常管制外匯而不是讓馬克貶值），經濟果然恢復成長。雖然這次跟撙節唱反調讓德國轉向要命的方向，但撙節無效的事實照樣不容辯駁。事實上大家該明白的重點是，真正幫助希特勒奪得政權的，不是十年前那場通貨膨脹的記憶，而是之後反覆幾輪的撙節政策和社會民主黨頑固不化的思想。

到了一九三三年，這個教訓應該是很清楚了吧。金本位是不能在民主國家施行的，到最後選民會投下反對票。瑞典是如此，德國也是如此。撙節政策在兩次大戰之間，為歐洲帶來社會民主主義和高倡種族屠殺的法西斯主義。但就像是個陰魂不散的禮物，撙節在亞洲帶來的是帝國主義全新劇毒形式。

日本的撙節與軍事擴張，一九二一至一九三七年

日本在一九一七年放棄金本位後，花了十三年才恢復[10]，這可是千辛萬苦，該做的都做了。如果要頒獎表揚最拚命實行撙節的國家，日本必定輕鬆奪冠。日本崛起於第一次世界大戰，雖然是同盟國之一，幸而幾乎未曾遭受戰禍破壞（除了一九一八年在西伯利亞有點損失之外），但是在表層底下，卻是脆弱的銀行體系和極受壓抑的通貨膨脹。取消金本位後，日圓匯率是可以貶值，但日本一向重度依賴進口，因此要在不引發通貨膨脹的狀況下貶值幅度相當有限。所以跟其他各國的例子相比，更徹底地運用高利率來進行緊縮，也因此把戰後回升的股票及商品市場又打回一九二〇年三月的「黑色星期一」暴跌。[50]「黑色星期一」通貨持續緊縮，經濟成長不再，撙節政策幾番上陣後更是雪上加霜。根據黑沼勇史（Yuji Kuronuma）的估算，「一九二二年的實質經濟成長率是負的二・七％，一九二三年是負的四・六％，一九二五年是負的二・九％」。[51]

儘管衰退近乎無止無休，日本銀行界精英和日本央行還是希望迅速恢復金本位，但眼前卻是國內農、工、商業界維護自身利益的阻礙，在學術界、政治圈和大眾傳播界激起熱烈的

「『金解禁』（kin kaikin，黃金輸出解禁）爭議」。[52]而政友會（Seiyukai）和憲政會（Kenseikai）兩個政治團體雖然都支持回復金本位，卻對應該在什麼條件下恢復難以達成協議，使得情勢更加複雜。[53]

一九二八年，金融精英及那些希望早日恢復金本位的政府部門，在當時一些重要報紙的協助下努力說服大眾。《大阪每日新聞》從一九二八年夏季到一九二九年春季一系列社論，就是典型的例子。例如，法國在一九二八年六月恢復金本位後，《大阪每日新聞》就宣稱「法國已經解除黃金禁運，日本應該感到羞愧」，這篇社論問道：「要是我們自認是第一流的文明國家，豈能不為自己如此落伍而感到慚愧嗎？」[54]一九二八年七月大眾又被告知說，「大家必須忍受手術般的痛苦……為了伸展必須先屈縮」。[55]那年夏季稍晚又有一篇社論表示，雖然回復金本位會帶來痛苦，「卻是充滿希望的痛苦，最後會讓我們恢復過來」。[56]

靠著這種方式為撙節舖路，最後為日本回復金本位推上最後一把的，是一九二九年剛上任的濱口內閣大藏大臣井上準之助。井上負責宣傳，為金本位造勢，總共對大眾發送一千三百萬份的小冊子，安排了幾十場廣播演說，還有許多報紙的社論。[57]而且確實發揮功效，濱田宏一和

⑩「來自那些為各位帶來珍珠港的可愛人民」（From Those Wonderful Folks That Brought You Pearl Harbor）原本是一本書的名稱，後來還為電視影集《廣告狂人》（*Mad Men*）帶來靈感。參見：「http://en.wikipedia.org/wiki/Jerry_Della_Femina」。我在此用上這句話不是為了好玩，而且它表達得很準確。撙節讓日本武裝起來，為全世界帶來珍珠港事件。

野口旭報告表示，「『金解禁』這個詞一時成為流行用語」。[58]井上也針對這個主題，親自撰寫了幾本篇幅不長的書籍，每一本都是撙節思維的成果。井上指出，「財政緊縮在所難免，在這個過程中至少也要經歷一次清算」，因此「最可靠的辦法就是直接解除黃金禁運……因為不管怎樣我們都無法避免一些痛苦……和犧牲。」[59]井上走遍日本全國，四處宣揚他的主張，在原本晦暗的經濟中要求大家咬緊牙關，準備好承受更為緊縮的日子。[60]

一九三〇年一月，井上如願以償，日本回復金本位，而此時的全球經濟都趨於緊縮狀態。結果造成「昭和蕭條期」，是日本史上承平時期最嚴重的經濟崩潰。日本經濟在一九三〇年衰退九・七%，一九三一年再衰退九・五%，而日圓兌美元匯率仍然上揚七%。[61]日圓匯率一升值，美國和其他國家對日本製造商的需求隨即疲軟，國內經濟普遍頓挫也使得貿易奄奄一息。日本家庭平均收入像塊石頭直直往下掉，從一九二九年的一千三百二十六日圓萎縮為一九三一年的六百五十日圓。[62]各位可能以為，經濟如此表現，政策也許必須重新思考吧，但日本的金融界精英根本不做如此想。

在整個一九二〇年代中，政府對公共開支一向嚴謹，在這十年裡只有從原來的十二億日圓增加為十四億美元，而實際承受緊縮衝擊的就是那些軍人，軍事支出占總預算的比例從原本的四七・八%萎縮為二八・四%。[63]井上的政黨繼續堅守撙節主張，一九三〇年的競選口號是「經濟、裁軍、政治清明、改革對中政策以及解除黃金禁運」。[64]軍部當然不會太高興，但井上持續施壓。

利率「不顧衰退」持續調升，而政府支出原本就夠低了，現在又再裁減二〇%。[65]當時的

「倫敦海軍條約」（London Naval Treaty）讓日本海防軍備永遠輸人一等，但也在一九三〇年批准，軍部至此已是忍無可忍。一九三〇年十一月，濱口首相遭軍部支持者開槍狙擊，拖到隔年仍告傷重不治。但在這段期間大藏省仍是鎮定自若，堅守撙節。一九三一年初，他們準備再裁減陸軍及海軍預算二千八百萬日圓；一九三一年十月軍部企圖發動政變，因洩密而事發。這兩件事是有關係的，軍、政關係之緊張已經到了危急地步，結果內閣先示弱，於一九三一年十二月總辭。

新政府改弦易轍，由反對派的政友會執政，任命高橋是清接任主管財政的大藏省。高橋迅速廢止金本位，降低商業票據的貼現率（實際上也就是降低利率），從一九三二年初的六・五七%調降為一九三四年七月的三・六五%。[66]他一方面大幅提升貨幣供給，同時以資本管制，防止資金外逃，並指示日本央行同意政府發行長期債券。[67]政府支出一開始先擴增三四%，到了一九三二年底總共占國內生產總值的一〇%。[68]物價上揚，債務負擔減輕，日本經濟飆升脫困，從一九三二至三六年每年的實質成長率都高達四%。各位要是注意到此時全球經濟仍處緊縮，而且日本是出口導向、仰賴進口的經濟，就知道有此佳績真是不容易。

井上到他遇刺的一九三二年，仍然竭力爭取回復金本位。那年稍晚，一家大銀行的董事和高橋的內閣總理也遭到暗殺。撙節儉約可是耗了不少人命啊，在那個厲行撙節的十年裡，日本軍部都以為他們是在「跟整個政治精英集團做戰」。[69]就連一手拉起景氣的高橋，在經濟復甦（一九三四年底）後認為開支應稍加抑制以免引發通貨膨脹，都招惹軍部的不滿而被排除於內閣之外。兩年後的一九三六年二月，又在一場不成功的流血政變中，高橋和其他幾位政治領袖也遭到殺害。他在大藏省的繼任者是軍部應聲蟲，對於軍事支出無不全力支援。當日中戰爭在一九三七年開打，日本的財政和審慎作風也跟著一起完蛋了。

撙節在日本不但無效，而且導致日本史上最嚴重的蕭條，激起一連串針對銀行家的暗殺，最後更是「那些可愛的人民，為各位帶來珍珠港」。各位要是以為這樣就足以展現撙節何以危險，那麼請先等等，先來看看同時間的法國又是什麼樣子。

保衛法郎，但不是法國：法式撙節政策，一九一九至一九三九年

雖是第一次世界大戰的勝利方，法國在人身、財產和財富上遭到的戰爭破壞，卻是所有同盟國中最嚴重的。所以法國的預算規畫中有很大一部分，就是指望德國為這一切損失提供賠償。但德國人可不想賠，到了惡性通貨膨脹之後，基本上也賠不起，對法國經濟就成了很大的問題。

景氣膨脹、衰退的穩定模式在一九二〇年代初期，以一種很特殊的方式衝擊法國。因為法國的預算中有一大部分要靠德國賠款，因此當德國賠不出來後，造成法國的預算赤字必須調高利率以吸引資金挹注。在這種情況下，比較合理的政策應該是增稅，而就是在這個時候徵稅問題再加上民主體制，帶來了通貨膨脹。[70]

彼時的法國社會分歧嚴重，右派希望提高大家的貨物稅和消費稅，但左派只想對右派的所得和財產課稅。[71]當左派看來就要贏得選舉時，右派力求自保，法國央行拒絕讓國庫券展期，國庫券原本是政府融資的短期工具，因而「迫使當局印鈔票」。[72]幾番以此誘發通貨膨脹後，到

了一九二四年換右派政府上台，果如預期地對左派選民加稅。同年再次選舉，左派又贏了，但這個財政負擔卻再也卸不掉，於是赤字大幅膨脹。到最後左派政府辭職下台，一九二六年右派的普恩加萊（Raymond Poincaré）執政後又再增稅彌平差額。由於預算達到平衡，通貨膨脹也減輕，投資人樂於持有法郎，讓法國的貨幣準備得以重建，能夠在一九二六年回復金本位。一九二六至三〇年間，法國經濟趨於穩定，黃金流入也增加了，這都是拜利率較高所賜，《費加洛報》（*Le Figaro*）稱頌：法國「對我們膽怯卻繁榮的經濟（應該）感到高興，而不是盎格魯－撒克遜種族那種放肆而墮落的經濟」。

在美國資金外逃、華爾街崩盤之際，講這些民族主義大話當然正是時候，但中歐地區資金緊縮迅速重創法國經濟。結果，法國的國民生產毛額在一九三二年下降七％，工業產值萎縮一三％。[73]當其他國家都擺脫金本位，而法國還執意不走，就表示各國景氣正在重新膨脹時，法國只能滯於緊縮。

不過緊縮主要是針對資本支出和投資而不是消費，對法國多少是有點幫助。[74]然而就算是法國，民主國家能夠承受的通貨緊縮也很有限度。所以讓通貨恢復膨脹是必要的，但是金本位下的通貨再膨脹，只是造成資金逃逸，尤其是貨幣當局不配合的情況下。要讓通貨順利再膨脹，就需要法國央行的政策支持，但這正是法國央行拒絕提供的。

喀希納（Jonathan Kirshner）說得很清楚，做為央行的「法國銀行」位高權重卻視民主如無物，以自身利益做為國家利益。它雖然是法國財政部的國庫，卻是擁有四萬個股東的民間機構，由兩百位最大股東，也就是「二百家族」決定其人事任免及政策。⑪[75]他們付錢（很多錢）

給行長，要他節約黃金、裁減支出、平衡預算，犧牲大家的利益來照顧吃利息的階級。[76]當右派執政時，法國央行的政策實際上就只是要癱瘓左派而已。所以持續推行撙節。

從一九三二至三六年，政府開支裁減了二〇％，工業產值減少近四分之一，實質匯率上揚，貨幣供給驟降。[77]「任何補償措施都會導致資金外逃」就是法國央行對政府的緊箍咒，並且透過媒體搞宣傳，抹黑其他國家的財政實驗，堅稱裁減預算才是眼前的唯一道路，民選政府要是推動不中它意的政策，動輒遭到否決。[78]

一九三四至三五年間，法國還是金本位時，佛朗丹（Flandin）想要實施經濟振興實驗就是個重要的例子。儘管佛朗丹隸屬保守派，法國央行照樣反對那些政策。那個微薄的開支案造成黃金外流，不過央行可不願意幫他攔著，最後導致佛朗丹辭職下台。[79]⓬接任佛朗丹的拉瓦爾（Pierre Laval）採取「超級通貨緊縮」政策，前後發布了至少五百四十九條命令，大都是關於裁減預算。法國央行擴大發行短期債券工具，為拉瓦爾爭取存活空間，這是左派政府從來不敢奢望的優待，但是法國經濟仍然持續滑落。[80]

等到大眾開始暴動，情況就變得緊急。一九三六年一月拉瓦爾被迫下台，由跨黨派的左翼聯盟，「人民陣線」（Popular Front）接掌政權。撙節可是試過而且失敗了，拉瓦爾的「超級通貨緊縮」時又試了一次，還是失敗。「人民陣線」政府想要擺脫「正統」的作法，但問題當然是在法國央行。「人民陣線」政府提高工資、縮短工時，同時改組法國央行，讓大股東不能控制理事會。[81]這些作法當然都很棒，但只是造成再一波資金逃逸，利率隨之高昂，緊縮又變得更加嚴重。通貨再膨脹政策如果欠缺有效的資本管制，只會造成資本外逃，尤其是在央行的縱容甚至教唆下。等到「人民陣線」的領袖布魯姆（Léon Blum）提議，管制資本以進行再膨脹和擴大支出的時候，已經太晚了。由於法國央行坐視不理，布魯姆於是因資金外逃日益嚴重而黯然下台。

即使法國最後在一九三六年九月放棄金本位，經濟狀況還是鮮有改善。簡單地說，匯率貶值可以創造出一些施作空間，但支出必須擴大來彌補空隙。要是貨幣當局除了撙節之外什麼都反對，那麼匯率貶值只是加速資金外逃，使經濟更為低迷。在那時大多數國家都已經拋棄金本位，透過貶值和擴大支出使景氣反彈回升，儘管也是因為軍備重整。但是法國央行仍然繼續否決預算增加，殊不知這些錢是要讓法國軍備現代化，動員起來以面對德國的威脅。[82]結果法國在一九三四至三八年間的國防支出只有德國的十分之一。[83]對於「已到毀滅性水準的軍事支出」法國央行仍舊不滿，一直到一九四〇年底還在要求裁減軍費。[84]就算是提早軍事動員的建議引發資金外流，法國央行仍然坐視不理。[85]有個學者就說，到了一九三六年時希特勒已經明白，法國只會不計代價地保衛法郎，至於法國本身就又是另一回事。[86]

撙節的危險教訓

兩次世界大戰期間讓我們學到一些寶貴教訓，撙節不但無效，而且應用起來更是危險。第

⓫「這些有權有勢的大股東任命十五位董事和三名審計員，還有行長和幾位副行長。」

⓬喀希納說：「雖然它沒推佛朗丹下水，只是手裡拿著救生圈，身體探出欄杆外，大聲地問說水冷不冷。」

一點，建立一個在民主體制中行不通，而且內在具備緊縮傾向的國際貨幣秩序，實在是個糟糕的想法；第二點，愛因斯坦說得對，要是同樣事情做個沒完，又期待會出現不同結果叫做瘋狂的話，那麼各國一再地推行撙節也真是瘋得厲害。根本就沒好處嘛，除了一九二〇年代初期，有些國家停止金本位而出現短期擴張之外，實施撙節不但沒效，反而使得蕭條變得更長、更嚴重，甚至還為一九四〇年代吞沒全球的戰爭鋪路。

華爾街股市崩盤後，美國的「清算主義」學說繼續作威作福，預算赤字變得相當少，再加上幾家銀行陸續倒閉，終於演變成全面的金融危機和經濟大蕭條，一直到撙節告終之後才得甦復。英國勇敢地恢復戰前英鎊兌換黃金平價，卻也幾乎是馬上導致百萬人口失業，一直到一九三〇年代末景氣都陷於低迷。瑞典人最早想靠裁減支出來改善經濟，這也算是相當正統的作法，但之後以再膨脹政策進行實驗也比其他各國更早，只稍晚於日本。德國在一九二三年的惡性通貨膨脹，跟緊隨其後的撙節政策或導致種族滅絕的法西斯主義崛起的最後結果沒有多大關係。真正的情況是，一九二〇年代末期資金外流，德國為了堅守金本位制而實施撙節政策，結果大家眼睜睜地看著經濟被推下懸崖。而國會中的多數黨，社會民主黨甚至比自由黨對手還要執迷於傳統作法，結果就是跨黨派的撙節開啟了權力之路，納粹黨人推門而進。

日本刻意實施幾輪的撙節，想回到金本位制，結果證明是完全無效。在這個過程中惹火了軍部，他們不但暗殺多位金融界精英，並且強迫政府改行再膨脹政策，結果帶來比德國、瑞典還要盛大的復甦。最後是法國，它堅守金本位的時間比誰都長，而結果也比誰都慘，到最後甚至是國不成國。法國的金融界精英對通貨膨脹避之唯恐不及，一味地保衛法郎匯率，反而癱瘓了法國軍備動員，到最後無力抵抗希特勒。由此看來，撙節不但是失敗而已，還把整個世界拖進水深火熱之中。所以說這種想法非常危險。

那麼，我們怎麼會忘了這些教訓呢？有一部分原因是，正如我們在第五章說過的，三十年來新自由主義思想，讓我們漸漸忘了一九三〇年代發生過的事情。這個新的經濟說明書不但否認如此詮釋這些發生過的事情，就如我們前面說過的，它甚至認為顛倒過來才對，撙節可以帶來經濟成長，而且景氣低迷的時候，不是繁榮時喔，才是裁減支出的好時機。結果它們對了嗎？現在我們來看看幾個「REBLL」國家最近對「**債務星球**」的出擊，就知道之前檢視的擴張型撙節是否真的迫使我們改變對它的想法。

第二部分：撙節新案例：一九八〇年代「REBLL」聯盟的擴張型財政緊縮

重溫（及重新修訂）擴張型的財政撙節

儘管前面有那麼多反證，以下這些談到擴張型財政緊縮的重要論文馬上刷新記憶，讓大家又想起撙節的好處。嘉瓦齊和帕加諾在一九九〇年的論文強調丹麥在一九八二至八六年的擴張型緊縮，指出政黨輪替由右派執政，加上匯率貶值後盯緊德國馬克，有效促進經濟成長。[87]他們也「很想」說愛爾蘭的情況也是如此。[88]五年後亞列西納和佩羅蒂針對二十個國家、三十五年的時間跨度中，找到十四個調整案例，宣稱都是以裁減支出和貶值成功扭轉投資預期心理。[89]他們發表〈財政調整的故事〉論文，又從二十三個符合條件的時段中挑出十個案例詳查檢視，結論是其中「兩個案例明確顯示擴張：愛爾蘭一九八七年至八九年及澳洲」。[13][90]而原本是嘉瓦齊和帕加諾最好案例的丹麥，現在看來只是「好壞參半」。亞列西納和阿達娜的主要論點是，「不管原先債務水準為何，針對支出大幅進行財政調整，伴隨工資調節和貶值，就有助於擴張」。[91]這篇論文在二〇〇九年的更新版又找到九個擴張型財政調整的案例，指出每個「成功的財政調整完全是根據支出裁減，再加上適當地減稅」。[92]所有案例顯示，擴張型撙節發揮效果的關鍵是消費者的理性預期。

在這篇論文裡，愛爾蘭在一九八〇年代末期的調整一再被引用，做為最佳範例，澳洲的例子也是，而丹麥和瑞典則較少提及，只做為配角。但根據我們從一九二〇和三〇年代學到的教訓，這些案例其實都已不適用。它們指稱景氣衰退的時候才是裁減的好時機，而且一定要果斷地裁減支出。假如政府能下定決心裁減支出，就會對未來所得的預期心理產生正面影響，那麼撙節措施也就會有擴張經濟的效果。要是這些案例真能證實以上說法，或許我們就能安心地忘卻過去的經驗教訓。那麼，這些例子真能「證實」撙節案例嗎？

答案是否定的。但要知道它錯在哪裡，還真得費一番功夫才看得出來。這篇論文的論述很不平勻，而且運用艱深的理論技術，當中提到多位學者使用不同方法及統計驗證，並針對這些檢測和方法的優點展開冗長辯論，所占篇幅甚至多於案例討論，而這些案例也都各有相當分歧的詮釋，正是這篇論文的特點。大致來說，研究個別國家的專家學者檢視個體經濟層面的分析後，會發現這些論證根本站不住腳，而那些在總體層面聲言擴張型財政調整的案例，也越來越受到學術界和國際貨幣基金會甚至是博科尼學者的質疑。要把握其中論旨，我必須針對文獻中提到的共有案例進行初級和次級驗證，也必須仰賴最近的大樣本（統計）研究。

一九八〇年代的預期心理、景氣擴張和撙節案例

我們從丹麥開始。這是嘉瓦齊和帕加諾說的最佳例證，卻被亞列西納和阿達娜評為「好壞參半」。亞列西納和阿達娜提到丹麥調整的規模，大約是國內生產總值的一〇%，而且是「被裁減支出和增稅平衡畫分」。[93]他們主張，集中化的薪資談判制度限制了薪資調漲的上限，匯率則是釘住國外貨幣而不貶值，因而導致通貨緊縮而不是貶值效應，但也造就了單位勞動成本下降。亞列西納和阿達娜確實談到初步調整成功後，在一九八八至八九年間，經濟成長率急劇低挫而失業率上升，成為集中薪資談判無法繼續施行的主要原因，所以他們說這個案例是「好壞參半」。同樣的，佩羅蒂在另一篇論文中也談到，在成功調整之後，「成長停止，消費連續衰退三年」。[94]

伯格曼（Ulf Bergman）和哈欽森（Martin Hutchinson）對丹麥一九八二至八六年的財政調整也重做評估，對於亞列西納和阿達納的判讀大致贊同，但他們兩人更加強調的是「預期管道」（expectations channel）才是這次成功調整的關鍵。他們對丹麥的研究還指出，這次預算上的調整幅度非常大，而一九八四至八六年的經濟則呈現強勁成長。但是，他們不承認調整剛完成後經濟就陷入嚴重低迷。如果承認的話，預期心理那套理由就說不通了。要是像這兩位學者所

⓭各位可以回想一下，嘉瓦齊和帕加諾說的是丹麥為成功例證，愛爾蘭好壞參半。

說，一九八二至八六年間重大的「政權轉移」訊號改變了預期心理，為什麼同樣的預期心理卻造成一九八八年的衰退呢？[95]

在預期管道做為調整關鍵的設定下，要解釋那個景氣衰退，你可以說政權移轉這個訊號不可靠，那麼之前預期造成擴張也就難以自圓其說，不然作者就必須解釋相同的外在因素何以帶來不同的預期心理，可惜這兩位都避而不談。這當中的疑點還是很多，就算這篇論文要強調它的重要性的預期管道，克魯曼說是「那個信心妖精」（the confidence fairy），也一樣軟弱無力。事實上，國際貨幣基金會後來的報告中也不把丹麥當作「降低預算赤字帶動財政調整」的案例，因為當時要進行財政調整的時候，經濟已然過熱。也就是說，這是在景氣擴張期進行裁減支出，而不是衰退時。[96]

一九八〇年代末期的愛爾蘭，常常被當作是擴張型財政調整的正面案例。現在我們再回來檢視亞列西納和阿達娜的〈故事〉，其中對愛爾蘭在一九八七至八九年期間的經驗描述如下。一九八六年愛爾蘭債務占國內生產總值達一一六％，右翼政府上台後就厲行裁減移轉支付、政府人事支出，同時也減稅。貨幣貶值和減薪讓單位勞動成本降低了一二％至一五％。經濟成長率和外商投資則雙雙暴揚。[97]所有這一切的關鍵，跟過去一樣，都是因為支出大幅裁減，再加上減薪和貶值。[98]

金賽拉（Stephen Kinsella）最近也對愛爾蘭兩次撙節實驗進行研究，一次是一九八〇年代末期，另一次則是二〇〇八年銀行危機之後，但他的解讀跟上述相當不同。[99]金賽拉指出，愛爾蘭在財政調整後確實是出現了景氣擴張，如同過去文獻所言，但他也特別強調這兩者並無因果關係，有關聯的是另一個：愛爾蘭進行財政調整時「國際經濟剛好正在成長，同時還有來自歐盟的財政轉移支付、單一市場開放和一九八六年八月恰逢其時的貨幣貶值」。[100]更早之前，康西丁（John Considine）和達菲（James Duffy）有篇論文也提出類似論點，指出英國進口暢旺——所謂的「勞森景氣」（Lawson boom）——是因為一九八六年的貨幣貶值而起。[101]佩羅蒂（Roberto Perotti，義大利博科尼大學經濟政治學教授）有篇論文也支持這個說法，他說就愛爾蘭的案例而言，「同時間英鎊貶值和英國景氣擴張……刺激了愛爾蘭的出口」。[102]

金賽拉還指出，由於所得稅減免，國內生產總值等於提升了二%，使得財政調整獲得相當大的緩解。[103]不過金賽拉判讀中特別突出的部分，是其他引用這個案例的論文中完全沒提到的：「在一九八六至八九年這段期間，產業薪資平均上揚一四%以上，提升了政府稅收也增加了……民間消費。」[104]金賽拉的結論是，緊縮措施對愛爾蘭消費者於長期課稅及支出預期心理的影響，不敵全球經濟上揚的效應，使得愛爾蘭經驗整個看起來就是「落後國家迅速向經濟合作暨發展組織平均水準靠攏的……典型凱因斯故事」。[105]因此我們再次看到，這個備受稱譽的財政調整「預期管道」，做為擴張型撙節學派的主要機制，在這個愛爾蘭案例中即使不是完全缺席，也是不敵其他因素。⑭[106]同時，在標準的預期心理模型中也完全沒提到加薪和全球經濟上揚等因素，好像這些論文中所談到的是兩個完全不同的愛爾蘭。

⑭佩羅蒂也指出，愛爾蘭的擴張是「遠不及原先以為的那麼明顯」。

要是丹麥和愛爾蘭不能做為擴張型撙節和最重要的預期效果的案例，那麼澳洲的情況又是如何呢？事實上，澳洲的情況讓撙節影響預期心理的說法更顯得疑點重重。奎金檢視了亞列西納和阿達娜〈故事〉中討論的澳洲財政調整後，說它跟「拙劣的學術探討」沒兩樣，對此案例完全錯解。[107]奎金的說法跟亞列西納和阿達娜相反，他認為在澳洲案例中，失業津貼和資本稅都未裁減，因此它們對於預期心理的改變應該都是無效的。根本就沒發生過的事情，還談什麼效果。同樣的，亞列西納和阿達娜賦予的薪資談判作用，就奎金的評估，「跟這裡的狀況剛好相反」，真正展現的是「政府角色的重大擴展」而非限縮。[108]這個案例中最有趣的是，「他們的故事才剛結束，澳洲就陷入戰後史上最嚴重的衰退」，但亞列西納和阿達娜對此絕口不提，這種探討方法跟伯格曼與哈欽森在丹麥案例上沒兩樣。[109]根據奎金對澳洲案例的拆解，我們不得不說又一個經常被當作是擴張型撙節的案例，在歷史如山鐵證的重壓下崩潰了。最重要的是，那個在所有歷史文獻中稱之為關鍵因素的預期機制，在最後的分析中也一樣是毫無蹤影。

最後，瑞典有時候也會被當作是擴張型緊縮的例子，像是一九九五年嘉瓦齊和帕加諾的論文，就以瑞典一九九〇至九四年狀況做為預期心理的範例，因此也值得我們在此稍做探討。[110]嘉瓦齊和帕加諾檢視的那段瑞典經濟艱困期，跟大多數撙節文獻剛好相反，其預算呈現擴張而非緊縮，而消費持平並未擴大。那麼為什麼要特別提出這個相反的例子呢？重點是要展示訴諸擴張型撙節的交互作用及實施後的強化效果，也就是說，在景氣衰退時減稅可以經由預期管道，讓消費者知道未來的日子不好過——因此才會減稅——因此儘管可用現金增加，前頭還有個衰退正等著，他們也不該增加消費。[111]但這一次是理性消費者看穿政府揮霍無度的壞政策，而不是針對可靠撙節措施引發了正面反應，這同樣也是預期機制。這個案例擴展了經驗範圍，來強化預期心理的說法。不只是裁減支出以導致消費擴張（正面預期），政府支出增加也會造成消費減少（負面預期）。

嘉瓦齊和帕加諾一開始是談到瑞典債務占國內生產總值的比例，從一九九〇年的二四・九％上升為一九九四年的六七・八％。儘管確認瑞典當時經歷嚴重衰退，他們還是強調「預算赤字惡化有一半以上不能歸咎於經濟衰退」[112]，說這是「（當局）選擇的政策行動」，像是減稅和援救銀行等，而民間消費因為訊號顯示後市不佳而轉趨衰頹疲弱。[113]具體來說，儘管當時實施減稅做為補償性刺激，消費水準仍呈現低落是因為「擔心瑞典政府破產的恐懼在一九九二年底大幅升高」。[114]

對其說法，作者提供的證據是瑞典三十年期公債和世界銀行發行的同期瑞典克朗債券殖利率差「在一九九三年擴大了一百個基點」，再加上經濟合作暨發展組織在一九九三年幾次模擬分析都表示瑞典債務一直到一九九九年都不會恢復穩定。[115]因為擔心政府破產，所以看到「公共債務暴增時」，瑞典的消費水準在一九八九年至一九九四年間重挫十三個百分點。[116]這些駭人發展，經由理性預期的運作，會使「瑞典消費者降低永久可支配所得……和消費的估算，也會減少生產性資產未來盈利的估算」。[117]「政府的財政寬鬆可能觸發永久性可支配所得向下修正……已然導致瑞典的公共債務正以危急快速累積」。[118]

我們再把嘉瓦齊和帕加諾的論述重新歸納一下。瑞典經歷嚴重衰退後，公共債務擴增為國內生產總值的六七・八％，其中大多數是政府自己選擇的政策所致。這也足以造成公債殖利率比世界銀行發行的同類債券高出一％（一百個基點就是一％，實在也沒什麼好擔心的）。這應該是讓瑞典消費者很不高興（他們顯然花很多時間在注意債券利差），因此儘管正處於經濟衰退之中，理性預期和李嘉圖等價還是經由預期管道發揮效果，使得減稅後雖然自由貨幣增加，卻對消費毫無提振的效果。因為發現未來日子不好過，消費者的理性讓財政刺激大打折扣，他們高瞻遠矚的預期抵銷了擴張效應。

任何了解瑞典政治經濟，尤其是這段期間狀況的人都會注意到這篇論文沒有提到幾件大事，就是瑞典在一九八九至一九九三年間房地產市場、股市和匯率連三爆，遭受到三重危機的嚴厲考驗。瑞典在一九八七年解除一些金融管制，使得民間信貸供給暴增，拉抬出一波房地產泡沫，而當時的瑞典就是才剛經歷房地產泡沫爆裂，從這篇論文裡根本看不出這件事，但根據英格倫（Peter Englund）指出，光是在一九八九年「營建和房地產類股指數就下跌了二五％……直到一九九〇年底，房地產股價指數共下跌了五二％」。[119]這種大規模緊縮通常對勞動市場也會連帶影響，但除了這件事之外，當時的瑞典還因為歐洲匯率機制的外匯危機，而飽嚐通貨緊縮的影響，再加上剛剛提到的房地產崩盤，使得瑞典的國內生產總值在一九九一至九三年間萎縮達五．一％。那時候，其實也只有那個時候，利率才真正出現暴揚。[120]但當時根本沒人擔心國債會怎樣。

置身在這種狀況下，那些已經承擔相當多債務的人，原本想靠股票和房地產賺點錢，現在突然發現自己正在虧本，當然就不會再花那麼多錢，即使是獲得減稅。要說明這一點，也不必瞎掰什麼瑞典消費者會去注意到不太可能的債券利差，為全球最有能力償還債務的國家之一的瑞典窮操心。這是新自由主義者希望支撐計量經濟學的雙曲線幻想。經濟陷入衰退只想先還清債務就好，就足以解釋後來的狀況，這便是辜朝明（辜寬敏之子。台裔美籍經濟學家，現任日本野村總合研究所主席研究員）所說的典型「資產負債表型衰退」（Balance Sheet Recession）。[121]這時候的消費水準不會上升實在不意外，除非你從那個違反直覺的荒謬觀點去看這個問題。而消費能夠持平，既使是在經濟衰退中仍得保持不墜，就是財政刺激發揮功效的證明。它本來應該下降的，但沒有，這就是因為減稅了。[122]

總之，在那篇論文中談到的狀況並未支持論旨，特別是關於預期心理作用讓裁減支出發揮經濟擴張的效果。或許就是因為這樣，所以後來那些論文很多都不再針對個案進行研究，只回去看那些大規模的統計分析。但就算統計分析尚未證實擴張型撙節個案無效，其結果也還是甚有爭議。具體來說，最近有很多論文的研究成果，都跟二〇〇九年亞列西納和阿達娜那篇〈財政政策大變革〉唱反調，而該論文在這次危機中可是深具影響的文獻。在這種狀況下，還說現在是「亞列西納的一刻」實在是不太合適，尤其是在國際貨幣基金會裡。

揭穿「撙節神話」

亞列西納和阿達娜二〇〇九年那篇論文經過各方的解剖、分析、驗證，早就被被批評得體無完膚。這些驗證論文讓擴張型撙節個案更顯無力。首先針對這篇論文的資料和論述進行嚴格審查的，是亞耶德夫（Arjun Jayadev）和康察爾（Mike Konczal）。[123]他們在這篇論文中注意到幾個奇怪的地方。首先是那二十六個被確認為擴張型案例中，「實際上沒有哪個國家是……在經濟衰退時裁減赤字，而且……在債務占國內生產總值比例下降時，還能提升經濟成長率」。[124]但另一個發現更奇怪：在這些個案「成功調整的例子中，平均而言，在進行調整之前的那一年，經濟都還是穩定成長」。[125]換句話說，跟論文所說的剛好相反，那些進行調整的國家都不是在經濟衰退時進行調整。

在這次審查之後，國際貨幣基金會負責撰寫《世界經濟展望》（*World Economic Outlook*）的研究員，也運用新方法和新資料從頭驗證擴張型撙節概念。[126]其主要研究結果與擴張型撙節陣營的論述呈現尖銳矛盾。具體來說，他們發現評估緊縮是否具備擴張效應的主要概念——配合景氣循環的預算盈餘調整——會讓原始分析偏向於發現正面個案，卻對那些相反的例子大打折扣。[127]運用替代方法來驗證擴張型緊縮後發現，那些財政緊縮確實就是帶來緊縮，並未出現其他好處來抵銷負面影響。[128] ⓯ 減輕債務後利息支出也降低，可能是會有些好處，這很合理，但跟論文論述可完全不是同一回事。[129]

此外，尤其是跟歐元區和美國目前狀況有關的是，他們發現裁減支出對經濟緊縮的殺傷力的確低於增稅，但這不是因為預期心理所致，而是源於中央銀行降低利率帶來的抵銷作用。以當前利率已經為零或幾乎是零的狀況下，未來可不能指望會有這種抵銷效果，因此這樣的政策只會帶來傷害，別無好處。[130]最後是關於貶值，儘管這是擴張型調整很重要的成分，也不足以藉此拉抬經濟成長：「因為不是所有的國家都能在同一時間增加出口淨值。這個發現意味著要是許多國家同時進行財政調整，經濟狀況可能就越是痛苦。」[131]

當美國共和黨拿著亞列西納的論文找麻煩時，國會研究服務部也呼應亞耶德夫和康察爾論文，針對擴張型撙節展開研究，看看國際貨幣基金會跟亞列西納和阿達娜誰說得對。[132]國會研究服務部還發現，「成功的財政調整……是在經濟正處於或接近產能極限時出現」。[133]所以，要說那些產能絕對還沒到極限的經濟體不適用這些政策，還算是客氣呢。[134]

到了二〇一一年年中，擴張型撙節的支持，不管是實證或理論，兩方面都迅速流失。即使是博科尼學派目前的成員都開始叛逃，其中最惹眼的就是佩羅蒂。[135]他雖然對國際貨幣基金會目前質疑擴張型撙節的新方法多有批評，但還是不停地說裁減支出無助於經濟成長，至少在短期內不會有效果。

佩羅蒂集中討論亞列西納論文中也承認，但從來不曾足夠強調的論點，也就是說，真正重要的是在於整體政策的配合。工資談判制度、貶值能力、國外需求帶來出口導向成長，這些因素都很重要。事實上，是比我們所預期的還重要得多。這些因素也出現在大型福利國家，像是瑞典和丹麥，還有極少數的其他地方。但如果是這樣的話，這裡也就沒什麼好驚訝的啦。緊縮政策當然會導致財政緊縮，除非是受到國外需求、貨幣貶值及國內勞工團體合作等支持，而就算有這些因素存在，最好也是在經濟高度成長的時候才能進行調整。佩羅蒂的論文不僅是對「信心解釋拋出疑點」，同時也以到現在「全世界都不可能出現出口暢旺的狀況」來支持這樣的政策。[136]在歐洲國家一再測試、檢驗卻發現毫無成果的狀況下，就算是博科尼學派的學者都發

⑮ 具體而言，作者指出預算占國內生產總值比例減少一％的話，國內生產總值也會降低半個百分點，而失業率在未來兩年上升三分之一個百分點。

現很難自圓其說。

國際貨幣基金會在二〇一一年七月和二〇一二年七月發表兩篇論文，等於是讓亞列西納的時刻畫下休止符。第一篇論文是由瓜雅多（Jamie Guajardo）等學者所提出，他們根據國際貨幣基金會二〇一〇年十月發表的論文，採用不同的方法和資料，也一樣得到相反的結果。跟先前那篇論文一樣，他們的報告也說增稅的殺傷力確實比裁減支出還大，但這跟預期心理無關，完全是因為寬鬆的貨幣政策。此外，從緊縮政策中發現緊縮效應，可說是不足為奇吧。[137]他們的研究是根據更大規模的模擬檢驗，所以結論也更是大膽，指出他們的「估算結果……對擴張型撙節假設提供不了什麼論證支持」。[138]

不過讓撙節主張真正踢到鐵板的，是二〇一二年七月那篇論文。由巴蒂尼（Nicoletta Battini）等學者一起完成的論文〈美國、歐洲及日本的成功撙節〉檢視一些重要的大型個案，更使得擴張型撙節在實證和理論兩方面僅存的一些論證支持也蕩然無存。[139]這篇論文將矛頭直接對準信心管道，指出「儘管在我們的調整案例中，信心作用發揮效果的猜想看似合理，但是在經濟衰退期間也還不足以讓調整產生擴張效應」。[140]接著就針對擴張型撙節的論述逐條批駁。

他們的論述包括：選擇在經濟低迷之際進行調整的風險，是成長期時的兩倍；漸進式的穩定調整，必定比雷厲風行好得多；集中於前期的緊縮威力更大，並將造成債務占國內生產總值比例的惡化，還有，減稅的緊縮效應低於裁減移轉支付，尤其是慢慢施行的話。[141]這篇論文的結論尤其確鑿，因此值得在此長篇引述：

產出已見萎縮的經濟體如果太快撤回財政刺激，不但會讓衰退拖長，也不會產生預期中的財政節約。調整如果集中在裁減公共支出……而且調整幅度很大的話……這一點尤其確切……從政策角度來看，儘管成長幅度不大，但確實是正成長，會比較適當……在衰退期間集中於前期的調整似乎會加重財政調整的成本……（而且）大幅延緩債務占國內生產總值比例的降低，而這種狀況在信心低落之際，又會造成市場氣氛惡化，使得財政撙節的努力完全無效。如果調整案例主要是擺在裁減公共支出的話，更是如此。

各位這時候如果也在懷疑歐元區幾次施行撙節又有什麼效果，當然也不會錯。事實上，國際貨幣基金會在二〇一二年十月發布的《世界經濟展望》，最後結論說歐元區負面的財政乘數被大幅低估，裁減支出的緊縮效應在經濟中被放大了一倍半。[142]這大概有助於解釋南歐那些國家為什麼實施擴張型調整，卻得不到擴張效果。當國際貨幣基金會想起撙節實際應用在經濟體和人民生活之中是多麼危險，亞列西納的時刻也就結束了。

但即使是國際貨幣基金會對撙節已經失去信心，並不表示其他支持者不再尋找別的例子證明它應該有效。這個意識形態久享盛名，而且在政治上也已經投入太多不能回收的沉沒成本，因此光靠事實也無法阻止。這就是撙節支持者又把希望寄予「REBLL」聯盟的羅馬尼亞、愛沙尼亞、保加利亞、拉脫維亞、立陶宛等國的原因。不管計量經濟上的證據為何，這些國家應該都在現實世界中表明撙節確實有效吧。所以，希臘人、西班牙人和其他各國根本就是不夠努力嘛。但情況真的是這樣嗎？我們真正可以從「REBLL」國家學到什麼嗎？還有，這些國家一開始為什麼會這麼努力厲行撙節呢?當我們把注意力轉到這個問題上，對於「REBLL」國家及其撙節政策就會有非常不同的看法，還有對於它們做為撙節示範的效力。

「REBLL」聯盟和債務星球：撙節的科幻小說冒險

二〇一二年七月九日的《經濟學人》雜誌上有一則漫畫，圖中有兩名男子在海灘上，一位是金髮波羅的海人，意氣風發地秀肌肉，旁邊蹲著一個瘦巴巴又髒兮兮的男人捧著杯子乞討，上頭有個標示寫著：「南方」。但是對歐洲和其他各地的決策精英來說，波羅的海國家和南歐的對比狀況可一點都不好笑，因為這可是挑戰與投降、工作與懶惰、真撙節與假撙節的強烈對照。愛沙尼亞、拉脫維亞和立陶宛三國從二〇〇八年自願實施規模甚大的財政調整，在國內物價和薪資大幅潰退的同時，讓本國匯率和歐元緊緊掛鉤。二〇〇九年，羅馬尼亞和保加利亞也加入這個行列。到了二〇一一年，這幾個國家的經濟成長都恢復了，而且比其他歐洲國家還高，尤其是跟南歐國家相比（參見圖6-1）。也許撙節真的有效？要是說一張圖勝過千言萬語，那麼圖6-1肯定讓你目瞪口呆。

撙節陣線對這種好消息正如同大旱望雲霓，國際貨幣基金會、歐洲央行和歐盟三巨頭馬上回應拉脫維亞政府的要求，允許加入歐盟以資慶賀波羅的海國家轉型成功。[143] 拉脫維亞首都里加傳來捷報後，歐洲央行理事會成員從擴張型撙節讀到的訊息是：

> 在早期階段進行必要的撙節措施……讓波羅的海國家獲得正面信心效應……讓拉脫維亞得以提

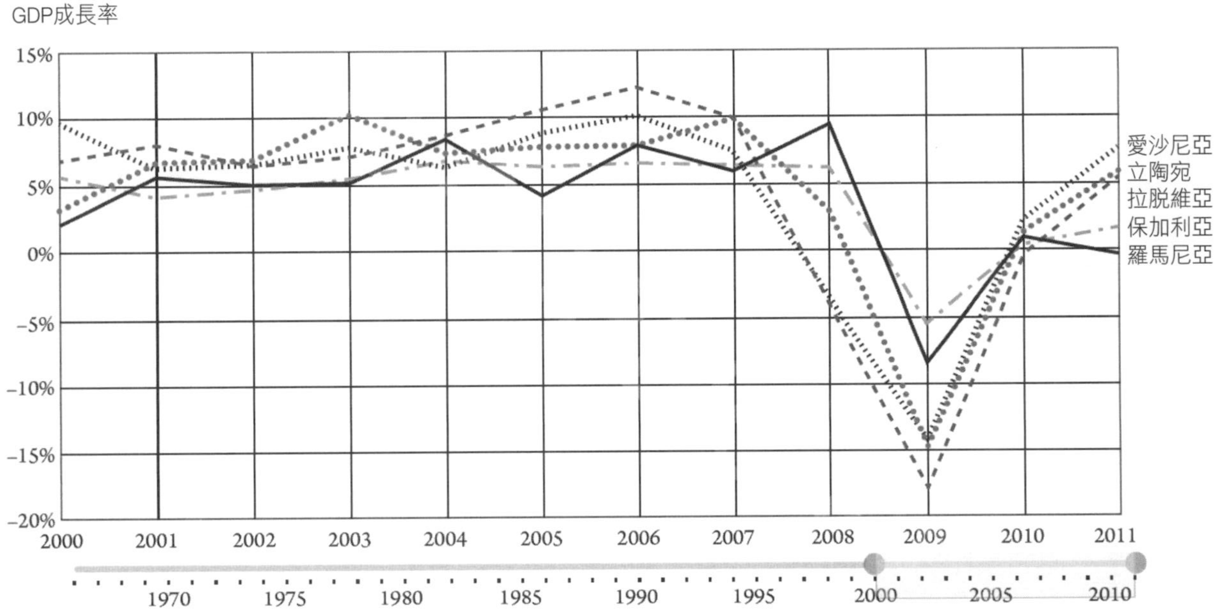

資料來源：世界銀行，最後更新日期2012年9月6日

圖6-1　「REBLL」國家國內生產總值成長率，2000至2011年

> 前重返金融市場……在異常嚴厲的產出緊縮之後得以恢復成長……在經濟成長與撙節的關係持續論爭中，「擴張型緊縮」概念一直被運用也受到批評。波羅的海國家的經驗顯示，這個現象並非矛盾，儘管財政調整讓短期成長展望備感壓力，其於中長期的正面效應卻是相當可觀。[144]

對於撙節的讚譽還有其他顯著的例子。國際貨幣基金會理事長拉加德（Christine Lagarde）認為，拉脫維亞對南歐「深具啟發」。[145]原本質疑其效力的國際貨幣基金會首席經濟學家布蘭查德（Olivier Blanchard）則說拉脫維亞「可以承受痛苦」。[146]連希拉蕊（Hillary Clinton）都稱讚拉脫維亞，說撙節將確保「穩定而繁榮的未來」。[147]受到國際稱道的可不只是拉脫維亞。那年稍後的夏天，羅馬尼亞人和保加利亞人也都因為加入波羅的海撙節聯盟，而受到支持陣營的表揚。[148] ⑯

儘管這些國家大規模財政緊縮被視為驚人範例，而且確實展現強勁的經濟復甦，然而「REBLL」國家對擴張型撙節其實也無法提供太多佐證。要明白這些範例的無稽，首先要知道共產主義崩潰後，這些國家在經濟重建中碰上哪些躲不掉的事故。因為有此事故造成慘重損失，所以他們一開始就要實施如此嚴苛的緊縮。這個事故我們在本書中早就看過了，就是最後會跑到國家資產負債表上的銀行危機。沒人會以為這麼做很有趣，甚至是波羅的海國家的自由主義者也一樣。等到我們都能了解「REBLL」國家之所以被迫採取如此極端措施的原由以後，就可以理解它們的經驗不足以證實擴張型撙節的效用，也不能做為世界各國的實務教訓。

「REBLL」國家的成長模式

在二〇〇八年金融危機爆發前夕，「REBLL」國家已經發展出一套獨特的經濟成長模式，依靠大量的外資投資，甚至是更大規模的對外舉債借款，這樣的經濟制度簡單說就是敞開大門，讓人民走出去，讓資金流進來。不過因為高度仰賴跨國資金流動，因此它在外部衝擊下相當脆弱，而且很容易帶來經常帳巨額赤字，也使得出口表現長期不振。

它們會變成這樣，是因為共產時代結束後的一九九〇年代中，「REBLL」國家普遍呈現嚴重的產業空洞化，促使人民大量外移，其勞動力中最活躍的一至三成紛紛出走到西歐國家。這種人力上的損失，讓原本就嫌薄弱的基礎設施發展能力更是雪上加霜，而這種狀況又連帶造成投資集中在房地產和金融產業，而不是製造業上頭。結果就是出口難以賺取大量外匯，因此無法負擔進口的外匯支出。[17]這使得它們更加仰賴外資流入和在國外工作的勞工寄錢回來，以彌平巨額赤字。不過，雖然有這些問題，這些國家的經濟在二〇〇〇年代中仍然迅速成長，因為當地銀行擁有大量資金提供消費融資。在這種狀況下只有一個問題是，這些銀行並不只是「當地」而已，連帶那些資金也不是。

---

[16] 德國總理梅克爾二〇一一年十二月在德國國會發表一場歷史性的演說中，即以「REBLL」國家為例，包括羅馬尼亞和保加利亞，為財政撙節護航。

[17] 羅馬尼亞可算是個部分例外，其出口值在二〇〇〇年代中成長為三倍以上，但即使如此仍不只以彌平經常帳赤字。感謝班恩（Cornel Ban）對此訂正。

由於這些國家日後都有可能成為歐盟會員會，因此法國、德國、瑞典，甚至是希臘的銀行業者在二〇〇〇年代初期，紛紛搶進東歐收購當地銀行，因為這些被低估的資產，日後一旦改制歐元後，必定漲價。於是「REBLL」國家的銀行部門，在很短時間八成都變成外商，有些甚至是百分之百外商化。[149]這些銀行對產業投資沒什麼貢獻，部分原因是，這些國家本來就沒多少產業可以供投資，所以它們針對阮囊羞澀的「REBLL」民眾提供大量的消費融資，同時借錢給投機客炒作房地產。由於融資成本和當地放款利率的差距甚大，因此對所有參與其中的業者來說都是一門好生意，所以當地銀行無不卯勁滿載外幣貸款，這等於是在資產負債表中安裝定時炸彈，一旦匯率走勢呈現不利時馬上就會爆炸。[150]

這個跨國信貸加油站澆灌出驚人的營建泡沫，連西班牙和愛爾蘭的房地產經驗與之相較都顯得平淡無奇。西班牙和愛爾蘭在二〇〇〇年代，每年營建支出成長率才分別是微不足道的六%和八%，而成長率算是比較差的羅馬尼亞每年是一一%，保加利亞更是驚人的每年二〇%。[151]所以，當「REBLL」國家的政府在危機爆發前忙著裁減債務時，人民和企業界卻在出口不振、經常帳赤字的背景下，仰賴源源不絕的低廉國外信貸，大量舉債購置沒有生產力的資產。要讓這一切爆炸，只須再加一根雷管就夠了，而外資銀行剛好正是。

再來一場銀行危機

二〇〇八年的金融危機結合經常帳危機重創「REBLL」國家，出口下滑，使得進口支付更是欠缺資金，讓原本就已經很大的赤字額更加膨脹，而房地產泡沫則是在外資銀行馳援各自本國金融危機唯恐不及的狀況下，面臨資金短缺而紛紛爆裂。正如我們在第二章所談到的，當銀行業者的投資組合在某部分出現虧損時，它會清算其他地方的資產組合做為彌補。[152]此時「REBLL」國家就是那些「其他地方的資產組合」。雷曼危機爆發後，各銀行擔心本國業務受到牽連，紛紛通知「REBLL」國家的政府，說它們正在考慮撤資，以馳援需金孔急的本國（核心）營運。⑱[153]而「REBLL」國家的經濟體制一向開放且友善，根本沒辦法阻止資金外逃。這時候他們才發現，這些西方銀行不僅擁有他們的銀行，甚至可說連貨幣供給都操諸外人之手。在恐慌蔓延下，資金當然開始逃逸，國外需求也呈現緊縮，於是營建泡沫破了，「REBLL」諸國的經濟也崩潰囉（表6-1）。

就在這些國家的經常帳瀕臨爆裂之際，歐盟和國際貨幣基金會聯手干預，對中歐及東歐金融體系提供巨額援救，但說到底，這些還不都是西方銀行業者擁有的海外分行嘛。二〇〇九年，早在希臘或愛爾蘭援助行動開始之前，西方銀行業者、歐洲三巨頭（歐盟委員會、國際貨幣基金會及歐洲央行）就在維也納與羅馬尼亞、匈牙利和拉脫維亞簽下協議，要求它們的政府厲行撙節以穩定本國銀行的資產負債表，那麼西歐國家也會保證不抽走放在東歐銀行界的資金。[154]這份「維也納協議」讓資金緊縮不致蔓延到其他「REBLL」國家，只要那些國家也遵守厲行撙節以穩定資產負債表的協議，而其他國家果然也都照辦。這裡的狀況也跟之前說的完全一

⑱「維也納計畫」（Vienna Initiative）源自多家西歐銀行業者寄給歐盟委員會的書面函件，這些西歐銀行在東歐市場中曝險部位很大。

樣，都是為了拯救銀行，付出的成本是撙節、利率高揚、失業，還有一大堆債務被倒進公共部門的資產負債表，變成政府債務。而二〇〇九年西歐和美國重新啟用凱因斯主張時，「REBLL」正努力實施撙節措施，來拯救歐盟國家的大銀行。各位要是覺得自己已經聽過這個故事的話，那你沒搞錯，的確是聽過了。因為後來歐元區周邊國家的主權債務危機和大銀行曝險部位，也就是這麼一回事。

在此危機和緊縮救援的狀況下，金融崩潰後進行的調整規模非常大：拉脫維亞占國內生產總值的一七%，立陶宛占一三%，還有愛沙尼亞也達國內生產總值的九%，其中一半額度的緊縮都要在第一年內完成，而且根據亞列西納的建議，大都是針對支出裁減。[155]儘管當時國際貨幣基金會總裁史特勞斯－卡恩（Dominique Strauss-Kahn）抗議說，至少針對羅馬尼亞的狀況，政府也應該要對有錢人課稅，但是對所有「REBLL」國家來說，公共部門高達雙位數的減薪幅度已是常態。[156]如此大幅裁減支出，必定造成健康醫療、教育和社會保障等方面的破壞。[157]另外稅金也提高了，但只限於累退型（regressive）的加值稅和勞動稅。可以預料的是逃稅規模也加大了，使得整體財

表6-1 「REBLL」國家2009年國內生產總值及消費成長

國家	國內生產總值變化	消費變化
羅馬尼亞	6	10.1
愛沙尼亞	14	15.6
保加利亞	5.5	7.6
拉脫維亞	7	22.6
立陶宛	14	1–17.5

資料來源：歐盟統計局

政狀況更為惡化。

在此且先暫停，把這些訊息說清楚。這幾個不穩定且難以長久維持的經濟體，靠著外資灌充泡沫，可以想見的是一旦泡沫破裂，整個經濟體必定隨即動盪。這樣的國家現在要被當作是示範模型，要求全球各地來遵循仿效？西班牙那時候的狀況是很糟沒錯，但真的要把整個產業挖空，就靠更多的國外貸款過活嗎？義大利也應該要放棄原本深具競爭力的出口部門，還把銀行通通賣掉嗎？這就是「遵循『REBLL』國家範例」真正的意思。事實上，這些所謂的「模型」跟愛爾蘭、西班牙和希臘最糟糕的特點全部加起來也沒相差多少，沒有補償性質的社會安全氣囊，對於複雜的種族政治採取旁觀的分而治之，還配備著一份自由主義經濟說明書。「REBLL」國家的經濟或許真的復甦了，但大家幹嘛要模仿會導致既不穩定又不公平的經濟模式的政策呢？如果說變得跟它們越來越像，就是確保自己不會淪落到那個地步，那麼我們從「REBLL」聯盟到底能學到什麼教訓？

「REBLL」聯盟的生命教訓

首先要問的是，「REBLL」案例真的證明擴張型撙節有效嗎？答案很肯定是沒有。在裁減巨額福利措施以後，撙節似乎真的讓「REBLL」國家重新回到經濟成長路線，強調「似乎真的」是因為拉脫維亞實際上是要等到二〇一〇年撙節政策結束後才開始成長，況且這場經濟危機雖然讓大家覺得必須採行撙節，但是它對防止景氣持續惡化毫無辦法也是明顯的事實。而且後來的復甦也跟擴張型撙節所主張的心理預期正面效應毫無關係。就以那個熱烈慶祝自己轉型成功的拉脫維亞為例吧，從二〇〇八至二〇一一年間總計約有四%的人口離開本國。[158]二〇〇九年時，有七九%的拉脫維亞人在本國經濟狀況調查中被歸類為「差」。到了二〇一一年，拉脫維亞經濟成長率可是歐盟當中最高的，但是仍有九一%的拉脫維亞民眾在調查中表示經濟情勢「不好」，而有五八%民眾認為更糟的還在後頭。[159]對於這個最好的範例，我們頂多只能說心理預期或許只是在經濟開始成長以後才出現，其間還存在著一段時間落差，但肯定不是靠它帶動經濟成長。

其次，備受讚譽的復甦其實相當有限，而且極為脆弱，很可能會再次反轉。二〇〇九年出現的產出落差，到了二〇一三年時還沒有哪個「REBLL」國家已經完全恢復過往水準。儘管經過數年的高度成長，「REBLL」國家，尤其是波羅的海國家還需要好幾年才能恢復撙節造成的產出損失。雖然它們這幾年來真的很努力，但現在還是比不上開始實施撙節的時候。就算是以國際貨幣基金會較為樂觀的成長率估算，拉脫維亞也必須到二〇一五年才得以恢復到危機之前的產出水準。[160]事實上，根據歐洲央行的評估，「REBLL」國家的成長幅度可能太過疲弱，無力維持未來幾年的復甦。據歐洲央行估算，「REBLL」國家的經濟成長率在二〇一二年以後，可能每年只有溫和的二%而已。[161]這個水準雖然是比歐元區核心國家來得高，但「REBLL」要面對的是恢復產出損失，和成長模式脆弱尚未解決等更艱難的任務。

據此可知，「REBLL」國家經濟復甦的力道就是不夠大，不足以迅速扭轉高揚的失業率。我們再以撙節模範生拉脫維亞為例，在國際貨基金會的估算中，拉脫維亞的失業率一直到二〇一七年都會高達兩位數，而這還是預期成長狀況不錯的時候。[162]這跟「PIIGS」五國也沒有多大差別。要再加上那些打零工或根本不想再找工作的人，那麼二〇一〇年的失業高峰可達三〇％，二〇一一年第三季也有二一％。如果把移民數字加進去，那麼在拉脫維亞景氣復甦的高峰期中，失業率竟然也高達二九％。[163]

第三，撙節在兩個重要領域都未發揮應該有的功效：對於民間部門的薪資和對於政府的債務與赤字。民間部門的減薪幅度不夠大，使得緊縮難以發揮效應，讓成本競爭力得以提升。[164]儘管公共部門大幅裁減支出，單位勞動成本在撙節期間仍是僵固不跌。這表示說，只有讓西歐國家的工資上漲，「REBLL」國家的薪資才會顯得相對下跌到更具競爭力的水準，但這對撙節導致二次衰退的西歐地區來說實在很不可能。同樣的，「REBLL」國家的撙節措施並未像理論上強調的突然大幅裁減預算赤字，以撙節計畫高峰期的二〇〇九至二〇一〇年為例，拉脫維亞、立陶宛和羅馬尼亞的預算赤字都比希臘或西班牙高出許多。

撙節也應該要減少債務吧。事實上，這是它的重點。但是在「REBLL」國家的案例中，這一點並未達成，在「PIIGS」五國也一樣。陷入危機之前的「REBLL」國家債務都很低，占國內生產總值比例不到二〇％，隨後靠著維也納協議所提供的主權債券市場結構優勢，市場裡都是一些極具耐心的投資人（包括本地或跟三巨頭有關的國外投資人），債市賣壓頓減，而這些國家，除了愛沙尼亞外，各國債務都增加了，有些甚至是巨幅增加。[165]以拉脫維亞債務為例，二〇〇七年其債務占國內生產總值僅一〇・七％，到了二〇一二年為四二％，各位可以想像一下，要是希臘或義大利的債務水準也像這樣膨脹為四倍會是怎樣。事實上，「REBLL」國家就是因為實施緊縮，才使得債務增加，而且背負期間更為拖長。撙節不但沒能炸掉債務星球，反而自己吹起更大債務。各位從這裡又能看出，這一切就是得不償失啊。

第四，對於要把這個案例的「成功」推廣到世界其他地區而言可是最重要的一點，那些讓「REBLL」國家得以復甦的外部需求，對「PIIGS」五國或其他任何國家都不適用。雖然保加利亞和羅馬尼亞都仰賴國內需求，還有與德國汽車工業的關係做為經濟的主要驅動力，波羅的海國家的國內生產總值則是大約一半都靠出口。實施撙節時最痛苦的往往是國內需求，因此出口就會變成經濟成長的主要動力。儘管「REBLL」國家，特別是波羅的海國家的出口的確都顯著增加，對其他國家而言可沒帶來多少希望，因為「REBLL」國家的主要貿易夥伴，是在二〇〇八年金融危機後並未陷入衰退的國家，例如德國，或者是很快就復甦的國家，例如瑞典、芬蘭和俄羅斯。對於義大利和西班牙而言，芬蘭的經濟成長可不會帶來多少幫助。

波羅的海國家和斯堪的納維亞諸經濟體近在密邇，那裡可以提供工資套利，還有文化接近、稅率低且管制少的商業環境。這對西班牙沒好處啊，距離太遠了嘛。況且，羅馬尼亞和保加利亞算是中等規模、中等所得的國家，而波羅的海國家卻都相當迷你，其規模平均而言跟紐約市鄰近的行政區差不多大而已。這種小國家可以在全球經濟的夾縫中生存，但大型經濟體可無法做到。要是南歐那些大國在三年內有四%的勞動力離開本國，各位可以想像對政治穩定會造成什麼影響嗎？而且他們可以上哪兒找工作啊？立陶宛嗎？

最後一點是，能在「REBLL」實施撙節，裁減幅度如此之大的政治背景，是無法在南歐周邊國家複製出來的，而且我們也不該如此指望。在「REBLL」國家裡，有些波羅的海國家是利用國內相當分裂的種族政治，把那些反對撙節的民意加以孤立和邊緣化。不是這種搞法的羅馬尼亞和保加利亞，民眾對撙節的抗議聲浪就大到足以延緩政策施行，像是羅馬尼亞在最近的二○一二年十二月選舉中就嘗到敗績。我們再以拉脫維亞為例，該國反對撙節最力的是俄裔民眾的政黨，以拉脫維亞和俄羅斯的長久歷史關係來說，要打敗這個反對派就容易得多。[19] 166 從一九三○年代的經驗我們都知道，利用民族主義來強力推行預算裁減，是不會有好下場的。[20] 167 或許真要到那個時候我們才會發現，從一九三○年代學會的老教訓會比「REBLL」國家那些新教訓好得多。

總之，說到例證效力，「REBLL」聯盟還比不上日本，日本在兩次大戰之間的狀況可證實凱因斯主義的睿智，但「REBLL」聯盟的例子並不能證明擴張型撙節有效。這些國家的政治、經濟結構，是既不穩定也無法在其他地區複製沿用。它們推行的政策既沒有提振預期心理效果，對於調整也缺乏持續性。它們的經濟復甦並不穩定，甚至整個經濟體在本質上都嫌太過脆弱，其所依賴的需求來源也無法在其他地區依樣畫葫蘆。它們後來所累積的債務甚至比開始推行撙節之前還多。這些哪算是什麼模型啊，說是提醒我們撙節要付出什麼成本而且是白費功夫才正好吧。

---

[19] 愛沙尼亞的種族政治分裂較不明顯，該國推動撙節的動力來自精英分子的新自由主義經濟政策傾向，兼以政府力量薄弱，而且之前就有實施撙節的經驗。

[20] 很諷刺的是，羅馬尼亞獨裁者西奧塞古（Nicolae Ceausescu）在更早一次撙節時期，也就是一九八○年代中大玩種族牌，最後反而造成其政權在暴力中崩潰。

當世界各國領導人明明帶來千萬民眾的損害後，還是汲汲尋找事例，為那些國家造成的苦難鼓掌叫好，只想為自己的行動辯解，就更能告訴我們一件最重要的事情。就是說，撙節是一種可以不顧事實、無視於經驗駁斥的意識形態，不管我們找到這麼多證據都趕不走，所以才說它是個非常危險的觀念。

| 第三部 |

結論

第七章 銀行的終結、新故事與課稅時代來臨

猜想權充結論

經過本書嚴密檢視後，可以知道**撙節既非明智的經濟政策，也不是一整套連貫的經濟思想**。實際上，**撙節就是無效**。至於化石紀錄中少數幾個看起來很像是「擴張型財政調整」的例子，即如我們在第六章看到的，要不是另有成因，絕非撙節支持者所說的那樣，或者根本是他們完全搞錯了。說預期心理會帶來的信心，就真的只是個童話故事而已。少數幾個有效例證，也都可以簡單地用貨幣貶值和工會配合做出解釋。一般都以為採行撙節做為經濟政策，可以帶來和平與繁榮，最重要的是能夠持續減輕債務，就像是蒙古金帳汗國讓奧運會馬術比賽更進步一樣。但事實正好相反，**撙節帶來的是階級政治、騷亂和政治不安，它帶來更多債務，還有暗殺和戰爭**。跟表面上宣傳的完全是兩回事。

自由主義經濟思想史裡原本也沒有這套想法，但是自由主義對於政府在經濟中應該扮演什麼角色的精神分裂反應，「既不能忍受，又不能缺少，更不想為它付錢」，如今反而像是政府

引發的普遍神經痛似的。在經濟大蕭條的年代之後，撙節原本被逐出合理思想之列，但它仍然在德國的制度和美國的奧地利學派、義大利學派經濟學家的心底漫長地冬眠，靜靜等待時機，在其他一些思想發展的助力下，終於在一九九〇和二〇〇〇年代中全面復活。

在歐洲金融危機持續期間，格外熱衷施行撙節，帶來同樣的失敗，這些都是檢視過撙節自然史和思想史之後即可料想得到。這個知識上的傲慢和意識形態上的固執，一直以來都很可怕。[1]要是歐洲的經濟政策制定者像醫師一樣要發誓「不可造成傷害」，他們早就該被勒令停醫，禁止「診治」經濟。如果美國無視於到目前為止的這些證據，還是讓撙節成為政策指導原則，我們也可預期它會造成同樣的破壞，別忘了，美國可是軍備武裝大國啊。

雖然撙節是一種意識形態，但渴望實施撙節可不只是意識形態而已。會持續不斷地推行撙節也有一些立意本善的重大原因，尤其是對歐洲而言，也就是說，萬一這地區有大到救不了的銀行破產時，主權國家的資產負債表上就必須清出一些空間來做防護。原本開始於美國的銀行危機，後來也在歐洲出現。而歐元讓二十一世紀的歐洲經濟變成傳統的金本位制度，更讓這個問題大幅惡化。其結果也是可以預見的，必定非常可怕。我們怎麼又搞成這樣呢？

從某方面來說，撇開那個在歐洲誘發危機的「所有道德風險交易之母」不談，這個觸發過程也可說是「善始而惡終」的經典範例。儘管美國金融體系會出事，正如我們在第二章說過的，只是時間早晚的問題而已，但最後讓我們走上這條特殊道路進退不得，正是因為決定要拯救銀行，這一切就是從二〇〇八年美國的艱困資產紓困法案（TARP）開始的。

我之前曾說明，政府——尤其是美國政府，為什麼非救銀行不可：有一億五千多萬個勞工，其中七二%是靠工資支票過日子，而且全國有七千萬把手槍，要是提款機領不到錢的話會怎樣。很多人的心裡還是會擔心這一點。**就我個人而言，回顧二〇〇八年時，我也覺得援救銀行是正確的決定，我也認為「沒有別的選擇」**。但要說是「別無選擇」，就一定有什麼可以選擇。**現在考慮到這個決定付出什麼成本，我可就不敢肯定它是正確的。**

這場危機所造成的損失，除了我們在第二章討論過直接成本以外，還應該加上實施撙節政策這幾年所帶來的破壞和浪費，這些損失可比任何銀行破產還多得多，不管那家銀行有多大。或許我們就應該讓銀行倒閉。可是，沒錯，整個體系也會有崩潰的危險。但要是那個辦法只會帶來十年甚至更久的撙節，其他什麼好處也沒有，那麼我們真的必須重新思考一下，體系風險惡化是否就真的會比我們已經承受而且還要繼續忍受的撙節更嚴重。

援救導致債務、債務造成危機、危機帶來撙節。也許我們本來可以免除這個連鎖反應，就像本書說過的，的確是可以選擇。撙節絕非必然，就算它的根本原因是大到救不了銀行體系卡在現代金本位兼貨幣終結武器，因此選擇只剩下「增加中央銀行的資金、緊縮預算，然後就祈禱吧」也一樣。但是我們真的可以做出另一項選擇嗎？因此我想在這章剩下的篇幅中探索它的可能性，就跟探索撙節一樣，看看我們援救銀行讓它們繼續存活，是否真的值得。

再來要說的，有一部分是個猜想，投資銀行的經營模式可能快要完蛋了。如果是這樣，我們在經濟衰退中所付出的錢和所有虧損，可都是白白浪費在這個最後終歸消亡的體系上。另一部分是要講兩個小國財政調整的新故事：冰島和愛爾蘭。一個是直接就讓銀行倒閉，但它現在可真的過得相當不錯，特別是跟歐元區的歐洲相比。另一個則是選擇救援銀行，結果因此讓一整個世代的人陷於不幸和痛苦。

本章最後，要談這一切會怎麼結束。我們從一九二〇年代撙節案例的討論，尤其是從法國的情況可知，推動撙節的原因部分在於社會無法維持稅負平均分配，這個觀點最早是由艾亨格林（Barry Eichengreen，美國加州大學伯克萊分校經濟學教授）首先提出。[2]而現今幾個遭受危機襲擊的國家跟一九二〇年代的法國也很像。裁減支出的替代方案是課稅。因此除了尋常的通貨膨脹、貨幣貶值、無止無休的撙節（通貨緊縮）和破產之外，還有兩個辦法可以渡過危機。對另外這兩個選項，金融界恐怕都不太歡迎，但這也不是因為其他選項對它們就會比較好。這兩個替代方案是：第一個，稱為「金融抑制」；第二個，全球都要再更努力，認真課稅。這些能夠讓我們擺脫混亂的辦法也許都不受歡迎，但其中的一個，也可能是兩個都快來了。

銀行業的終結

我們在第二章和第三章介紹的危機始末，其實還可以或應該從更寬廣的角度來看。布列頓森林時代的最後，美國終於在一九七一年廢除金本位後，全球各國也針對海連納（Eric Helleiner）所說的「全球金融的再現」進行調整。[3]在實施浮動匯率、解除管制和去中介化，其他就是一些新商品，而這些新事物到了二〇〇〇年代時，讓金融業成為英、美經濟體中獲利最高的產業。但這到底從何而來呢？大家不都覺得金融業只是經濟中資訊體系的一部分，只是在放款人和借款人之間收點費用而已嘛。從傳統意義來看，這甚至不算是一種產業，怎麼在美國危機爆發前可以產出四〇%的企業利潤呢？這是怎麼辦到的？

全球金融業可以撈這麼多錢，並不是透過什麼效率市場，而是利用高度融資槓桿在三個互有關聯的全球資產大泡沫中追高殺低賺來的。第一個泡沫是一九八七年起跑的**美國股市**，一直跑到二〇〇七年，其間在網路公司（dot-com）時代一度重挫又翻揚。這是證券史上最長的多頭行情，而且這把火還從美國燒向全世界，刺激全球股市齊聲飛揚。這些股票市場創造出來的熱錢四處流竄尋求避險，後來就流**進房地產市場**，從一九九七年吹起全球房地產大泡沫，一直持續到二〇〇六年的危機來襲。最後一個泡沫則是**大宗商品**，在大家還沒聽過「量化寬鬆」的很久之前，於二〇〇五至二〇〇六年間就連連飆漲，不過這個多頭行情來得急去得快，因為商品市場太小了，無法容納這麼多熱錢在其中興風作浪，尋求安全或殖利。這幾個相互關聯的泡沫破裂後，又結合抵押債權衍生市場的次貸虧損，才觸發當前的危機。這時候我又要稱讚圖表的妙用。在圖7-1裡，這三個資產大泡沫（也就是以道瓊股價指數、標準普爾公司的凱斯－席勒房價指數〔Case-Schiller Index of Housing〕和黃金／石油價格為代表）的規模與時間可以說是一目了然。

我們可以清楚地看到，泡沫爆裂是從二〇〇六年的房地產開始，連帶影響到股市和商品市場。我們也看到，在那之後由於央行出來做擔保，提供資金收購賠錢資產，所以股票繼續上漲。而商品市場也跟著上揚，因為在這種零利率的環境中，越來越多投資人擠進商品市場找賺頭。只有房地產市場到現在還沒恢復。

現在，要是沒有央行注資，又沒有熱錢進來找利潤，那麼再來就會是個大問題囉。必須要有低估的資產，或者被認為是低估的資產，才能吹起這麼大的泡沫，這種低估的資產才是泡沫的動能。在一九八〇年代之前，美國股市持平了一整個世代。當時的需求模式雖有變化，但美國房價向來便宜。而大宗商品則一向是小眾的利基市場。但金融業改變了這一切，二十五年來不斷在這些資產類別翻雨覆雨，從中攫取利潤。那段行情真的持續得夠大也夠久，但是現在，泡沫爆裂之後，一切就都結束了嗎？

主權債券危機被拉長，而資金援助和零利率也終有到頭的時候，而且到時經濟狀況恐怕會是更差。股價會下跌，大宗商品價格也是，全球需求減弱，而房地產，除了幾個國外市場之外，都不可能很快恢復到每年七%至一〇%的漲幅。但資產循環中那些動能卻會被剝奪，所有那些美妙無比，能夠創造繁榮的紙上資產，商品指數基金、利率

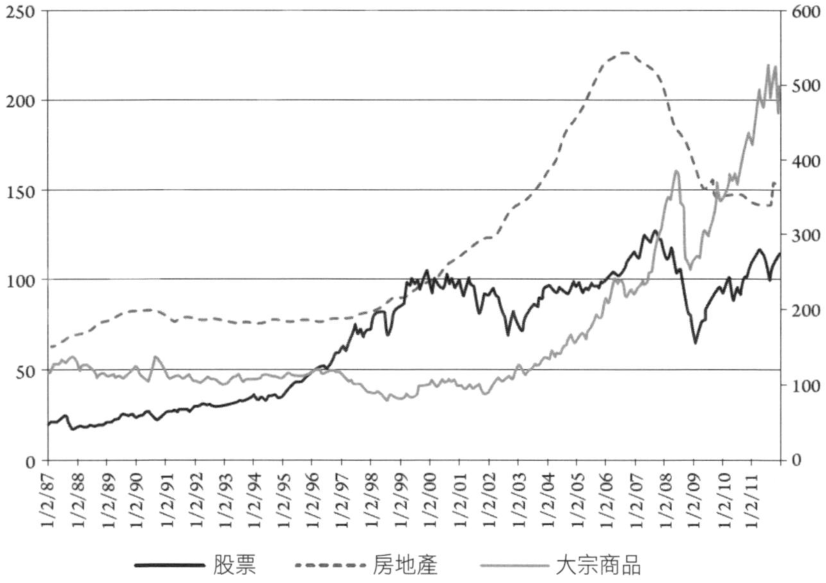

圖7-1　大泡沫的爆裂（1987－2011年）

換期、抵押債權憑證、信用違約交換——茲列舉其中數項——都不再會是從以前至今的賺錢神器。金融業在全球各種資產類別中殺進殺出這麼久，自己的成長模式大概也快玩完了吧。銀行業過去二十五年來的經營模式恐怕是要完蛋了。如果是這樣的話，我們在市場崩潰後付出昂貴代價進行搶救，也只是拖長痛苦而已。正如奎金的《殭屍經濟學》所料，我們咬牙苦撐、忍受撙節，只救回就快斷氣的銀行業。

這個大膽的猜想有任何證據嗎？一點點。世界各地的銀行都在降低融資槓桿，這會減少放款，影響經濟成長，也連帶拖累銀行的業務量。銀行股的價格和總市值在過去兩年來已經大幅下降。各個資產類別的收益也在減少。證券承銷業務大不如前，成交量也難以恢復過往水準。[4]固定成本增加，而紅利減少，整個產業都在萎縮。[5]同時，成長的似乎僅限於零售業務，而不是投資銀行部門。[6]但零售業務就更依賴實體經濟，偏偏實體經濟因為撙節也呈現萎縮。總而言之，我們為了拯救那些社會功能可疑的機構，已經搞窮了成百上千萬的民眾，而它們竟然就只剩一口氣。據此看來可真是令人挫敗啊，當初還不如不要救。會這麼想，還有另外一個跟上述無關的理由，就是「都柏林」的經驗。

財政調整故事老調重彈：愛爾蘭、冰島與替代撙節的政策

在愛爾蘭經濟崩潰之前，有一則笑話四處流傳：冰島（Iceland）和愛爾蘭（Ireland）到底有什麼不同？差別是一個字母和六個月（譯按：指半年後愛爾蘭也會跟冰島一樣慘，當時冰島已經破產）。沒想到這個笑話真是一語成讖。我們在第三章說過愛爾蘭，指出該國在一九九四至二〇〇七年間

的國內生產總值成長率一直都比整個一九八〇和一九九〇年代高出許多。在熱錢充斥國際市場之際，愛爾蘭銀行業也迅速成長，信用泡沫連帶吹出房地產泡沫。二〇〇八年泡沫破滅時，愛爾蘭政府宣布全面擔保本國銀行，隨即撥出五十五億歐元資助三大銀行，盎格魯－愛爾蘭銀行（Anglo Irish bank）、愛爾蘭聯合銀行（Allied Irish Bank）和愛爾蘭銀行（Bank of Ireland）。[7]不幸的是，這些銀行的資產幾乎都是形同廢紙的房地產貸款債權，等於白白浪費有用資金。儘管銀行業是撐下來了，二〇〇九年一月盎格魯－愛爾蘭銀行還是被收歸國有，同時間政府以節約為名，大砍公共預算二十億歐元。了解到這麼做還不足以阻止經濟崩潰，愛爾蘭政府設立一個專門承接呆帳的銀行，國家資產管理局，接受各銀行帳面上的有毒資產。

所有這些動作的最後結果，就是對整個銀行體系的資產概括承受，提供全面的援助。國家資產管理局大慷其慨，用納稅人的錢以高於帳面的價格收購資產，再把自己機構的股票賣回給銀行，銀行就拿著這些股票做抵押，向歐洲央行借現金。簡單來說，就是靠著創意十足的會計手段和政府資助，銀行業者大搖大擺地走出自己挖的錢坑，逍遙法外。如今的愛爾蘭已經不得進入國際市場，只能任由國際貨幣基金會、歐洲央行、歐盟「三巨頭」的擺布。從彼時至今，資助銀行體系超過七百億歐元，全部都由四百五十幾萬的人民分擔。光是挹注盎格魯－愛爾蘭銀行就高達四百七十億歐元，就像扔錢打水漂，一去不復返。[8]納稅人透過國家資產管理局收購的「資產」恐怕也很難追得回來。援救銀行的總成本超過七百億歐元，高占國內生產總值的四五%，而這個數字還不包括國家資產管理局花的錢。[9]在「三巨頭」的控制下，愛爾蘭歷經一次又一次的撙節。因為如此，愛爾蘭就常常被當作是撙節的榜樣，表示狀況正在好轉，撙節的確有效。歐洲央行前總裁特里謝在二〇一〇年就表示：「希臘有個好榜樣，而那個好榜樣就是愛爾蘭。」[10]然而我們持續觀察危機和援救之後的經濟發展，實在看不出什麼復甦。

公共部門的工資裁減近二〇%，而累退型租稅和使用規費則予調升。[11]社會福利和其他相關支出也大幅度減少。[12]二〇〇七年國內生產總值縮減二・七九%，二〇〇八年再減六・九九%，二〇一〇年又減〇・四三%，至了二〇一一年總算恢復低度成長，但僅有溫吞吞的〇・七一%成長。而且就算是這麼溫和的數字，其實也相當可疑。

愛爾蘭公司稅較低，因此跨國公司樂於在此設立總部，宣布獲利，這對愛爾蘭景氣頗有助益。[13]谷歌（Google）、蘋果（Apple）、微軟（Microsoft）和臉書（Facebook）都將總部設在愛爾蘭，但配置員工大都非常少。這些公司在愛爾蘭的公司稅才十二・五%，是美國三五%稅率的三分之一多一點而已。[14]正因為有跨國企業避稅的源頭活水，愛爾蘭的國內生產總值隨之水漲船高。但要是以不計跨國企業收入的國民生產毛額（GNP）來看，二〇一一年愛爾蘭的經濟表現實際萎縮二・五%。

這個反常現象也解釋了愛爾蘭的超高出口數值，由二〇〇七年占國內生產總值的八〇%到二〇一〇年竟達到一〇一%，而這也被當作是衰退後的景氣復甦。[15]跨國公司在愛爾蘭境外的營運收入，也被當作是愛爾蘭的服務業出口數值，儘管在其境內根本就沒有這些實質的經濟活動。按照這種算法，服務業出口的成長是貨物出口的五倍。[16]

> 敏特合夥公司（Mint Partners）的馬龍（Martin Malone）直截了當地說：「二〇〇七至二〇一二年，愛爾蘭的服務業出口幾乎都是假的……高估了三百億歐元，跟國民生產毛額相比幾乎占

了二五%。」[17]這種出口導向的假復甦，正可以解釋當時失業率何以仍然持續攀高，從二〇〇七年的四・五%到二〇一二年的年中成為一四・八%，而且在所謂的景氣復甦期間移民人數還是從二〇〇七年的四萬六千三百人擴增為二〇一一年的八萬零六百人。二〇〇七年時愛爾蘭債務占國內生產總值三二%，歷經三年的撙節之後，現在竟是一〇八・二%。真的，這筆帳要是再加上國家資產管理局花的錢，愛爾蘭債務占國內生產總值的比例也跟希臘差不了多少。愛爾蘭援救銀行之後，在貨幣不貶值的狀況下指望出口帶動復甦，但是這種只是想要避稅的假出口只能創造出很少的就業。希臘的好榜樣就是這副德性。

最近這些時候，都柏林可不是什麼幸福的地方，很可能未來幾年都不是。愛爾蘭政府從二〇〇八年以來已經裁減支出二百四十億歐元，二〇一三年也計畫再減稅八十三億歐元、裁減支出三十五億歐元。[18]就算有實質出口來帶動成長，拯救銀行搞得國家資產負債表快要破產，這個代價也實在是太昂貴了。而持續撙節的結果，也跟過去一樣，只會變得更糟。

從許多方面看來，冰島都像是狀況更糟的愛爾蘭。其銀行資產在二〇〇七年高達國內生產總值的一〇〇〇%。因此當冰島碰上麻煩時，這就成為所有銀行危機的根源。不過兩者之間還是有個重要的區別。愛爾蘭口口聲聲嚷著撙節、裁減支出並且援救銀行，但冰島卻放任銀行倒閉，採取貨幣貶值、資本管制並支持福利政策等措施。比較這兩個幾乎等於自然實驗的案例，各位就會知道撙節和援救有沒有效。

冰島從原本傾向保護主義的社會民主迅速且激烈地轉型為放任主義，到了二〇〇七年平均所得即飆升到大約等於每年七萬美元。冰島證券交易所中上市的十五家公司的股價總市值在二〇〇二至二〇〇七年間增加為七倍，而國內房地產市場也上漲超過兩倍。[19]冰島三大銀行，格林特尼爾銀行（Glitnir）、國民銀行（Landsbanki）和考普亭銀行（Kaupthing）就躲在泡沫行情的後頭，跟這幾家銀行的財務結構相比較，盎格魯－愛爾蘭銀行簡直就是乖乖牌模範生。在二〇〇四至二〇〇八年間，冰島銀行業放款每年成長平均將近五〇%，銀行業相互貸款，就拿錢炒作自家股票。三大銀行相互融資對自家股票的投資，竟然高達資本金基礎（capital base）的七成之巨。[20]這要是讓你聯想起一九二九年華爾街大崩盤時的投資信託基金，可說是雖不中亦不遠矣。隨著信貸泛濫，民間消費增加，冰島克朗快速升值。到了二〇〇五年，冰島成為全世界民間負債最重的國家。

到了二〇〇六年，冰島開始引發國外的關注。[21]當年二月惠譽評級公司（Fitch Ratings）發布報告指出，冰島的信貸熱潮值得關注，準確地預測到全球景氣即使是稍有變化，冰島銀行業可能就會因此觸礁沉沒。[22]更糟糕的是，冰島銀行業也確實面臨資金短缺，開始互換債權證券做為抵押，向央行借錢。到了二〇〇八年底，冰島央行向銀行業放款已達五千億冰島克朗。❶

到了二〇〇八年，從年初開始就在資金市場奔走無門的格林特尼爾銀行再向央行告急，這時冰島央行也發現自己的子彈快要打光了。於是央行提供一筆相當於四分之一外匯存底的貸款，吃下該銀行七成五的所有權，等於就是把這家銀行收歸國有，此舉震驚國際，各方紛紛採

❶ 這些銀行也在英國、荷蘭等其他國家提供網路存款帳戶服務，吸引資金進入冰島。「冰島網路儲蓄銀行」（IceSave）的誕生，後來釀成冰島、英國和荷蘭之間的嚴重外交爭端。隨後即遭到危機重創。

取行動。格林特尼爾銀行餘波盪漾，很快就對其他銀行業者造成莫大衝擊，在儲戶紛紛提領存款後，各行想要互相調頭寸都苦無資金。況且這個時候的央行早因外匯存底被挖走一大塊而元氣大傷，無法再繼續扮演最後放款人的角色。

此時的冰島已經沒有回頭路可走了，只是它還不知道這一點。它就算想要拯救銀行業也無計可施，況且冰島也不是歐元區成員，歐洲央行沒有援救的義務。二〇〇九年十月六日，冰島政府通過緊急立法，可以繞過央行由政府直接接管艱困金融機構。[23]這時候就算央行有什麼可以援助銀行的計畫也都不用提了，銀行可逕行宣告破產，再由國家接管。但是它們欠下的債務並未被國有化，而是由債券持有人和國外債權人自行承擔。[24]這時國際貨幣基金會也被叫來了。

值得注意的是，擺在冰島前面的路不是撙節。對於這個非常仰賴進口的經濟體，國際貨幣基金會所提出的計畫直接將重點擺在防止匯率繼續惡化，以避免引發惡性通貨膨脹。緊接著是打破國際貨幣基金會的傳統，要求冰島政府實施資本管制，把資金鎖在國內。接著又設立三家新銀行來接管國內帳戶和有效資產，至於那些不良資產就直接留在破產的老銀行裡。債權人可以對那些資產提出請求，但別想碰那些已經轉移到新銀行的資產。也就是說，破產的成本是由銀行債權人承受，而不是納稅大眾。

允許銀行倒閉表示這個國家的金融狀況還沒到耗竭的地步。儘管銀行業資本結構重新調整的成本高達國內生產總值的二〇％之多，[25]這對一個小國家來說實在是一個很大的數字，但相較於愛爾蘭透過國家資產管理局有出無進的援救還是少得多。冰島債務占國內生產總值的比例在二〇一二年時已達九九％，當初要是由國家來援救銀行的話，這個比例一定會更高。[26]政府並未推行撙節政策，而是在第一年經由資本管制來實施一些擴張政策，接著才施以適當分配的財政調整。大家勒緊腰帶共渡難關，不過裁減支出之外也調升累進稅制，並針對高所得增加課稅，對中低收入家庭則施以協助。

在經濟成長方面，冰島表現比任何人所希望的都來得好。國際貨幣基金會原本預估二〇〇九年會萎縮一〇%，結果只是六・五%。柯克蘭（John Cochrane）強調，這顯然就是證明財政乘數效果確實存在。二〇一〇年經濟再度萎縮三・五%，但是到了二〇一一年就恢復為成長三%，這全是拜實質的商品及服務出口提振有功。[27]二〇一二年成長維持相近速率，就經濟成長表現來看在經濟合作暨發展組織國家中也是名列前茅。[28]在稅制級距調高稅率的同時，經濟恢復成長，再配以資本管制和平均施行的財政緊縮，冰島預定在二〇一四年打消預算赤字，並在二〇一六年達成五%預算盈餘的目標。[29]

就業方面也跟愛爾蘭大不相同，冰島的就業成長一直維持強勁。在危機剛剛發生之後，失業率一度大幅上揚，從危機前的二%多一點，直奔二〇〇九年的九%。但就算是在失業率最高的時候，冰島還是低於歐洲國家平均水準，跟那些深陷危機困擾的國家相比更是低很多。[30]到了二〇一二年十月，冰島失業率已經降到六%以下。就此而言，只有挪威、瑞士、奧地利、荷蘭和德國的失業率比冰島還低，而這些國家都沒有遭到危機的嚴重打擊。[31]

最後我們再來想想，冰島不拯救銀行還有什麼額外的好處。實質工資剛開始的時候下跌得很快，但後來則是頗為活躍地持續上揚。[32]這有助於扭轉過去十幾年來所得不均的趨勢，在一九九五至二〇〇七年間，稅後基尼係數（Gini coefficient）從〇・二一上升為〇・四三，主要就是在這段期間高所得者的收入調升更多所致，這也是高度金融化的社會中常見的現象。到了二〇一〇年，因為資本利得大幅低挫，再加上稅制改革，基尼係數已回落為〇・二四五。[33]

那麼，冰島經驗就可以推廣到其他地方嗎？畢竟我們之前一直在說「REBLL」的狀況不適用於幅員廣大的南歐國家。兩者有什麼不同？雖然冰島的確是個小國，但這個案例的重要性不在於它的大小或人口的多寡，而是在於銀行業占整個經濟的比重，銀行資產占國內生產總值的比例。以冰島來說，在金融崩潰之前這個比例大概將近十比一。而美國呢，大概才超過一比一。美國那個危機說是有史以來最糟的，冰島危機是它的十倍啊！結果冰島不但撐下來了，而且還恢復繁榮。

冰島放任銀行倒閉不僅存活下來，還因為這麼做而成為更健康、更平等的社會。儘管愛爾蘭和冰島都是小國，冰島甚至跟一個城市差不了多少，但兩者相互比較，對於撙節自然史還是帶來兩個重要的啟示：第一、**當你跟撙節劇本背道而馳唱反調，不但活下來了，而且還能恢復繁榮**；第二、**最重要的是，不要搶救銀行**。[2]

課稅時代的來臨

所以，冰島如果是個正面的教訓，我們從此出發可以走向哪裡？一般都認為，債台高築的社會下場總是那幾樣，而且沒有一個不糟糕的：通貨膨脹（對資金和債權人不好）、通貨緊縮（對勞工和債務人不好）、貨幣貶值（長期上對勞工不好，而且歐元區不適用）、破產（大家都輸囉）。免除債務算是一種特殊形式的破產，冰島清理抵押債權市場，有一部分就是利用這種辦法。美國也可以免除一些債務，但除非讓銀行破產，否則債權人必定抗拒。那麼我們還能怎麼辦呢？肯定是短期到中期內實施更多的撙節吧。不過一九二〇年代的教訓告訴我們，這種狀況終有到頭的一日，最後結果不外乎其中之一：貨幣貶值、通貨膨脹或破產。有沒有更加穩定的未來道路呢？有，而且有兩個，雖然也都不是頂好，但就像丘吉爾談到民主制度時一樣，跟其他選項比起來也不是最糟的。

第一條路徑通常被貶為「**金融抑制**」。萊因哈特和史布蘭西亞（M. Belen Sbrancia）最近討論過這個可能的辦法。[34]他們檢視過去高負債案例的結論是，政府以這種方式在危機期間重新整頓金融體系，就必須創造出一些「逃不掉的觀眾」。政府實施資本管制、利率上限和其他措施，「鼓勵」銀行、退休基金和其他債券的長期持有人持有大量公債。政府對這些公債支付較低的名目利率，同時在低幅度的通貨膨脹下，維持接近平衡的預算運作。如此一來債券的實質利率是負的，債務價值隨著時間過去而減少。

❷ 珍威反對將愛爾蘭和冰島相提並論，原因有二（二〇一二年十一月四日私人通信）：第一點，它對較大經濟體因銀行倒閉造成金融崩潰的體系危機太過輕描淡寫；第二點，除了援救和放任倒閉以外，還有第三個選擇，大概可以理解為「援救、改革，然後再送進監獄」。這兩個理由說得都有道理，不過就第一點來說，撙節要付出成本也是又大又沒完沒了，而且實際上都看到了，但體系崩潰風險的成本嘛，如果類似事件發生時總是會拯救銀行的話，那麼這個成本的設想也始終都是假設而已。現在是假設這種病如果不治的話一定會更糟糕，不就等於放任銀行家對納稅人予取予求嘛。至於第二個反對理由，「援救後送監」雖然理論上說起來頗有吸引力，但現今銀行屢次作姦犯科也只是罰款了事，因此，這種特定的改革路線或許是比我們願意承認的來得封閉。

金融抑制基本上就等於向那些逃不掉的債券持有人課稅，最好是趁著銀行動彈不得，只能乖乖聽話的時候，例如像現在這樣，它們都在賠錢，必須仰賴國家的資助。如此的政策「在減少或清算二次大戰期間累積的巨量債務，發揮了重要效果」。[35] 萊因哈特和史布蘭西亞在戰後的美國和英國狀況中發現，實施金融抑制所產生的「清算稅」每年大約等於國內生產總值的三到四％。[36] 以這種方式來籌集資金當然有利於大幅減少負債，也能排除對應期間的延長撙節的需求。撙節反正就是不管用，只會讓債務變大而非減少。

第二條路徑，我們來談談**課稅**，這大概是沒人喜歡的吧。不過在二〇一〇年時，我突然發現自己繳的稅金比奇異公司（General Electric Corporation）還多——真的，我繳得比它還多，你也是——我就很樂意給金融抑制一個機會。[37] 沒錯，這麼一來我購買和交易那些奇怪衍生性商品，還有進入國際金融市場玩套利遊戲的機會將因此大受限制，但你知道嗎？我很樂意放棄那些。過去三十年來的上漲和減稅，都流向那些帶來泡沫的傢伙，現在回收才要到來。這不是因為「占領華爾街」的活動，也不是因為我的個人喜好，而是這麼做比自討苦吃的撙節更容易，而且更有效。

談到這個課稅啊，不見得就是複雜而半隱形的清算，以及／或者是針對金融交易課徵的所謂「托賓稅」（Tobin taxes）。目前的個人稅還有成長空間，尤其是在美國。最近國會研究服務部的分析，讓我們知道國會的想法，說的是在一九四〇及五〇年代美國國力達到頂峰之際，「美國所得稅的邊際稅率最高時「達到九〇％以上」，而「資本利得稅最高才二五％」。同時，「美國所得最高的〇・一％層級的所得比例，從一九四五的四・二％擴增為二〇〇七年的一二・

三%」。[38]這兩個觀察擺在一起，至少可以說是相當有趣。從供給面來看，這個所得增加而稅率降低的原因，是在於高所得家庭的資金帶來更多的投資和成長。有趣的是這份報告結論：「分析結果顯示，過去六十五年來最高邊際稅率和最高資本利得稅的變化，似乎跟經濟成長無關。」[39]但的確是「跟所得越來越集中有關」。[40]由於美國聯邦政府的支出占國內生產總值的二五%，但稅收僅占一八%，憤世者很可能結論說所得都集中在少數人手中，使得裁減預算赤字更是訴求的好目標。

現在有些非常認真而且是主流經濟學家的主張讓我們往這個方向更進一步，這些主張要是更早幾年，恐怕只是失意的左派喝醉了才會這麼胡言亂語。比方說，現在大西洋兩岸的稅務經濟學家都開始主張針對最高所得者增加課稅，有助於減輕負債。如此一來，顯然也就不必撙節了。過去三十年來減稅，高所得者受益最多，所以現在讓他們增加一點點稅負也很公平。但布希總統的前經濟顧問哈伯德（Glenn Hubbard）則認為，增加高所得者課稅無法籌集足夠款項，讓負債顯著減少。[41]二〇一二年的總統候選人羅姆尼（Mitt Romney）則說這樣的重分配「很不像美國」（un-American），對於過去艾森豪（Dwight Eisenhower，也是共和黨籍）的政策顯示出驚人的無知。[42]但是因為救援金融機構，針對高所得者的課稅就變得很有說服力。這像是個推不掉的禮物。一九二九年股市大崩盤後，所得不均現象和金融部門收入相對於一般收入大幅降低，可是這次的危機之後並沒有這種狀況，因此針對高所得者課稅只不過是把援助資金又歸還給納稅大眾。這個想法獲得的共鳴也不只是來自美國進步論人士而已。

最近有一群德國經濟學家估算，要是對財富淨值超過二十五萬歐元的納稅人一次性地課徵一〇%的稅，可以籌得國內生產總值九%的稅收。這筆稅徵會落到德國最富有的八%民眾身上，而這些人總共擁有德國三分之二的財富。若是針對五十萬歐元以上（占納稅人的二・三%）或一百萬歐元以上（占〇・六%）徵稅，仍然可以徵得國內生產總值的六・八%和五・六%。因應「債務緊急」的一次性徵稅，就算是考量到「預期效果」，如此政策應該也不會導致投資行為的劇烈變化或資金逃逸，只要政府能夠說到做到，真的就課這麼一次。[43] 跟美國的狀況一樣，歐洲高所得者的增稅空間還是很充裕，現今最高所得的邊際稅率據估還不到二十個百分點，距離能夠創造最大稅收的水準相差甚遠。[44]

麻省理工學院的戴蒙（Peter Diamond）和加州伯克萊大學的賽斯（Emanuel Saez）更進一步主張，針對所得最高的一%民眾徵課八〇%以上的稅率，歲收反而會增加而非減少。[45] 他們明白地表示：「所得非常高的人就應該適用高且更高的邊際稅率」。[46] 根據他們的計算，把最高所得者的稅率從二〇〇七年的二二・四%提升為四三・五%，就能增加國內生產總值三%的稅收，這就足以打平美國的結構性赤字，而富人的稅後所得照樣比尼克森時代還高。[47]

最後是海外也總還藏著些金葫蘆。過去三十年來，所得集中於分配的上層，促成一個專門藏私房錢的產業蓬勃發展。不過他們也只是藏在幾個大家都曉得的避稅天堂，例如開曼群島和瑞士等地。那些有權有勢的大國若是追探，也都知道該上哪兒找，而它們最近就這麼做。[48] 事實上，稅負公平網（Tax Justice Network）亨利（James Henry）的新研究估算說，美國人在海外總共藏有三十二兆美元的所得沒繳稅，這可是全部美國國債的兩倍啊，這個查稅的目標可真是夠誘人的。[49]

以下請各位再思考一下。撙節是早就試過了，而且還會不斷地被嘗試，尤其是在歐元區，直到它被放棄或被選票請出去為止。這根本就沒效嘛。我們也一再看到的是，它只會讓債務越搞越大，不會變小。所以債務就是還在，要嘛就是償還，不然就是免除。但是毫無懺悔就想被免除債務好像也不大可能，而其他選擇諸如通貨膨脹或宣告破產賴帳不還只會更糟，那麼未來幾年恐怕就是要實施金融抑制，並針對高所得者課稅了。美國要解決二〇一三年財政懸崖的辦法中，正在進行的增稅談判（本書撰寫時）就是其中一部分，而這只是個開始而已。這才是我們解決債務的好辦法，要透過稅收，而不是靠撙節。這不是因為撙節不公平，但它的確是不公平；不是因為債務人多於債權人，但的確是如此；也不是因為民主有通貨膨脹的偏向，不是的，完全就是因為**撙節根本沒效**。

注釋

序言

1. Isabel Sawhill and John E. Morton, "Economic Mobility: Is the American Dream Alive and Well?" *Pew Charitable Trust*, 2009, Economic Mobility Project; Tom Hertz, "Understanding Mobility in America," Washington DC, Center for American Progress, April 26, 2006.

第一章

1. John Cochrane "Fiscal Stimulus, Fiscal Inflation, or Fiscal Fallaces?" Version 2.5, February 27, 2009, http://faculty.chicagobooth.edu/john.cochrane/research/Papers/fiscal2.htm
2. 學術界對於貧富不均和信貸關係最早的討論，請參見：Reghuram G. Rajan, *Fault Lines: How Hidden Fractures Still Threaten te World Economy* (Princeton, NJ: Princeton University Press, 2010).
3. "United States of America Long-Term Rating Lowered to 'AA+' due to Political Risks, Rising Debt Burden; Outlook Negative." *Standard & Poor's* 'August 5, 2011.
4. Oliver Blanchard, "2011 in Review: Four Hard Truths," IMF Direct, December 21, 2011, http://blog-imfdirect.imf.org/2011/12/21/2011-in-review-four-hard-truths/
5. 數據擷取自「Trading Economics」網站：http://tradingeconomics.com/data-all-countries.aspx
6. 對於最高估算，較正確的數值，請參閱：Better Markets, "The Cost of the Wall-Street Caused Financial Collapse and Ongoing Economic Crisis Is More than $12.8 Trillion." September 15, 2012, http://bettermarkets.com/sites/default/files/Cost%20Of%20The%20Crisis.pdf
7. Aaron Kirchfeld, Elena Logutenkova, and Nicholas Comfort, "Deutsche Bank No.1 in Europe as Leverage Hits Valuation," *Bloomberg*, March 27, 2012, http://www.bloomberg.com/news/2012-03-26/deutsche-bank-no-1-in-europe-as-leverage-hits-market-valuation.html.
8. Tyler Durden, "Presenting Total Bank Assets as a Percentage f Host Country GDP,"February 17, 2010, http://www.zerohedge.com/article/presenting-total-bank-assets-percentage-host-countries-gdp.
9. 歐洲央行以「通膨怪物」拍了一支卡通片就是最好的宣傳例子，參見：http://vimeo.com/12324309
10. 奎金大作《殭屍經濟學》（*Zombie Economics*）第二版裡就有一章討論撙節。John Quiggin, *Zombie Economics: How Dead Ideas Still Walk Among Us* (Princeton, NJ: Princeton University Press, 2010).

11. Leigh Philips, "ECB Austerity Drive Raises Fears for Democratic Accountability in Europe," *The Guardian*, August 22, 2011; Mort Zuckerman, "America Has No Choice but to Enter Its Own Age of Austerity," *Financial Times*, July 14, 2011, "The A-List" Commentary; Alberto Alesina, Silvio Ardagna, Roberto Perotti, and Fabiano Schiantarelli (2002), "Fiscal Policy, Profits, and Investment," *American Economic Review*, 92(3): 571-589; Peter Coy, "What Good Are Economists Anyway?" *Bloomberg Business Week*, April 16, 2009, cover story.
12. Carmen Reinhardt and Kenneth Rogoff, Growth in a Time of Debt, National Bureau of Economic Research (hereafter, NBER) working paper 15639, Cambridge, MA, January 2010.
13. 例如，參見：「John Irons and Josh Bivens, "Government Debt and Economic Growth: Overreaching Claims of Debt 'Threshold' Suffer from Theoretical and Empirical Flaws," Economic Policy Institute, Briefing Paper 271, Washington DC, July 16, 2010.」艾倫斯（Irons）和畢文斯（Bivens）是從相反的角度來看90%門檻，也就是債務累積是經濟成長遲緩所造成的。
14. Simon Johnson and James Kwak, *White House Burning: Our Founding Fathers, Our National Debt, and Why It Matters to You* (New York: Pantheon Books 2012), 163.
15. 同上註。
16. Menzie D. Chin and Jeffry A. Frieden. *Lost Decades: The Making of America's Debt Crisis and the Long Recovery* (New York: W. W. Norton, 2011).
17. Paul Krugman. *End This Depression Now* (W. W. Norton, 2012), 141–143.
18. Eric Helleiner and Jonathan Kirshner, eds., *The Future of the Dollar* (Ithaca, NY: Cornell University Press, 2009).
19. "Budget of the United States Government, Fiscal Year 2002," Executive Office of the President of the United States, 224, table S. 2, http://www.gpo.gov/fdsys/pkg/ BUDGET-2002-BUD/pdf/ BUDGET-2002-BUD.pdf.
20. Alberto Alesina, "Tax Cuts vs. 'Stimulus': The Evidence Is In," Wall Street Journal, September 15, 2010, Opinion; Carmen M. Reinhart and Kenneth S. Rogoff "Growth in a Time of Debt," *American Economic Review*, 100, 2 (2010): 573–578.
21. Timothy Noah, "Introducing the Great Divergence," *Slate*, September 3, 2010, Part of a series entitled "The United States of Inequality," http://www.slate.com/articles/news_and_politics/the_great_divergence/features/2010/the_united_states_of_inequality/ introducing_the_great_divergence.html.
22. 參見美國人口普查局網站，二〇一一年九月十九日資料： http://www.census.gov/hhes/www/poverty/about/ overview/index.html
23. Robert Wade in John Ravenhill (2010), Global Political Economy, 3rd ed. (New York: Oxford University Press), 396.
24. 參見：「Lawrence Mishel and Heidi Schieroltz, "The Sad but True Story of Wages in America," Economic Policy Institute, Washington DC, March 15, 2011, http://www.epi.org/publication/the_sad_but_true_story_of_wages_in_america/. For a handy graphic of the same, see Zaid Jilani, "As Wages Stagnate, the Typical American Family is Working

26 Percent Longer than in 1975." Think Progress, July 11, 2011, http:// thinkprogress.org/economy/2011/07/11/265311/graph-family-26-percent-wages/?mobile=nc.」

25. 對此議題的學術及通俗論述，參見："Strategies for Fiscal Consolidation in the Post-Crisis World," IMF Working Paper, Fiscal Affairs Department. February 4, 2010, http://www.imf.org/external/np/pp/eng/2010/020410a.pdf. And Mort Zuckerman, "America Has No Choice but to Enter Its Own Age of Austerity," July 14, 2011, Financial Times A-List comment, http://blogs.ft.com/the-a-list/2011/07/14/ america-has-no-choice-but-to-enter-its-own-age-of-austerity/#axzz2Es8OMDcs.

26. Smith, Adam (1776), An Inquiry into the Nature and Causes of the Wealth of Nations, ed., R. H. Campbell and A. S. Skinner (Indianapolis, IN: Liberty Fund, 1981), 341.

第二章

1. Andrew Lo, "Reading about the Financial Crisis: A 21-Book Review," mimeo, prepared for the *Journal of Economic Literature*, October 24, 2011. Available at http://mitsloan. mit.edu/finance/pdf/Lo-20120109c.pdf.
2. Lo, "Reading about the Financial Crisis."
3. Raghuram Rajan, *Fault Lines: How Hidden Fractures Still Threaten the World Economy* (Princeton, NJ: Princeton University Press, 2010); James Barth, Gerard Caprio Jr., and Ross Levine, *Guardians of Finance: Making Regulators Work for Us* (Cambridge, MA: MIT Press, 2012); Simon Johnson and James Kwak, *Thirteen Bankers: The Wall Street Takeover and the Next Financial Meltdown* (New York: Pantheon Books, 2010).
4. Gary Gorton, *Slapped by the Invisible Hand: The Panic of 2007* (New York: Oxford University Press, 2010).
5. Greta R. Krippner, *Capitalizing on Crisis: The Political Origins of the Rise of Finance* (Cambridge, MA: Harvard University Press, 2011).
6. 參見：Martin Wolf, *Fixing Global Finance* (Baltimore, MD: Johns Hopkins University Press, 2008); and Eric Helleiner and Jonathan Kirshner, *The Future of the Dollar* (Ithaca, NY: Cornell University Press, 2009), chap. 3.
7. 參見：Bill Janeway, *Doing Capitalism in the Innovation Economy* (Cambridge: Cambridge University Press, 2012), 163–164.
8. Peter S. Goodman, *Past Due: The End of Easy Money and the Renewal of the American Economy* (New York: Henry Holt, 2010), chap. 5.
9. Gillian Tett, *Fool's Gold* (New York: Free Press, 2009).
10. Peter T. Larsen, "Goldman Pays the Price of Being Big," *Financial Times*, August 13, 2007, quoted in Dowd et al., "How Unlucky Is 25-Sigma," University College Dublin, Centre for Financial Markets, working paper series WP-08-04 (2008): 1, http://irserver.ucd.ie/bitstream/handle/10197/1175/WP-08-04.pdf;jsessionid=0973D543CCE4C7590

E24E76120BDEC64?sequence=1.

11. Roger Lowenstein, *When Genius Failed* (New York: Random House, 2000), 126–127.

12. Dowd et al., "How Unlucky Is 25-Sigma," 5.

13. Andrew Haldane, "Why Banks Failed the Stress Test," (speech at the Marcus-Evans Conference on Stress-Testing, London, February 9–10, 2009).

14. 參見：Mark Blyth, *Great Transformations: Economic Ideas and Political Change in the Twentieth Century* (Cambridge: Cambridge University Press, 2002); and Blyth, "When Liberalisms Change: Comparing the Politics of Deflations and Inflations," in *Neoliberalism, National and Regional Experiments with Global Ideas*, ed. Arthur T. Denzau, Thomas C. Willett, and Ravi K. Roy (London and New York: Routledge, 2006), 71–97.

15. 參見：Haldane and May, "Systemic Risk in Banking Ecosystem," *Nature 469* (2011): 352.

16. 參見："DTCC Completes Settlement of Lehman CDS Contracts Resulting in $5.2B in Net Fund Transfers," October 22, 2008. streetinsider.com, http://www.streetinsider.com/Trader+Talk/DTCC+Completes+Settlement+of+Lehman+CDS+Contracts+Resulting+In+$5.2B+In+Net+Fund+Transfers/4087312.html.

17. 參見：Better Markets, "The Cost of the Wall Street-Caused Financial Collapse and Ongoing Economic Crisis Is More Than $12.8 Trillion," Better Markets report, September 15, 2012. http://bettermarkets.com/sites/default/files/Cost%20Of%20The%20 Crisis.pdf.

18. 美國聯邦諸備委員會資產負債表細目資料來源，參見："Factors Affecting Reserve Balances," Board of Governors of the Federal Reserve System, http://www.federalreserve.gov/releases/h41/.

19. Better Markets, "The Cost of the Wall Street-Caused Financial Collapse."

20. IMF Fiscal Affairs Department, "The State of Public Finances Cross-Country Fiscal Monitor: November 2009," November 3, 2009, 37, http://www.imf.org/external/pubs/ ft/spn/2009/spn0925.pdf.

21. IMF World Economic and Financial Surveys, Fiscal Monitor, Navagating the Challenges Ahead, 14–15. May 14, 2010. http://www.imf.org/external/pubs/ft/fm/2010/ fm1001.pdf.

22. 同上註。

23. 參見："'Getting Paid in America' Survey Results," National Payroll Week 2010, http://www.nationalpayrollweek.com/documents/2010GettingPaidInAmericaSurveyResult s_FINAL.pdf; Annamaria Lusardi, Daniel J. Schneider, and Peter Tufano, "Financially Fragile Households," National Bureau of Economic Research, NBER working paper no. 17072, Cambridge, MA, May 11, 2011 http://www.nber.org/papers/w17072; Lawrence Mishel and Heidi Schieroltz "The Sad but True Story of Wages in America," Economic Policy Institute, Washington DC, March 15, 2011. http://www.epi.org/publication/ the_sad_but_true_story_of_wages_in_america/.

24. 槍支資料取自：http://en.wikipedia.org/wiki/Gun_violence_in_the_United_States

25. 本節提到的數據全都來自銀行財務文件，國內生產總值數據來自歐盟統計局（Eurostat）。詳見第三章。

26. Nassim N. Taleb, "The Great Bank Robbery," *Project Syndicate*, September 2, 2011. http://www.project-syndicate.org/commentary/the-great-bank-robbery.

第三章

1. 參見："Labor Productivity Level in Total Economy," OECD, search "labor forces statistics average hours worked," http://stats.oecd.org/.
2. Dagmar H. Lojsch, Marta Rodriguez-Vives, and Michal Slavik, "The Size and Composition of Government Debt in the Euro Area," European Central Bank, Occasional Paper Series 132, October (2011): 15, http://www.ecb.europa.eu/pub/pdf/scpops/ ecbocp132.pdf.
3. Leon Mangasarian, "U.S. Losing Financial Superpower Status, Germany Says," *Bloomberg*, September 25, 2008, http://www.bloomberg.com/apps/news?pid=newsarc hive&sid=ahUuZ8Z5rkDA&refer=germany.
4. 梅克爾引述：「Abraham Newman, "Flight from Risk: Unified Germany and the Role of Beliefs in the European Response to the Financial Crisis," *German Politics and Society* 28, 2 (Summer 2010): 158.」紐曼（Newman）也引述史坦布魯克的話說：「把那麼多資金灌進市場裡，資本市場很容易被淹沒，造成一段期間的全球性通貨膨脹。」資料來源同前註。
5. Economic Report of the President (2010)," U.S. Government Printing Office, (Washington DC: Government Printing Office, 2010), 87.
6. Center for European Economic Research (ZEW), "ZEW Indicator of Economic Sentiment:Optimism Returns," Center for European Economic Research. August 18, 2009, http://www.zew.de/en/press/1255/zew-indicator-of-economic-sentiment—optimismreturns.
7. Henry Farrell and John Quiggin, "Consensus, Dissensus and Economic Ideas: The Rise and Fall of Keynesianism during the Economic Crisis," unpublished manuscript (2011), 16.
8. Chris Giles and Gillian Tett, "IMF Head in Shock Fiscal Warning," *Financial Times*, January 27, 2008, http://www.ft.com/intl/cms/s/0/106230b0-cd29-11dc-9b2b-000077b07658.html#axzz22sXtZh8H; Olivier Blanchard, Giovanni Dell'Ariccia, and Paolo Mauro, "Rethinking Macroeconomic Policy," International Monetary Fund, IMF Staff Position Note (2010), http://www.imf.org/external/pubs/ft/spn/2010/spn1003.pdf.
9. Farrell and Quiggin, "Consensus, Dissensus and Economic," 22.
10. Robert Skidelsky, *Keynes: The Return of the Master* (New York: Public Affairs, 2009).
11. 關於那場德國通膨的權威論述，參見：Gerald Feldman, *The Great Disorder: Politics, Economics and Society 1914–1924* (New York: Oxford University Press, 1997).
12. 佛格森（Adam Ferguson）認為德國惡性通貨膨脹是蓄意施以貨幣刺激政策造成的，但我認為費德曼（Gerald Feldman）的說法更有說服力，在此借鑒。參見：Adam Ferguson, *When Money Dies: The Nightmare of Deficit Spending, Hyperinflation and Devaluation in Weimar Germany* (New York: Public Affairs, 2010) for the

alternative view.

13. 關於秩序自由主義，參見：Brigitte Young and Willi Semmler, "Germany's New Vision for the Eurozone: Rule-based Ordoliberalism?" unpublished manuscript (2011); and Steven J. Slivia, "Why Do German and U.S. Reactions to the Financial Crisis Differ?" *German Politics and Society*, 29, 4 (winter 2011): 68–77.
14. 參見：Peter Katzenstein, *A World of Regions* (Ithaca, NY: Cornell University Press, 2005).
15. Alan Greenspan, "Inflation: The Real Threat to Sustained Recovery," *Financial Times*, June 25, 2009, http://www.ft.com/intl/cms/s/0/e1fbc4e6–6194–11de-9e03–00144feabdc0.html#axzz1rw5D7xpm.
16. Jeffrey Sachs, "Time to Plan for Post-Keynesian Era," *Financial Times*, June 7, 2010, http://www.ft.com/intl/cms/s/0/e7909286-726b-11df-9f82-00144feabdc0.html#axzz1rw5D7xpm.
17. Jean-Claude Trichet, "Stimulate No More-It Is Now Time for All to Tighten," *Financial Times*, July 22, 2010, http://www.ft.com/intl/cms/s/0/1b3ae97e-95c6-11df-b5ad-00144feab49a.html#axzz1rw5D7xpm.
18. Chris Giles, "G20: All Change on the Fiscal Front," *Financial Times*, June 5, 2010, http://blogs.ft.com/money-supply/2010/06/05/g20-all-change-on-the-fiscal-front/#axzz22zcCMeF9.
19. Wolfgang Schäuble, "Maligned Germany Is Right to Cut Spending," *Financial Times*, June 24, 2010, http://www.ft.com/intl/cms/s/0/9edd8434-7f33-11df-84a3-00144feabdc0.html#axzz22sXtZh8H.
20. ECB, *Monthly Bulletin*, European Central Bank, June 2010, 83–85.
21. Stephen Kinsella, "Is Ireland Really the Role Model for Austerity?" *Cambridge Journal of Economics 36* (January 2012): 232.
22. "Monthly Bulletin," European Central Bank, June 2010, 84.
23. 2010年之前數字來自「stats.oecd.org」；2011年資料來自"Euro Area and EU27 Government Deficit at 4.1% and 4.5% of GDP respectively," Eurostat, http://epp.eurostat.ec.europa. eu/cache/ITY_PUBLIC/2-23042012-AP/EN/2–23042012-AP-EN.PDF.
24. Georgios P. Kouretas "The Greek Crisis: Causes and Implications" *Paneoeconomius 57*, 4 (December 2010): 391–404.
25. 參見："Total Government Net Debt (% of GDP) Data for Year 2007, All Countries," Economy Watch, http://www.economywatch.com/economic-statistics/economicindicators/General_Government_Net_Debt_Percentage_GDP/2007/.
26. Stephen Kinsella and Kevin O'Sullivan, "An Institutional Architecture for Meta-Risk Regulation in Irish Banking: Lessons from Anglo-Irish Banks Minsky Moment," forthcoming in *Journal of Banking Regulation* (2013), 6.
27. 同上註，5.
28. Kinsella, "Is Ireland Really?" 224.
29. John Mauldin, *Endgame: The End of the Debt Supercycle and How It Changes*

Everything (Hoboken, NJ: John Wiley & Sons, 2011), 223.

30. Francisco Carballo-Cruz, "Causes and Consequences of the Spanish Economic Crisis: Why the Recovery Is Taken So Long?," *Panoeconomicus 58*, 3 (2011): 314.
31. Robert Fishman, "Anomalies of Spain's Economy and Economic Policy-Making," *Contributions to Political Economy 31* (2012): 67–76.
32. 參見：Oliver Wyman, "Asset Quality Review and Bottom Up Stress Test Exercise," September 28, 2012, http://www.bde.es/f/webbde/SSICOM/20120928/informe_ ow280912e. pdf.質疑者看法：Tyler Druden, "How Oliver Wyman Manipulated the Spanish Bank Bailout Analysis" Zerohedge, September 28, 2012, http://www.zerohedge. com/news/2012-09-28/how-oliver-wyman-manipulated-spanish-bank-bailou t-analysis.
33. "The Uncertainty Society," *The Economist*, May 3, 2012, http://www.economist.com/ node/21548977.
34. "Total Government Net Debt (% of GDP) Data for Year 2012, All Countries," Economy Watch, http://www.economywatch.com/economic-statistics/economic-indicators/ General_ Government_Net_Debt_Percentage_GDP/2012/.
35. "UK to Dodge Greek Fate with Tough Budget—Osborne," *Reuters*, June 20, 2010, http:// uk.reuters.com/article/2010/06/20/uk-britain-osborne-budget-idUKTRE65J0UX 20100620.
36. "UK Economy Faces Crisis," BBC News online, February 7, 2010, http://news.bbc. co.uk/2/ hi/8503090.stm.
37. Niall Ferguson, "A Greek Crisis Is Coming to America," *Financial Times*, February 10, 2010, http://www.ft.com/intl/cms/s/0/f90bca10–1679–11df-bf44–00144feab49a.html# axzz1syduMdbA.
38. Peter Wise, "Trichet Calms Fears of Debt Crisis Spread," *Financial Times*, May 6, 2010, http://www.ft.com/intl/cms/s/0/df61c58e-00f7–11df-a4cb-00144feabdc0.html# axzz1syduMdbA; and Ralph Atkins, Kerin Hope, and David Oakley, "ECB Warning to Debt-Ridden Governments," Financial Times, January 14, 2010, http://www.ft.com/ intl/cms/ s/0/63b15724–5926–11df-adc3–00144feab49a.html#axzz1syduMdbA.
39. Carmen M. Reinhart and Kenneth S. Rogoff, "Banking Crises: An Equal Opportunity Menace," NBER Working Paper, Series 14587, Cambridge, MA, December 2008.
40. Moritz Schularik and Alan M. Taylor, "Credit Booms Gone Bust: Monetary Policy, Leverage Cycles and Financial Crises, 1870–2008," *American Economic Review 102*, 2 (April 2012): 1029–1062.
41. Barry Eichengreen, *Golden Fetters: The Gold Standard and the Great Depression 1919–1939* (New York: Oxford University Press, 1996).
42. See Martin Feldstein, "EMU and International Conflict," *Foreign Affairs* (November/ December 1997); and "The Euro and Economic Conditions" NBER working paper 17617, Cambridge, MA, November 2011.
43. Paul Krugman, *Peddling Prosperity: Sense and Nonsense in the Age of Diminished Expectations* (New York: W. W. Norton, 1994).

44. Daniela Gabor and Cornel Ban, "Fiscal Policy in (European) Hard Times: Financialization and Varieties of Capitalism," paper presented at the Understanding Crisis in Europe workshop, Bristol Business School, May 11, 2012.

45. 關於銀行聯盟提案，參見：http://ec.europa.eu/internal_market/finances/docs/ committees/reform/20120912-com-2012–510_En.pdf.

46. Aaron Kirchfeld, Elena Logutenkova, and Nicholas Comfort, "Deutsche Bank No.1 in Europe as Leverage Hits Valuation," Bloomberg, March 27, 2012, http://www. bloomberg.com/news/2012–03–26/deutsche-bank-no-3-in-europe-asleverage- hits-market-valuation.html.

47. 參見下列網站：http://media.bnpparibas.com/invest/annual-reports/ra2008en/default. htm; http://www.credit-agricole.com/en/Finance-and-Shareholders/Financial-reporting/ Credit-Agricole-S.A.-financial-results/2008; https://www.db.com/ir/en/content/sec_ filings_2008.htm; https://www.commerzbank.com/en/hauptnavigation/aktionaere/service/ archive/unternehmensberichterstattung/2009_8/u_berichte_09_01.html; http://www.ing. com/Our-Company/Investor-relations/Annual-Reports/Annual-Reports-Archive.htm; http://group.barclays.com/about-barclays/investor-relations/financial-results-and-publ ications/annual-reports; http://www. investors.rbs.com/report_subsidiary_results; http:// www.lloydsbankinggroup.com/investors/financial_performance/company_results. asp#2008.

48. Jay Schambaugh, "The Euro's Three Crises," Brookings Papers on Economic Activity, Washington, DC, Spring 2012, 24. Available at http://www.brookings.edu/~/media/Files/Programs/ES/BPEA/2012_spring_bpea_papers/2012_spring_BPEA_shambaugh. pdf.

49. 參見：Standard & Poor's, "The Five Key Risks for European Banks," Ratings Direct: Global Credit Portal, April 11, 2012, 3, http://www.standardandpoors.com/spf/upload/Ratings_EMEA/TheFiveKeyRisksForEuropeanBa nks_11April2012.pdf.

50. Simon Tilford and Philip Whyte, "Why Stricter Rules Threaten the Eurozone," Center for European Reform, London, November 2011, 5–6. 他們還特別指出：「那幾個堅持叫債務國進行痛苦的經濟調整的國家，通常也最拚命隱瞞本國銀行的脆弱。」來源同上，第八期。

51. 參見："Fixed Income," LCH Clearnet, http://www.lchclearnet.com/fixed_income/.

52. Hyun Song Shin, "The Global Banking Glut and Loan Risk Premium," paper presented at the Mundell-Fleming Lecture, 2011 IMF Annual Research Conference, November 10–11, 2011, 17. Available at http://www.princeton.edu/~hsshin/www/mundell_ fleming_lecture.pdf.

53. Gabor and Ban, "Varieties of Capitalism for All Seasons: Fiscal Policy in the European Crisis," unpublished manuscript (Spring 2012), 9, figure 1.

54. Shin, "Global Banking Glut," 20.

55. 同上註，21.

56. Gabor and Ban, "Varieties of Capitalism," 12.

57. 同上註，14.

58. "Bank of International Settlements," Quarterly Review (June 2010): 19.

59. Paul De Grawue, "How Not to Be a Lender of Last Resort," CEPS Commentary, Center for

European Policy Studies, Brussels, March 23, 2012, 2.

60. Schambaugh, "Euro's Three Crises,"
61. 另一個很好的概述是：Philip R. Lane, "The European Sovereign Debt Crisis," Journal of Economic Perspectives 26, 3 (Summer 2012): 49–68.
62. 對此精湛概論，參見：Silvia Merler and Jean Pisani-Ferry, "Sudden Stops in the Euro Area," *Breugel Policy Contribution 6* (March 2012): 1–16, http://www. bruegel.org/publications/publication-detail/publication/718-sudden-stops-in-the-euro- area/.
63. Gillian Tett, "Beware Hidden Costs as Banks Eye 'Grexit,'" *Financial Times*, May 24, 2012, http://www.ft.com/intl/cms/s/0/73c76b8a-a5b4–11e1-a3b4–00144feabdc0.html#axzz241THBegL.
64. Dani Rodrik, *One Economics, Many Recipes* (Princeton, NJ: Princeton University Press, 2007); David R. Cameron, "The Expansion of the Public Economy: A Comparative Analysis," *American Political Science Review 72*, 4 (December 1978): 1243–1261.
65. Friedrich Hayek, *The Road to Serfdom* (Chicago: University of Chicago Press, 1994).
66. Paul De Grauwe, "Fighting the Wrong Enemy," Vox, May 19, 2010, http://new.voxeu. org/article/europe-s-private-versus-public-debt-problem-fighting-wrong-enemy.

第二部導言

1. John Maynard Keynes, *The General Theory of Employment, Interest and Money* (Orlando: Harcourt Brace 1964), 3.
2. 即使對此也頗有爭議。參見：Ha Joon Chang, *Kicking Away the Ladder: Development Strategy in Historical Perspective* (London: Anthem Press, 2002).
3. David Colander, personal communication, August 7, 2012.
4. 參見：Steuart in Albert Hirschman, *The Passions and The Interests: Political Arguments for Capitalism before its Triumph* (Princeton, NJ: Princeton University Press, 1977), 82.
5. Karl Polanyi, *The Great Transformation* (Boston: Beacon Press, 1984).
6. 參見：Jean-Jacques Rousseau, *Basic Political Writings* (Indianapolis, IN: Hackett, 1996), 60.
7. Hirschman, *Passions and the Interests*.
8. Alexander Gerschenkron, *Economic Backwardness in Historical Perspective, a Book of Essays* (Cambridge, MA: Belknap Press of Harvard University Press 1962); Giovanni Arrighi, *Adam Smith in Beijing: Lineages of the Twenty-First Century* (New York: Verso Books, 2007); Dani Rodrik, *The Globalization Paradox* (New York: W. W. Norton, 2011).
9. Albert Hirschman, *The Rhetoric of Reaction: Perversity, Futility, Jeopardy*,

(Cambridge, MA: Belknap Press, 1991).
10. Keynes, *General Theory*; and Joseph A. Schumpeter, *Capitalism, Socialism and Democracy* (New York: Harper Torchbooks, 1942).
11. Blyth, *Great Transformations*.
12. Milton Friedman, *Capitalism and Freedom* (Chicago: University of Chicago Press, 1962), introduction, xiv.

第四章

1. John Locke, *Second Treatise on Civil Government* (Indianapolis, IN: Hackett, 1996), v. 26.
2. 同上註，v. 27.
3. 同上註，v. 28, v. 33.
4. 同上註，v. 31.
5. 同上註，v. 46; v. 47.
6. 同上註，v. 50.
7. Locke, Second Treatise, v. 140.
8. 同上註，v. 222 and 227.
9. David Hume, "Of Public Credit" 1752. II ix 28, quoted in Antoin Murphy, *The Genesis of Macroeconomics* (New York: Oxford University Press, 2009), 111.
10. Murphy, "Genesis," 105.
11. Hume, "Essays, Moral, Political, and Literary," Library of Economics and Liberty, Of Money I, http://www.econlib.org/library/LFBooks/Hume/hmMPL32.html#Part II, Essay IX, OF PUBLIC CREDIT.
12. Steven G. Medema and Warren J. Samuels, *The History of Economic Thought: A Reader* (New York: Routledge), 142.
13. 同上註。
14. 同上註，143.
15. Hume,"Essays, Moral, Political, and Literary," Of Public Credit, II.IX. 5. http://www. econlib. org/library/LFBooks/Hume/hmMPL32.html#Part II, Essay IX, OF PUBLIC CREDIT.
16. 同上註，II.IX 12.
17. 同上註，II.IX 14.
18. 同上註，II.IX 25 and 26.
19. "Germany Offers to Send Tax Men to Greece," *The Local: Germany's News in English*, February 25, 2012, http://www.thelocal.de/national/20120225–40979.html; and Chiara Vasarri, "Italy Tax Agents on Frontlineof Anti-austerity backlash," Bloomberg, May 17, 2012, http://

www.bloomberg.com/news/2012–05–16/italy-tax-agents-on-frontline-ofanti- austerity-backlash.html.

20. Dave Kansas, "Investors Won't Like Obama's Budget," *Wall Street Journal*, March 8, 2009, http://online.wsj.com/article/SB123646725826362641.html?KEYWORDS=obama+government+spending+crowding+out; Dave Kansas, "Obama Needs a Move to the Middle," Wall Street Journal, July 22 2009, http://online.wsj.com/article/SB10001424052970203946904574302332578189864.html?KEYWORDS=obama+government+spending+crowding+out.
21. Simon Johnson and James Kwak, *White House Burning: The Founding Fathers, Our National Debt, and Why It Matters to You* (New York: Random House, 2012); Carmen M. Reinhart and Kenneth S. Rogoff, A Decade of Debt (London: Center for Economic Policy Research, 2011).
22. "Monthly Statement of the Public Debt of the United States: January 31, 2011," United States Department of the Treasury, http://www.treasurydirect.gov/govt/reports/pd/ mspd/2011/opds012011.pdf.
23. Adam Smith, *Wealth of Nations* (Buffalo, NY: Prometheus Books, 1991), 587.
24. See Murphy, "Genesis," 155–179, for a good overview of Smith's economics.
25. Albert Hirschman, *The Passions and The Interests: Political Arguments for Capitalism before Its Triumph* (Princeton, NJ: Princeton University Press, 1977).
26. Adam Smith, *An Inquiry into the Nature and Causes of the Wealth of Nations* (Indianapolis, IN: Hackett, 1996), 64.
27. Smith, *Inquiry*, 64, 65.
28. 同上註，66.
29. 同上註。
30. 同上註，76.
31. 同上註，66.
32. 同上註，73.
33. 同上註，74.
34. 同上註，66.
35. 同上註，77.
36. 同上註，Book V.
37. 同上註，177.
38. 同上註，181.
39. 參見：Smith, *Wealth of Nations*, 508–509, 535.
40. Smith, Wealth of Nations, 556.
41. 同上註，556.
42. 同上註，576.

43. 同上註，579.
44. 同上註，581.
45. 同上註。
46. 同上註，588, 588–589.
47. 同上註，589.
48. 同上註，590.
49. Carmen Reinhart and Kenneth S. Rogoff, *This Time Is Different: Eight Centuries of Financial Folly* (Princeton, NJ: Princeton University Press, 2009).
50. Murphy, "Genesis," 176–185.
51. 同上註，43–71.
52. Ben S. Bernanke, "The Global Saving Glut and the U.S. Current Account Deficit," remarks by Governor Ben S. Bernanke at the Homer Jones Lecture, St. Louis, Missouri, April 14, 2005; Wolf, *Fixing Global Finance*, (Baltimore, MD: Johns Hopkins University Press, 2008).
53. See Philip Plickert, "Ungleichgewichte," *Frankfurter Allgemeine Zeitung*, August 13, 2012, http://www.faz.net/aktuell/wirtschaft/aussenhandel-ungleichgewichte-11854842. html.
54. Julia Collewe, "Angela Merkel's Austerity Postergirl, the Thrifty Swabian Housewife," *The Guardian*, September 17, 2012, http://www.guardian.co.uk/world/2012/sep/17/angela-merkel-austerity-swabian-housewives.
55. David Ricardo, *Principles of Political Economy and Taxation* (New York: Prometheus Books, 1996), 66.
56. 同上註，73.
57. 同上註，74.
58. Ernest Gellner, *Nations and Nationalism* (Ithaca, NY: Cornell University Press, 1983); Benedict Anderson, Imagined Communities (New York: Verso Books, 1983); John Breuilly, *Nationalism and the State* (Chicago: University of Chicago Press, 1994).
59. Polanyi, *Great Transformation*; Thomas Humphrey Marshall, *Citizinship and Social Class* (Cambridge: Cambridge University Press, 1950).
60. John Stuart Mill, *Principles of Political Economy*, Book V, chap. 7.
61. 新興自由主義思想概論請參見：John Allett, *New Liberalism. The Political Economy of J. A. Hobson* (Toronto: University of Toronto Press, 1978); David Weinstein, "The New Liberalism of L. T. Hobhouse and the Re-envisioning of Nineteenth Century Utilitarianism," *Journal of the History of Ideas* 57, 3 (1996): 487–507.
62. 關於此學派思潮概論，參見：Peter J. Boettke, *The Elgar Companion to Austrian Economics* (Northampton: Edward Elgar Publishing Limited, 1994).
63. Keynes, *General Theory*, 383.
64. Herbert Hoover, *The Memoirs of Herbert Hoover: The Great Depression, 1929.1941* (New York: The Macmillan Company), 30.
65. 同上註。

66. Herbert Stein, *The Fiscal Revolution in America* (Chicago: University of Chicago Press, 1969), chap. 1.
67. Mark Blyth, *Great Transformations: Economic Ideas and Institutional Change in the Twentieth Century* (Cambridge: Cambridge University Press, 2002), 51–52.
68. Wesley C. Mitchell, "Business Cycles" in *Committee of the President's Conference on Unemployment, Business Cycles and Unemployment* (New York: McGraw-Hill 1923), 10, quoted in Dean L. May, *From New Deal to New Economics: The American Response to the Recession of 1937* (New York: Garland Press, 1981), 69.
69. Joseph Schumpeter in Douglass Brown, *The Economics of the Recovery Program* (New York: Whittlesey House, 1934); and J. Bradford DeLong, "'Liquidation' Cycles and the Great Depression," 1991, unpublished paper, available at http://econ161.berkeley.edu/ pdf_files/liquidation_cycles.pdf.
70. Delong, "'Liquidation' Cycles," 8.
71. 參見：Schumpter (1934), 16, in DeLong, "'Liquidation' Cycles," 9.
72. 同上註，9.
73. Blyth, *Great Transformations*, 72–75.
74. Peter J. Wallison, "Cause and Effect: Government Policies and the Financial Crisis," *Critical Review* 21 (2009): 365–377.
75. Jeffrey Friedman, "A Crisis of Politics, Not Economics: Complexity, Ignorance, and Policy Failure," in *Critical Review* 21 (2009): 127–185.
76. *Memoranda on Certain Proposals Relating to Unemployment*, presented by the Minister of Labour to Parliament, May 1929 (London: H.M. Stationery Office, 1929).
77. Karl Polanyi, *The Great Transformation* (Boston: Beacon Press, 1984), chaps. 1 and 2.
78. Rowena Crawford et al., "A Survey of Public Spending in the UK," Institute for Fiscal Studies Briefing Note 43, Institute for Fiscal Studies, London, September 2009, 5, table 2.2, http://www.ifs.org.uk/bns/bn43.pdf.
79. Joan Robinson, "The Second Crisis of Economic Theory," *American Economic Review* 62, 1/2 (March 1972): 2.
80. Stanley Baldwin, quoted in Keith Middlemas and John Barnes, *Baldwin: A Biography* (Oxford: Oxford University Press, 1972) quoted in George C. Peden "The 'Treasury View' on Public Works and Employment in the Interwar Period," *The Economic History Review 37*, 2 (May 1984): 169.
81. John Maynard Keynes, *The Collected Writings of John Maynard Keynes: Volume VIII* (Cambridge: Cambridge University Press), 19–23, quoted in Peden, "The 'Treasury View,'" 170.
82. John Quiggin, *Zombie Economics* (Princeton, NJ: Princeton University Press, 2012).
83. Robinson, "Second Crisis," 1.
84. 同上註，4.

85. Churchill budget speech, House of Commons 1929, quoted in Quiggin, *Zombie Economics*, 213.
86. George. C. Peden "Keynes, The Treasury and Unemployment in the 1930s," *Oxford Economic Papers 32*, 1 (March 1980): 6.
87. Peden, "The 'Treasury View,'" 173. Interestingly, this is the same argument given today by conservative historian Niall Ferguson for why stimulus policies don't work. See Niall Ferguson, "It Is the Stupid Economy," Joe Posner Fire Works and Co., op-video, http://www.joeposner.net/video/niall-ferguson-its-the-stupid-economy.
88. See the discussion of Henderson in Bill Janeway, *Doing Cpaitalism in the Innovation Economy* (New York: Cambridge University Press, 2012), 246–247.
89. Janeway, *Doing Capitalism*, 248.
90. See Hopkins's view in Peden, "The 'Treasury View,'" 175, 176.
91. Peden, "The 'Treasury View,'" 176.
92. 同上註。
93. 同上註，177.
94. Peden, "Keynes, The Treasury," 9.
95. Eichengreen, *Golden Fetters: The Gold Standard and the Great Depression 1919–1939* (New York: Oxford University Press, 1996).
96. Blyth, *Great Transformations*.
97. 同上註。
98. 參見：Nicolas Crafts and Peter Fearon, "Lessons from the 1930s Great Depression," *Oxford Review of Economic Policy*, 26, 3 (2010): 285–317.
99. Keynes, *General Theory*.
100. Robinson, "Second Crisis," 8.
101. Keynes, *General Theory*, 4–22, 46–51.
102. 同上註，147–174.
103. 參見：Nicholas Werle, "More Than a Sum of Its Parts: A Keynesian Epistemology of Statistics," *Journal of Philosophical Economics 4*, 2 (2011): 65–92.
104. Keynes, *General Theory*, 104.
105. Joseph A. Schumpeter, *Capitalism, Socialism and Democracy* (New York: Harper Torchbooks, 1942), 392, 294.
106. 參見：Schumpeter, *Business Cycles*, 1:154.
107. 同上註，132.
108. 同上註，32.
109. 同上註，83.
110. 同上註，106.
111. 同上註，124.

112.同上註，127, 133.
113.同上註，137, 134.
114.同上註，145, 152–153.
115.同上註，160.
116.同上註，161.

第五章

1. Joseph Schumpeter, *Capitalism Socialism and Democracy* (New York: Harper Torch Books, 1942), 82.
2. Peter A. Hall and David Soskice, *Varieties of Capitalism: The Institutional Foundations of Competitive Advantage* (Cambridge: Cambridge University Press 2001), 1–55.
3. Mark Thompson, "The Survival of 'Asian Values' as 'Zivilisationskritik,'" *Theory and Society* 29, 5 (2000): 651–686.
4. 這個主題的經典論述請見：Barrington Moore's *Social Origins of Dictatorship and Democracy* (Boston: Beacon Press, 1966) and Alexander Gerschenkron, *Economic Backwardness in Historical Perspective* (Cambridge, MA: Harvard Belknap Press, 1962).
5. Woo Cummings, ed., *The Developmental State* (Ithaca, NY: Cornell University Press 1999); but also Wolfgang Streek and Yamamura, *The Origins of Non-Liberal Capitalism* (Cambridge: Cambridge University Press 2002).
6. Gerschenkron, *Economic Backwardness; and Leonard Seabrooke, The Social Sources of Financial Power* (Ithaca, NY: Cornell University Press, 2006).
7. David J. Gerber, "Constitutionalizing the Economy: German Neoliberalism, Competition Law and the 'New' Europe." *American Journal of Comparative Law* 42 (1994): 30.
8. 同上註，42.
9. 同上註，44. Note again the concern with private as well as public power.
10. Walter Eucken, *Grundsätze der Wirtschaftspolitik*, (Tübingen: J. C. B. Mohr, 1952), 334, 336, quoted in Josef Hein, "Competing Ideas: The Evolution of the German and Italian Welfare States and Their Religious Foundations," unpublished PhD diss., European University Institute, Florence, November 2012, 223.
11. Böhm, quoted in Gerber, "Constitutionalizing the Economy."
12. Eucken, cited in Sally Razeen, "Ordoliberalism and the Social Market: Classical Political Economy from Germany," *New Political Economy* 1, 2 (1996): 233–257, quoted in Volker Berghahn and Brigitte Young, "Reflections on Werner Bonefeld's "Freedom and the Strong State: On German Ordoliberalism" and the Continuing Importance of the Ideas of

Ordoliberalism to Understand Germany's (Contested) Role in the Resolving the Eurozone Crisis," forthcoming in *New Political Economy*, p. 12 of manuscript version.

13. Graber, "Constitutionalizing the Economy," 45.
14. Berghahn and Young, "Reflections," passim.
15. Ralf Ptak, "Neoliberalism in Germany: Revisiting the Ordoliberal Foundations of the Social Market Economy" in *The Road From Mont Pelerin: The Making of the Neoliberal Thought Collective*, ed. Philip Mirowski and Dieter Plehwe (Cambridge, MA: Harvard University Press, 2009), 102.
16. Gerber, "Constitutionalizing the Economy," 48–49.
17. Carl J. Freidrich, "The Political Thought of Neo-Liberalism" *American Political Science Review 49*, 2 (1955): 511.
18. Christian Watrin, "The Principles of the Social Market Economy: Its Origins and Early History," *Journal of Institutional and Theoretical Economics*, Bd. 135 (H3) (1979): 413. 引述於：Christopher S. Allen, "The Underdevelopment of Keynesianism in the Federal Republic of Germany" in *The Political Power of Economic Ideas: Keynesianism Across Nations*, ed. Peter A. Hall (Princeton, NJ: Princeton University Press 1989), 281.
19. Watrin, "Principles," 416.
20. Ptak, "Neoliberalism in Germany," 104.
21. Allen, "Underdevelopment," in Hall, *Political Power*, passim.
22. Graber, "Constitutionalizing," 61–62. Ptak, "Neoliberalism," 115. Freidrich, *American Political Science Review* 49, 2 (1955): 510.
23. 關於這個重要過渡期的細節，要感謝希恩。
24. See the description of the Wirtschaftwunder at http://en.wikipedia.org/wiki/ Wirtschaftswunder.
25. Allen, "Underdevelopment," 271.
26. Allen, "Underdevelopment," 271 and 268.
27. 同上註，277.
28. 同上註，281.
29. Peter J. Katzenstein, ed., *Between Power and Plenty* (Ithaca, NY: Cornell University Press, 1976).
30. Kate McNamara, *The Currency of Ideas: Monetary Politics in the European Union* (Ithaca, NY: Cornell University Press, 1998); Nicolas Jabko, *In the Name of the Market* (Ithaca, NY: Cornell University Press, 2006).
31. Ha Joon Chang, *Kicking Away the Ladder: Deveopment Strategy in Historical Perspective* (London: Anthem Press 2002).
32. 此一觀點要感謝古勒維奇（Alex Gourevitch）。
33. Martin Wolf, *Fixing Global Finance* (Baltimore, MD: Johns Hopkins University Press, 2010),197.
34. David Simpson, "Joseph Schumpeter and the Austrian School of Economics," *Journal*

of Economic Studies 10, 4 (1983): 18–28. http://www.emeraldinsight.com/journals.htm?articleid=1709331.

35. Robinson, "Second Crisis," 2.
36. Ben Bernanke, "The Great Moderation," remarks at the meetings of the Eastern Economic Association, Washington DC, February 20, 2004. http://www.federalreserve. gov/boarddocs/speeches/2004/20040220/default.htm.
37. Ludwig von Mises, "The Austrian Theory of the Trade Cycle," in *The Austrian Theory of the Trade Cycle and Other Essays, ed. Richard M. Ebeling* (Auburn, AL: Ludwig von Mises Institute, 1996), 30.
38. 同上註，31.
39. Ludwig von Mises in Ebeling, *Austrian Theory*, 33.
40. Gottfried Haberler, "Money and the Business Cycle," in Ebeling, *Austrian Theory*, 37–65.
41. Murray N. Rothbard, "Economic Depressions: Their Cause and Cure," in Ebeling, *Austrian Theory*, 65–93.
42. Peter Boetke, "Is Austrian Economics Heterodox Economics?" The Austrian Economists website, http://austrianeconomists.typepad.com/weblog/2008/05/is-austrian-eco.html.
43. 在這個網站可以看到許多類似奧地利學派觀點的避險基金報導：www.zerohedge. com.
44. John Maynard Keynes, The General Theory of Employmemt, Interest and Money (New York: Harcourt Brace, 1963), 3.
45. United States Bureau of Labor Statistics, News Release, "Union Members Summary," January 27, 2012, http://www.bls.gov/news.release/union2.nr0.htm.
46. Irving Fisher, "The Debt Deflation Theory of Great Depressions," *Econometrica*, 1, 4 (1933): 337–357.
47. John Quiggin "Austrian Economics: A Response to Boettke" posted on Johnquiggin. com, March 18, 2009, http://johnquiggin.com/2009/03/18/austrian-economics-a-respo nse-to-boettke/.
48. 詳細討論參見：Blyth, *Great Transformations*, chaps. 5 and 6.
49. Milton Friedman, "The Role of Monetary Policy," *American Economic Review 58*, 1 (March 1968): 1–17.
50. Milton Friedman and Anna Schwartz, *A Monetary History of the United States 1867–1960* (Princeton, NJ: Princeton University Press, 1971).
51. A. W. Phillips, "The Relation between Unemployment and the Rate of Change of Money Wages in the United Kingdom, 1861–1957," *Economica* 25, 100 (November 1958): 283–299.
52. Michael Bleaney, *The Rise and Fall of Keynesian Macroeconomics* (London: Macmillan, 1985), 140, author's italics.
53. Buchanan and Wagner, *Democracy in Deficit: The Economic Consequences of Lord Keynes* (Indianapolis, IN: Liberty Fund 1977), quote located in online version of text, http://www.econlib.org/library/Buchanan/buchCv8c5.html#8.5.25.

54. Milton Friedman, "Inflation and Unemployment: The New Dimensions of Politics," in Milton Friedman, *Monetarist Economics* (London: Institute of Economic Affairs, 1991), 105.
55. Finn Kydland and Edward Prescott, "Rules Rather Than Discretion: The Inconsistency of Optimal Plans," *Journal of Political Economy 85*, 2 (1977): 473–490.
56. 關於央行獨立超然背後的政治糾葛，參見：Adam Posen, "Central Bank Independence and Disinflationary Credibility: A Missing Link," *Oxford Economic Papers 50*, 3 (1998): 335–359; Ilene Grabel, "Ideology, Power, and the Rise of Independent Monetary Institutions in Emerging Economies," in *Monetary Orders: Ambiguous Economics, Ubiquitous Politics*, ed. Jonathan Kirshner (Ithaca, NY: Cornell University Press, 2003); Sheri Berman and Kathellen McNamara, "Bank on Democracy," *Foreign Affairs 78*, 2 (April/May 1999): 1–12.
57. Posen, "Central Bank Independence."
58. Brian Barry, "Does Democracy Cause Inflation? Political Ideas of Some Economists," in *The Politics of Inflation and Economic Stagnation*, ed. Leon N. Lindberg and Charles S. Meyer (Wasington DC: Brookings Institute Press, 1985): 280–315.
59. Mark Blyth, "Paradigms and Paradox: The Politics of Economics Ideas in Two Moments of Crisis," *Governance: An International Journal of Policy, Administraton and Institutions 26*, 4 (December 2012): 1–19.
60. Berman and McNamara, "Bank on Democracy."
61. Paul Krugman, "The Structural Obsession," The Conscience of a Liberal, blog, June 8, 2012, http://krugman.blogs.nytimes.com/2012/06/08/the-structural-obsession/.
62. Steven Schulman, "The Natural Rate of Unemployment: Concept and Critique," Journal of Post-Keynesian Economics 11, 4 (Summer 1989): 509–521.
63. Daniel C. Dennett, *Darwin's Dangerous Idea: Evolution and the Meanings of Life* (New York: Simon and Schuster 1996)
64. Blyth, *Great Transformations*, 147–151; Posen, "Central Bank Independence."
65. John Williamson, "A Short History of the Washington Consensus," paper commissioned by Fundaci ó n CIDOB for the conference "From the Washington Consensus towards a New Global Governance," Barcelona, September 24–25, 2004, quote from p. 1.
66. 同上註，1.斜體字是作者所加。
67. Williamson, "A Short History," 2.
68. John Williamson, "Democracy and the Washington Consensus," *World Development 21*, 8 (August 1993): 1113.
69. Katherine Weaver, *The Hypocrisy Trap: The World Bank and the Poverty of Reform* (Princeton, NJ: Princeton University Press, 2008).
70. 關於「一毛錢運動」的歷史，參見：http://www.marchofdimes.com/mission/ history.html.
71. Louis Pauly, *Who Elected the Bankers? Surveilence and Control in the World Economy* (Ithaca, NY: Cornel University Press. 1998).

72. Dani Rodrik, "Goodbye Washington Consensus, Hello Washington Confusion?" *Journal of Economic Literature 44*, 4 (December 2006): 973.
73. World Bank, *Economic Growth in the 1990s: Learning from a Decade of Reform*. (Washington, DC: World Bank 2005), quoted in Rodrik "Goodbye Washington," 976.
74. Barbara Stallings and Peres Wilson, "Is Economic Reform Dead in Latin America? Rhetoric and Reality since the 2000s" *Journal of Latin American Studies 43*, 4 (2011): 755–786.
75. Rawi Abdelal, *Capital Rules: The Construction of Global Finance* (Ithaca, NY: Cornell University Press, 2006).
76. Rodrik, "Goodbye Washington," 975.
77. 參見：Cornel Ban, "New Paradigm or Edited Orthodoxy: Brazil's Liberal Neo-Developmentalism" *Review of International Political Economy*, 1–34. First online publication, http://www.tandfonline. com/doi/pdf/10.1080/09692290.2012.660183.
78. Jacques J. Polak, "The IMF Monetary Model: A Hardy Perennial," Finance and Development, December (1997): 16–19; "The IMF Monetary Model at Forty," IMF Working Paper 97/49, IMF: Wasgington DC, April (1997): 1–20, http://www.imf.org/external/ pubs/ft/wp/wp9749.pdf.
79. Polak, "IMF Monetary Model," 17.斜體字為作者所加。
80. Polak, "IMF Monetary Model," 18.
81. 參見：Margaret Garritsen de Vries, "Balance of Payments Adjustment 1945–1986: The IMF Experience," Washington DC, IMF, 1987, 29–30.
82. 關於國際貨幣基金會早年的深入研究，參見：Sarah Babb, "Embeddedness, Inflation, and International Regimes: The IMF in the Early Postwar Period," *American Journal of Sociology* 113 (2007): 128–164.
83. World Bank, *Economic Growth in the 1990s*.
84. Karl Polanyi, *Great Transformation* (Boston: Beacon Press, 1944): 143.
85. James M. Buchanan, "'La scienza delle finanze': The Italian Tradition in Fiscal Theory," in *Fiscal Theory and Political Economy*, ed. James M. Buchanan (Chapel Hill: University of North Carolina Press, 1960), 23–76.
86. Angelo Santagostino, "The Contribution of Italian Liberal Thought to the European Union: Einaudi and His Heritage from Leoni to Alesina," *Atlantic Economic Journal*, August 2012. Published online at http://link.springer.com/content/pdf/10.1007%2 Fs11293–012–9336–0.
87. Francenso Forte and Roberto Marchionatti, "Luigi Einaudi's Economics of Liberalism," University of Torino, Department of Economics Working Paper 02/2010, 9, http://www.cesmep.unito.it/WP/2010/2_WP_Cesmep.pdf.
88. Cited in Forte and Marchionatti "Luigi Einaudi's Economics," 24.
89. Quoted in Santagostino, "Contribution," 6.
90. Alberto Alesina and Guido Tabbellini, "A Positive Theory of Fiscal Deficits and Government

Debt in a Democracy," NBER working paper 2308, Cambridge, MA, July 1987, published as "A Positive Theory of Fiscal Deficits and Government Debt." *Review of Economic Studies* (1990) 57: 403–414.

91. 在這方面更概括性論述，參見：Bruce Bartlett, "Starve the Beast: Origins and Development of a Budgetary Metaphor," *Independent Review 12*, 1 (Summer 2007): 5–26.

92. Alesina and Tabellini, "Positive Theory," 2.

93. Torsten Persson and Lars E. O. Svensson, "Why a Stubborn Conservative Would Run a Deficit: Policy with Time Inconsistent Preferences." *Quarterly Journal of Economics* (May 1989): 325–345.

94. 同上註，326.

95. Persson and Svensson, "Why a Stubborn Conservative," 337.

96. Francesco Giavazzi and Marco Pagano, "Can Severe Fiscal Contractions Be Expansionary? Tales of Two Small European Countries," NBER Macroeconomics Annual 1990, Cambridge, MA, 75–122.

97. Sachverstandigenrat zur Begutachtung der Gesamtwirtschaftlichen Entwicklung 1981. Vor kurskorrekturen-Zur finanzpolitischen und waehrungspolitischen situation im sommer 1981, July 4, 1981, available at http://www.sachverstaendigenrat-wirtschaft. de/fileadmin/dateiablage/download/gutachten/0901061.pdf.

98. M. Hellwig and M. J. M. Neumann, "Economic Policy in Germany: Was There a Turn Around?" *Economic Policy 5* (October 1987): 137–138.

99. Giavazzi and Pagano, "Severe Fiscal Contraction," 80.

100. 同上註，81.

101. 同上註。

102. 同上註，82.

103. 同上註，103.

104. 同上註。

105. 同上註，105.

106. Alberto Alesina and Roberto Perotti, "Fiscal Expansions and Fiscal Adjustments in OECD Countries," NBER working paper 5214, Cambridge, MA, August 1995.

107. 同上註，4.

108. 同上註，17.

109. 同上註，17–18.

110. 同上註，18.

111. 同上註，22–23.

112. 同上註，24.

113. Alberto Alesina and Silvia Ardanga, "Tales of Fiscal Adjustment" NBER Macroeconomics Annual 1998 and *Economic Policy* 13, 27 (1998): 489–545.

114.同上註，490.
115.同上註，491.
116.同上註，492.
117.Alesina and Ardanga, “Tales of Fiscal Adjustment,” 498, quote from p. 499.
118.參見：Alesina and Ardanga, “Tales of Fiscal Adjustment,” ibid., 514.
119.同上註，514.
120.同上註，514–515.
121.同上註，516.
122.Peter Coy, “Keynes vs. Alesina: Alesina Who?” Bloomberg Businessweek Magazine, June 29, 2012, http://www.businessweek.com/stories/2010–06–29/keynes-vsdot- alesina-dot-alesina-who.
123.Alberto Alesina and Silvia Ardanga, “Large Changes in Fiscal Policy: Taxes Versus Spending,” NBER working paper 15434, Cambridge, MA, October 2009.
124.Milton Friedman and Rose Friedman (1962), *Capitalism and Freedom* (Chicago: University of Chicago Press, 1982), vii.
125.Alesina and Ardanga, “Large Changes,” 15.
126.同上註，3.
127.同上註，4.
128.同上註，5.
129.同上註，9.
130.同上註，12.
131.同上註。
132.同上註，13.
133.同上註。
134.Alberto Alesina, “Fiscal Adjustment: Lesson From History.” Paper prepared for the Ecofin meeting in Madrid, April 15, 2010, available from http://www.economics.harvard. edu/files/faculty/2_Fiscal%20Adjustments_lessons.pdf.
135.同上註，4.
136.同上註，7.
137.同上註，10.
138.同上註。
139.Anis Chowdhury, “Revisiting the Evidence on Expansionary Austerity: Alesina’s Hour.” VoxEU, February 28, 2012, http://www.voxeu.org/debates/commentaries/revisiting- evidence-expansionary-fiscal-austerity-alesina-s-hour.
140.Keynes, General Theory, 3.
141.同上註。

第六章

1. Ralph Benko, "Signs of the Gold Standard Are Emerging from Germany," *Forbes*, September 24, 2012, http://www.forbes.com/sites/ralphbenko/2012/09/24/signs-of-the-gold -standard-are-emerging-from-germany/ ; and Robin Harding and Anna Fifield, "Republicans Eye Return to Gold Standard," *Financial Time*, August 23, 2012, http://www. cnbc.com/id/48770752/Republicans_Eye_Return_to_Gold_Standard.
2. Liaquat Ahamed, *Lords of Finance* (New York: Penguin Books, 2009); Fred L. Block, *The Origins of the International Economic Disorder* (Berkeley: University of California Press, 1977); Karl Polanyi, *The Great Transformation* (Boston: Beacon Press, 1984); Barry Eichengreen, *Golden Fetters: The Gold Standard and the Great Depression 1919–1939* (New York: Oxford University Press, 1992).
3. Eichengreen, *Golden Fetters*, 9.
4. Miguel Almunia et al., "From Great Depression to Great Credit Crisis," NBER Working Paper 15524, Cambridge, MA, November 2009.
5. Fred Block, *The Origins of the International Economic Disorder* (Berkeley: University of California Press, 1977).
6. Block, *Origins*, 20.
7. 對此討論參見：Albrecht Ritschl, "The German Transfer Problem, 1920–1933: A Sovereign Debt Perspective," London School of Economics, Center for Economic Performance, Discussion Paper No. 1155, July 2012, http://cep.lse.ac.uk/pubs/download/dp1155.pdf.
8. Eichengreen, *Golden Fetters*, 226.
9. 關於它為什麼不算是，參見：Daniel Kuehn, "A Note on America's 1920–21 Depression as an Argument for Austerity," *Cambridge Journal of Economics*, 36 (2012): 155–160.
10. Eichengreen, *Golden Fetters*, 123.
11. Herbert Stein, *The Fiscal Revolution in America: Policy in Pursuit of Reality* (Washington DC: AEI Press, 1996), 14.
12. 同上註，20.
13. Stein, "Fiscal Revolution," 26.
14. 同上註，31.
15. Herbert Hoover, State Papers, vol. 2, 105, quoted in Dean L. May, *From New Deal to New Economics: the American Liberal Response to the Recession of 1937* (New York: Garland Press, 1981), 33.
16. United States Bureau of the Census, Historical Statistics, Colonial Times to 1957, Washington DC, 1960, 70.
17. 各位如果有興趣的話，參見：Mark Blyth, "Beyond the Usual Suspects: Ideas, Uncertainty and Building Institutional Orders," *International Studies Quarterly 51*, 4 (December 2007): 747–759.

18. Blyth, *Great Transformations*, 74–77.
19. Franklin D. Roosevelt, *The Public Papers and Addresses of Franklin D. Roosevelt*, vol. 7 (New York: Macmillan, 1938), 236–247.
20. Block, *Origins ; Charles P. Kindleberger, The World in Depression, 1929–1939* (Berkeley: University of California Press, 1986).
21. N. F. R. Crafts, "Long Term Unemployment in Britain in the 1930s," *Economic History Review* 40, 3 (1987): 427.
22. Eichengreen, *Golden Fetters*, 283.
23. IMF World Economic Outlook, "The Good the Bad and the Ugly," in *Coping with High Debt and Sluggish Growth*, chap. 3, October 2012, 110. http://www.imf.org/external/ pubs/ft/weo/2012/02/pdf/text.pdf.
24. 同上註，111.
25. Erik Lundberg, "The Rise and Fall of the Swedish Model," *Journal of Economic Literature 23* (March 1985): 5.
26. 同上註。
27. Gustav Cassel quoted in Villy Bergstrom, "Party Program and Economic Policy: The Social Democrats in Government," in *Creating Social Democracy: A Century of the Social Democratic Labor Party in Sweden*, ed. Klaus Misgeld et al. (University Park: Pennsylvania State University Press, 2000), 136.
28. Sheri Berman, *The Social Democratic Moment: Ideas and Politics in the Making of Interwar Europe* (Cambridge, MA: Harvard University Press, 1998), 154.
29. Bergstrom "Party Program," 138.
30. Blyth, *Great Transformations*, 113–115.
31. Benny Carlson, "The Long Retreat: Gustav Cassel and Eli Heckscher on the 'New Economics' of the 1930s," in *Swedish Economic Thought: Explorations and Advances, ed. Lars Jonung* (London: Routledge, 1987), p. 181.
32. Sven Steinmo, "Political Institutions and Tax Policy in the United States, Sweden, and Britain," *World Politics 41*, 4 (July 1989): 500–535.
33. Blyth, *Great Transformations*, 119–123.
34. Rudolph Meidner, "Our Concept of the Third Way: Some Remarks on the Sociopolitical Tenets of the Swedish Labor Movement." *Economic and Industrial Democracy 1*, 3 (August 1980): 349.
35. Mancur Olson, "How Bright are the Northern Lights? Some Questions about Sweden," Institute of Economic Research, Lund University, 1991.
36. Eichengreen, *Golden Fetters*, 128.
37. Ritschl, "The German Transfer Problem," 7.
38. Schact (1927), 76, in Eichengreen, *Golden Fetters*, 136.
39. Eichengreen, *Golden Fetters*, 139.

40. Berman, *Social Democratic Moment*, 178.
41. And the Young Plan's subordination of commerical debt. See Ritschl, "German Transfer Problem," 8–13.
42. Eichengreen, *Golden Fetters*, x.
43. Wilhelm Dittman quoted in Berman, *Social Democratic Moment*, 189.
44. 同上註。
45. Hilferding quoted in Berman, *Social Democratic Moment*, 192.
46. Fritz Naphtali, quoted in Berman, *Social Democratic Moment*, 193.
47. Wirtschaftliches Sofortprogramm der N.S.D.A.P. (Munich: Eher Verlag, 1932). Available at http://www.calvin.edu/academic/cas/gpa/sofortprogramm.htm.
48. Adam Tooze, *The Wages of Destruction: The Making and Breaking of the Nazi Economy* (New York: Penguin Books, 2006).
49. John Maynard Keynes, "The United States and the Keynes Plan," *New Republic*, July 29, 1940, quoted in Bill Janeway, *Doing Capitalism in the Innovation Economy* (Cambridge: Cambridge University Press, 2012), 254.
50. Jonathan Kirshner, *Appeasing the Bankers: Financial Caution on the Road to War* (Princeton, NJ: Princeton University Press 2007), 62.
51. Yuji Kuronuma, "Showa Depression: A Prescription for 'Once in a Century' Crisis." Japan Center for Economic Research, Research Paper, April 2009, 2.
52. Koichi Hamada and Asahi Noguchi, "The Role of Preconceived Ideas in Macroeconomic Policy: Japan's Experiences in Two Deflationary Episodes." Economic Growth Center, Yale University, Discussion Paper Number 908, New Haven, CT, March 2005, http://www.econ.yale.edu/growth_pdf/cdp908.pdf.
53. Kirshner, Appeasing the Bankers, 62–63.
54. Quoted in Hamada and Noguchi, "Role of Preconceived Ideas," 20.
55. 同上註。
56. 同上註。
57. Hamada and Noguchi, "Role of Preconceived Ideas," 16–17.
58. 同上註，17.
59. Junnosuke Inoue, "The Repeal of the Gold Embargo: An Appeal to All the Nation," quoted in Hamada and Noguchi, "Role of Preconceived Ideas," 17.
60. Kirshner, Appeasing the Bankers, 71–72.
61. Kuronuma, "Showa Depression," 2.
62. Kirshner, *Appeasing the Bankers*, 72.
63. 同上註，68.
64. 同上註，69.
65. 同上註，72.

66. Kuronuma, "Showa Depression," 3.
67. 同上註，3; Kirshner, *Appeasing the Bankers*, 78.
68. Kuronuma, "Showa Depression," 3.
69. Kirshner, *Appeasing the Bankers*, 83.
70. Eichengreen, *Golden Fetters*, xx.
71. 同上註，173.
72. 同上註，174.
73. 同上註。
74. Stephen Schuker, "France and the Remilitarization of the Rhineland, 1936," *French Historical Studies 14*, 3 (1986): 332.
75. Kirshner, *Appeasing the Bankers*, 96.
76. 同上註，97.
77. 同上註，98–99.
78. 同上註，100–104.
79. 同上註，103.
80. Eichengreen, *Golden Fetters*, 371.
81. 同上註，376.
82. Kirshner, Appeasing the Bankers ; and Stephen Schuker, "France and the Remilitarization of the Rhineland, 1936," *French Historical Studies 14*, 3 (1986): 299–338.
83. Kirshner, *Appeasing the Bankers*, 108.
84. 同上註，121.
85. Schuker, "France and the Remilitarization," 330–331.
86. James Thomas Emmerson, *The Rhineland Crisis: A Study in Multilateral Diplomacy*, (Ames: Iowa State University Press, 1977), 80.
87. Francesco Giavazzi and Marco Pagano, "Can Severe Fiscal Contractions Be Expansionary? Tales of Two Small European Countries," NBER Working Paper 3372, May 1990, http://www.nber.org/papers/w3372.
88. 同上註，12.
89. Alberto Alesina and Roberto Perotti, "Fiscal Expansions and Adjustments in OECD Economies," *Economic Policy 21* (1995): 207–247.
90. 同上註，514.
91. Alberto Alesina and Silvia Ardagna, "Tales of Fiscal Adjustment," *Economic Policy 13*, 27 (1998): 516.
92. Alberto Alesina and Silvia Ardanga, "Large Changes in Fiscal Policy: Taxes Versus Spending," National Bureau of Economic Research, Working Paper 15438, 2009, 12.
93. Alesina and Ardanga, "Tales," 528.

94. Roberto Perotti, "The 'Austerity Myth': Pain Without Gain," unpublished manuscript, June 16, 2011. Published as Bank of International Settlements Working Paper 362, December 2011, http://www.bis.org/publ/work362.htm

95. Michael Ulf Bergman and Michael Hutchinson, "Expansionary Fiscal 32 Contractions: Re-Evaluating the Danish Case," *International Economic Journal 24* , 1 (2010): 71–93.

96. See Jamie Guajardo, Daniel Leigh, and Andrea Pescatori, "Expansionary Austerity: New International Evidence" IMF Working Paper 11/158, July 2011, 33. Available at http://www.imf.org/external/pubs/ft/wp/2011/wp11158.pdf.

97. Alesina and Ardanga, "Tales," 534–535.

98. 同上註，516.

99. Stephen Kinsella, "Is Ireland Really the Role Model for Austerity?" *Cambridge Journal of Economics 36*, 1, (2012): 223–235.

100. 同上註，233.

101. John Considine and James Duffy, "Tales of Expansionary Fiscal Contractions in Two European Countries: Hindsight and Foresight," Department of Economics, National University of Ireland, Galway, working paper series 120, July 2007, 11.

102. Roberto Perotti, "The 'Austerity Myth': Pain without Gain," unpublished manuscript, June 16, 2011. Quote from p. 5. Published as Bank of International Settlements Working Paper 362, December 2011.

103. 同上註，234.

104. 同上註。

105. 同上註。

106. 參見：Perotti, "The 'Austerity Myth,'" 4.

107. John Quiggin, "Expansionary Austerity: Some Shoddy Scholarship," available at http://crookedtimber.org/2011/10/24/expansionary austerity-some-shoddy-scholarship/ .

108. 同上註。

109. 同上註。

110. Franceso Giavazzi and Marco Pagano, "Non-Keynesian Effects of Fiscal Policy Changes: International Evidence and the Swedish Experience." NBER working paper 5322, Cambridge, MA, November 1995.

111. 同上註，3.

112. 同上註，19.

113. 同上註，20.

114. 同上註，21

115. 同上註，21–22.

116. 同上註，23.

117. 同上註，24.

118.同上註，29.「laxitude」為其原文。

119.Peter Englund, "The Swedish Banking Crisis: Roots and Consequences" *Oxford Review of Economic Policy 15*, 3 (1999): 89.

120.同上註，94.

121.Richard Koo, "The World in Balance Sheet Recession," *Real-World Economics Review 58* (2011): 19–37.

122.佩羅蒂在〈撙節神話〉（The 'Austerity Myth'）中對於瑞典經驗提供非常卓越的研究，其結論認為真正發揮功效的並不是預期心理，而是出口。請參考這篇論文，特別是第37-41頁。

123.Arjun Jayadev and Mike Konczal, "The Boom Not the Slump: The Right Time for Austerity." The Roosevelt Institute, August 23, 2010. Available at http://www.roo seveltinstitute.org/sites/all/files/not_the_time_for_austerity.pdf

124.同上註，1.

125.同上註，2.

126.See Daniel Leigh (team leader), Pete Devries, Charles Freedman, Jaime Guajardo, Douglas Laxton, and Andrea Pescatori, "Will It Hurt? Macroeconomic Effects of Fiscal Consolidation" IMF World Economic Outlook, October 2010, http://www.imf.org/external/pubs/ft/weo/2010/02/pdf/3sum.pdf and http://www.imf.org/ external/pubs/ft/weo/2010/02/pdf/c3.pdf.

127.同上註，94.

128.同上註。

129.同上註。

130.同上註。

131.同上註。

132.關於共和黨主張，參見：http://www.frumforum.com/gops-new-line-budget-cuts-bring-boom-times/. 關於國會研究服務部的研究，參見：Jane G. Gravelle and Thomas L. Hungerford "Can Contractionary Fiscal Policy be Expansionary?" Congressional Research Service 7–5700 R41849, June 6, 2011.

133.同上註，12.

134.同上註，15.

135.Perotti, "'Austerity Myth.'"

136.同上註，6.

137.Jamie Guajardo, Daniel Leigh, and Andrea Pescatori, "Expansionary Austerity: New International Evidence" IMF Working Paper 11/158, July 2011, 5. Available at http://www.imf.org/external/pubs/ft/wp/2011/wp11158.pdf.

138.同上註，29.

139.Nicoletta Batini, Giovanni Callegari, and Giovanni Melina, "Successful Austerity in the United States, 34 Europe and Japan," IMF Working Paper 12/190, July 2012. Available at http://www.imf.org/external/pubs/ft/wp/2012/wp12190.pdf.

140.同上註，7. My italics.

141.同上註，8.

142.IMF World Economic and Financial Surveys, World Economic Outlook, "Coping with High Debt and Sluggish Growth," October 2012. http://www.imf.org/pubs/ft/weo/2012/02/index.htm.

143.Christine Lagarde, "Latvia and the Baltics: A Story of Recovery," Riga, June 5, 2012. http://www.imf.org/external/np/speeches/2012/060512.htm; International Monetary Fund, A Conference on "Lessons From the Recovery in the Baltics," Riga, The Great Guild, June 5, 2012, http://www.imf.org/ external/np/seminars/eng/2012/latvia/index.htm.

144.Jörg Asmussen, Member of the Executive Board of the ECB, introductory remarks to panel "Lessons from Latvia and the Baltics," Riga, June 5, 2012, http://www. ecb.int/press/key/date/2012/html/sp120605.en.html.

145.Deutsche Welle, "IMF Hails Latvia's Austerity Drive as Eurozone Model," http://www.dw.de/dw/article/0,,15999966,00.html

146.Olivier Blanchard, "Lessons from Latvia," IMF Direct, http://blog-imfdir ect.imf.org/2012/06/11/lessons-from-latvia/.

147.Neil Buckley, "Myths and Truths of the Baltic Austerity Model" *Financial Times*, June 28, 2012, http://blogs.ft.com/the-world/2012/06/myths-and-truths-of-the-baltic-austerity-model/.

148.參見："Merkel Outlines Euro Crisis Stance before Summit," http://www.reuters.com/article/2011/12/02/eurzone-merkel-highlights-idUSL5E7N21JP20111202.

149.Stijn Claessens and Neeltje van Horen "Foreign Banks: Trends, Impact and Financial Stability," International Monetary Fund Working Paper, January 2012, http://www.imf.org/external/pubs/ft/wp/2012/wp1210.pdf.

150.Daniela Gabor, *Central Banks and Financialization: A Romanian Account of How Eastern Europe Became Sub-Prime* (Basingstoke: Palgrave Macmillan, 2010).

151.關於歐盟新會員國房價成長和外匯信用泡沫，參見：Ray Barrell, Phillip Davis, Tatiana Fic, and Ali Orgazani, "House-gold Debt and Foreign Currency Borrowing in the New Member States of the EU," Working Paper no. 09–23, Brunel University, West London, 6–8.

152.Ralph De Haas, Yevgeniya Korniyenko, Elena Loukoianova, and Alexander Pivovarsky, "The Vienna Initiative and Financial Stability in Emerging Europe," VoxEU, April 4, 2012, http://www.voxeu.org/article/financial-stability- emerging-europe-vienna-initiative.

153.參見：R. De Haas, Y. Korniyenko, E. Loukoianova, and A. Pivovarsky, "Foreign Banks and the Vienna Initiative: Turning Sinners into Saints," EBRD Working Paper No. 143, London, 2012. Wolfgang Nitsche, "The Vienna Initiative/European Bank Coordination Initiative: Assessment and Outlook," Austrian Ministry of Finance, Working Paper 4/2010, 1–20. http://www.bmf.gv.at/Publikationen/Downloads/WorkingPapers/WP_4_2010_The_Vienna_Initiative.pdf.

154.參見：R. De Haas, Y. Korniyenko, E. Loukoianova, and A. Pivovarsky, "Foreign Banks and the Vienna Initiative: Turning Sinners into Saints," EBRD Working Paper No. 143, London,

2012. Wolfgang Nitsche, "The Vienna Initiative/European Bank Coordination Initiative: Assessment and Outlook," Austrian Ministry of Finance, Working Paper 4/2010, 1–20. http://www.bmf.gv.at/Publikationen/Downloads/WorkingPapers/WP_4_2010_The_Vienna_Initiative.pdf.

155. Based on data presented in Gabriele Giudice, Ingrid Toming, Francesco di Comite, and Julia Lendvai "Fiscal Consolidation in the Midst of Crisis," European Commission, D.G. ECFIN, March 1, 2012, http://ec.europa.eu/economy_finance/events/2012/2 03–01-lv_semminar/pdf/fiscal_consolidation_inthe_en.pdf.

156. Statement by Dominique Strauss Kahn on French channel Canal 6, May 20, 2010, file available at http://media.hotnews.ro/media_server1/audio- 2010–05–21–7300052–0-dominique-strauss-kahn.mp3. For an analysis of the context, see Cornel Ban, "Crunch Time in Romania Francesco Giavazzi and Marco PaganoMpu's Austerity Plans," Osservatorio Balcanie Caucaso, May 28, 2010.

157. Victoria Stoiciu, "Austerity and Structural Reforms in Romania," International Policy Analysis Series, Friedrich Ebert Stiftung, Berlin, August 2012. http://library.fes.de/pdf-files/id-moe/09310.pdf.

158. Neil Buckley, "Latvia Weighs Human Costs of Its Austerity Programme," Financial Times , November 6, 2011, http://www.ft.com/intl/cms/s/0/6fb57f46–0717– 11e1–90de-00144feabdc0.html#axzz28AyZGXsw ; Iyantul Islam, "Latvia: Why We Need to Go beyond the "Success" of Fiscal Austerity" Social Europe Journal , June 18, 2012, http://www.social-europe.eu/2012/06/latvia-why-we-need-to-go-beyond-the-success-of-fiscal- austerity/.

159. Eurobarometer (2009) National Report, Executive Summary, Latvia, No.72, European Commission, available at http://ec.europa.eu/public_opinion/archives/eb/eb72_lv_en_exec.pdf; [22] Eurobarometer (2011) First Results, No.76, European Commission, available at http://ec.europa.eu/public_opinion/archives/eb/eb76/eb76_first_en.pdf.

160. Iyanatul Islam and Anis Chowdhury "Latvia: Going Beyond the Fiscal Austerity Debate" VoxEU, June 27, 2012, http://www.voxeu.org/debates/commentaries/latvia going-beyond-fiscal-austerity-debate-1 ; International Monetary Fund, Republic of Latvia: Article IV and Second Post-Program Monitoring Discussions, Concluding Statement of IMF Mission, November 26, 2012, http://www.imf.org/ external/np/ms/2012/112612.htm.

161. European Commission, "European Economic Forecast: Spring 2012."

162. Islam and Chowdhury, "Latvia: Going Beyond," 2012.

163. Mark Weisbrot and Rebecca Ray, Center for Economic and Policy Research, "Latvia's Internal Devaluation: A Success Story?" December 2011, 9.

164. Zsolt Darvas, "Internal Adjustment of the Real Exchange Rate: Does It Work?" VoxEU, July 6, 2012. http://www.voxeu.org/article/internal-adjustment-real-exchange-rate-does-it-work

165. Latvia's public debt went up from 10 percent of GDP in 2008 to 40 percent of GDP in 2012.

166. Michael Hudson and Jeffrey Sommers, "Latvia Is No Model for an Austerity Drive," Financial Times , June 21, 2012, http://www.ft.com/intl/cms/s/0/73314cbe-baee-11-e1–81e0–

00144feabdc0.html#axzz27yGkORAr. 參見：Ringa Raudla and Rainer Kattel, "Why Did Estonia Choose Fiscal Retrenchment after the 2008 Crisis?" *Journal of Public Policy 31*, 2 (2011): 163–186.

167. 參見：Cornel Ban, "Sovereign Debt, Austerity and Regime Change: The Case of Nicolae Ceausescu's Romania," East European Politics and Societies (forthcoming, 2013).

第七章

1. Al Jazeera, Prostitution on the Rise in Crisis Hit Spain, video, posted August 4, 2012, http://www.aljazeera.com/video/europe/2012/08/20128474948466393.html; Liz Alderman, "Amid Cutbacks, Greek Doctors offer Message to Poor: You are Not Alone," New York Times , October 24, 2012, http://www.nytimes.com/2012/10/25/world/europe/ greek-unemployed-cut-off-from-medical-treatment.html?pagewanted=all&_r=0.
2. Barry Eichengreen, *Golden Fetters: The Gold Standard and the Great Depression 1919–1939* (New York: Oxford University Press, 1996).
3. Eric Helleiner, *States and the Reemergence of Global Finance: From Breton Woods to the 1990s* (Ithaca, NY: Cornell University Press, 1994).
4. See Emily Cadman, Steve Bernard, and Tom Braithwaite, "Investment Banking by Numbers," *Financial Times*, October 1, 2012, see http://www.ft.com/intl/cms/s/0/ 6dafe58e-0972–11e2-a5a9–00144feabdc0.html#axzz28A9VDZX0 for some data.
5. Gillian Tett, "Banking May Lose Its Allure for the Best and Brightest: The Really Stark Relative Shrinkage of Finance Might Lie Ahead," *Financial Times*, October 31, 2012, http://www.ft.com/intl/cms/s/0/de219c48–235f-11e2-a66b-00144feabdc0. html#axzz2FKXtAl2V ; Brett Philbin, "Wall Street Could Shrink, Pay Smaller Bonuses," Marketwatch, October 9, 2012, http://www.marketwatch.com/story/wall-street-couldshrink- pay-smaller-bonuses-2012–10–09.
6. Alex Preston, "￡1 million Isn't Rich Any More: The Rise and Fall of Investment Banking," *New Statesman*, October 3, 2012, http://www.newstatesman.com/business/business/2012/10/1m-isnt-rich-anymore-rise-and-fall-investment-banking.
7. Ian Guider and Louisa Nesbitt, "Ireland Bails Out Stricken Banks with $7.7 Billion." *Bloomberg*, December 22, 2008, http://www.bloomberg.com/apps/news?pid=newsarchive&sid=aMeWECsf8.0U ; John Murray-Brown and Neil Dennis, "Ireland Guarantees Six Banks' Deposits." *Financial Times*, September 30, 2008, http://www.ft.com/ intl/cms/s/.
8. Fintan O'Toole, "Let's End Charade before EU Chiefs Get More Power," *Irish Times*, November 29, 2011, http://www.irishtimes.com/newspaper/opinion/2011/1129/12243082 80035.html.
9. "NAMA Won't Be Part of National Debt," RTE.ie. http://www.rte.ie/news/2009/1020/nama-business.html ; "Government Fights to Keep NAMA Debt Off Its Books," http://www.

independent.ie/business/irish/government-fights-to-keep-nama-debt-off-its-books-3078860.html.

10. Jean Claude Trichet, quoted in Stephen Kinsella "Is Ireland Really the Role Model for Austerity?" *Cambridge Journal of Economics 36* (2012): 223.

11. Liz Alderman, "In Ireland, Austerity Is Praised, but Painful," *New York Times*, December 5, 2011, http://www.nytimes.com/2011/12/06/business/global/despite-praise-for-itsausterity-ireland-and-its-people-are-being-battered.html?_r=2&hpw&.

12. Alderman, "In Ireland."

13. Enterprise Ireland, "Start a Business in Ireland," government website, http://www.enterprise-ireland.com/en/Start-a-Business-in-Ireland/Startups-from-Outside-Ireland/Why-Locate-in-Ireland-/Start-Up-friendly-environment.html; http://www.doingbusiness. org/rankings.

14. "OECD Tax Database," http://www.oecd.org/tax/taxpolicyanalysis/oecdtaxdatabase.htm#vat.

15. Office of Central Statistics, "Measuring Ireland's Progress 2010," http://www.cso.ie/ en/newsandevents/pressreleases/2011pressreleases/measuringirelandsprogress2010/.

16. World Bank, "Exports of goods and services (% of GDP)." http://data.worldbank.org/indicator/NE.EXP.GNFS.ZS .

17. Martin Malone, Mint Partners, client analysis, July 2012. Personal Communication.

18. O'Toole, "Let's End Charade."

19. Robert Wade, "Iceland as Icarus," *Challenge 52*, 3 (May/June 2009): 5–33; Robert Wade and Sigurbjörg Sigurgeirsdóttir. "Iceland's Rise, Fall, Stabilisation and Beyond," *Cambridge Journal of Economics 36* (2012): 127–144.

20. Report of the Special Investigation Commission (SIC) on the Causes of the Icelandic Banking Crisis, April 12, 2010, http://sic.althingi.is/pdf/RNAvefKafl i2Enska.pdf.

21. The IMF sounded an early alarm in its 2006 Article IV Consultation. IMF, Iceland, 2006 Article IV consultation concluding statement, May 15, 2006, http://www.imf.org/external/np/ms/2006/051506.htm.

22. "Republic of Iceland—Fitch Report November 2006." http://www.bonds.is/news-analysisrating/credit-rating-news/sovereign-credit-rating/nanar/6565/republic-of-iceland-fi tch-report-november-2006.

23. Act No. 125/2008: On the Authority for Treasury Disbursements due to Unusual Financial Market Circumstances, etc. http://www.tryggingarsjodur.is/modules/files/file_group_26/fr é ttir/Act_No125–2008.pdf .

24. Report of the Special Investigation Commission (SIC) on the Causes of the Icelandic Banking Crisis, vol. 7, 84–85.

25. Thorolfur Matthiasson and Sigrun Davidsdottir, "State Costs of the 2008 Icelandic Financial Collapse," Economonitor , December 5, 2012, http://www.economonitor.com/blog/2012/12/state-costs-of-the-2008-icelandic-financial.

26. "Iceland Debt to GDP," http://www.tradingeconomics.com/iceland/government-debt-to-gdp.

27. Statistics Iceland, http://www.statice.is/.

28. "Iceland—2012 Article IV Consultation Concluding Statement of the IMF Mission," http://www.imf.org/external/np/ms/2012/030212.htm .

29. "Iceland—2012 Article IV Consultation."

30. Stefán Ólafsson and Arnaldur Sölvi Kristjánsson, "Income Inequality in a Bubble Economy: The Case of Iceland 1992–2008," conference paper for Luxembourg Income Study Conference, June 2010, http://www.lisproject.org/conference/papers/ olafsson-kristjansson.pdf.

31. Statistics Iceland, http://www.statice.is/.

32. Statistics Iceland, http://www.statice.is/.

33. Ólafsson and Kristjánsson, "Risk of poverty and income distribution 2011," Iceland Statistics, March 26, 2012, http://www.statice.is/.

34. Carmen Reinhart and M. Belen Sbrancia, "The Liquidation of Government Debt" National Bureau of Economic Research Working Paper 16893, March 2011.

35. 同上註，3.

36. 同上註，5.

37. Jake Tapper, "General Electric Paid no Taxes in 2010," ABC News, March 25, 2011, http://abcnews.go.com/Politics/general-electric-paid-federal-taxes-2010/ story?id=13224558#.UHb2avl26mk.

38. Thomas L. Hungerford, "Taxes and the Economy: An Analysis of the Top Tax Rates Since 1945," Congressional Research Service R42729, September 14, 2012, 1.

39. 同上註，16.

40. 同上註。

41. Glenn Hubbard, "Forget the Debt Ceiling and Focus on Debt," Financial Times , May26, 2011, http://www.ft.com/intl/cms/s/0/87607668–878e-11e0-af98–00144feabdc0.html#axzz28v5uYiL5.

42. "Mitt Romney Says 'Redistribution' Has 'Never Been a Characteristic of America.' "PolitiFact , accessed December 14, 2012, http://www.politifact.com/truth-o-meter/statements/2012/sep/20/mitt-romney/mitt-romney-says-redistribution-has-never-been-cha/.

43. Stefan Bach and Gert Wagner, "Capital Levies for Debt Redemption" VoxEU, 15, August 2012, http://www.voxeu.org/article/eurozone-crisis-time-tax-rich.

44. Stefan Bach, Giacomo Corneo, and Viktor Steiner, "Optimal taxation of top incomesin Germany," VoxEU, June 29, 2011, http://www.voxeu.org/article/taxing-richcase-germany.

45. Thomas Pikkety and Emmanuel Saez, "Taxing the 1%: Why the Top Tax Rate CouldBe Over 80%," VoxEU, December 8, 2011, http://www.voxeu.org/article/taxing-7-why-top-tax-rate-could-be-over-80.

46. Peter Diamond and Emmanuel Saez, "The Case for a Progressive Tax: From BasicResearch to Policy Recommendations," *Journal of Economic Perspectives 25*, 4: 165.

47. 同上註，167.

48. David Jolly, "US and Switzerland Reach Deal in Sharing of Financial Account Data,"New York Times, June 21, 2012, http://www.nytimes.com/2012/06/22/business/global/22iht-tax22.html.
49. James S. Henry, "The Price of Offshore Revisited: New Estimates for 'Missing' GlobalPrivate Wealth, Income, Inequality and Lost Taxes." Tax Justice Network, July 2012, 5, http://www.taxjustice.net/cms/upload/pdf/Price_of_Offshore_Revisited_120722.pdf.

BIG IDEAS 02

大緊縮：人類史上最危險的觀念

2014年3月初版 定價：新臺幣360元

著者 Mark Blyth
譯者 陳重亨
發行人 林載爵

出版者 聯經出版事業股份有限公司
地址 台北市基隆路一段180號4樓
編輯部地址 台北市基隆路一段180號4樓
叢書主編電話 (02)87876242轉223
台北聯經書房：台北市新生南路三段94號
電話：(02)23620308
台中分公司：台中市北區崇德路一段198號
暨門市電話：(04)22312023&22302425
台中電子信箱 e-mail：linking2@ms42.hinet.net
郵政劃撥帳戶第0100559-3號
郵撥電話：(02)23620308
印刷者 文聯彩色製版印刷有限公司
總經銷 聯合發行股份有限公司
發行所：新北市新店區寶橋路235巷6弄6號2樓
電話：(02)29178022

叢書主編 鄒恆月
叢書編輯 王盈婷
封面設計 空白地區
內文排版 林婕瀅

行政院新聞局出版事業登記證局版臺業字第0130號

本書如有缺頁，破損，倒裝請寄回聯經忠孝門市更換。 ISBN 978-957-08-4353-8 (平裝)
聯經網址：www.linkingbooks.com.tw
電子信箱：linking@udngroup.com

國家圖書館出版品預行編目資料

大緊縮：人類史上最危險的觀念/Mark Blyth著.
陳重亨譯．初版．臺北市．聯經．2014年3月（民103年）．344面．14.8×21公分（BIG IDEAS：02）
譯自：Austerity: the history of a dangerous idea
ISBN 978-957-08-4353-8（平裝）

1.經濟史 2.經濟政策

550.9 103002019